人工智能政策规划
与法律法规

AI

The Blue Book of World Artificial Intelligence Rule of Law

2019 世界人工智能法治蓝皮书

上海市法学会 浙江清华长三角研究院 编
崔亚东 主编
王 涛 施伟东 副主编

上海人民出版社

前言

人工智能法治是一个新概念、新理念，人工智能法学是一门新学科、新领域。

人工智能是人类科技发展的高端成果与智慧结晶。作为一项现代战略性技术、颠覆性技术，已渗透人类生活的方方面面，并深刻地改变着世界。当下，人工智能已成为各国未来发展的新的核心竞争力、国家战略的重要部分。

2018年9月17日，国家主席习近平在致2018世界人工智能大会的贺信中指出："新一代人工智能正在全球范围内蓬勃兴起，为经济社会发展注入了新动能，正在深刻改变人们的生产生活方式。把握好这一发展机遇，处理好人工智能在法律、安全、就业、道德伦理和政府治理等方面提出的新课题，需要各国深化合作、共同探讨。"

人工智能是一把"双刃剑"，在赋能人类社会的同时，其发展的不确定性，可能带来的风险和挑战以及在法律、安全、就业、道德伦理、政府治理、经济发展、社会稳定乃至全球治理等方面将产生的影响，已经引起人类的极大关注，并越来越受到各国政府的高度重视。

如何应对人工智能发展可能带来的风险与挑战、处理好这一新课题？法治是最好的治理方式。运用法治思维和法治方法引领、规划、保障人工智能健康发展，趋利避害，使其更好地造福人类，应是最佳途径。人工智能法治应运而生。

人工智能法治是一个新概念，人工智能法学是一门新学科。构建人工智能法治体系包括立法、执法、司法、守法等方面，其研究内容涵盖人工智能法治的基础理论、体制机制、规范体系以及前沿问题等诸多方面。加强人工智能法治研究，构建人工智能法治体系，营造人工智能法治生态，将人工智能发展应用纳入法治轨道，对促进、规范、保障并有力推动人工智能安全、可靠、可控、健康、可持续发展，趋利避害，使人工智能更好地造福人类具有重要意义，是人工智能发展的必然要求。

上海法学、法律界率先提出构建人工智能未来法治体系，推动人工智能法治研究及全球治理。2018 世界人工智能大会期间，由上海市法学会联合相关单位共同主办了“人工智能与法治”高端研讨会。会议主题为：“发展应用与法治保障”。来自国内外的专家学者围绕这一主题，就如何应对人工智能可能带来的风险挑战，促进、规范、保障人工智能健康持续发展，服务人工智能国家战略实施，促进人类社会福祉等人们关注的问题进行了深入的讨论，形成了高度共识，发布了《人工智能与未来法治构建上海倡议》（以下简称《人工智能法治上海倡议》），提出了人工智能未来法治体系建设的 14 项具体倡议。

2018 年以来，国内人工智能法学研究不断升温，不仅举办了多场有关人工智能法治的高端学术研讨会，还出版、发表了诸多有关人工智能法治的专著、论文。2019 年 5 月，上海政法学院人工智能法学院成立。2019 年 8 月 19 日，上海市法学会人工智能法治研究会成立。人工智能法治研究将继续呈升温之势。当然，有关人工智能法学研究也存在着系统性、针对性、权威性不够，研究的方向规划、指导、政策应对不足等方面的问题。

为了推动人工智能法治研究，我提出并由上海市法学会联合浙江清华长三角研究院共同组织编写了这本《世界人工智能法治蓝皮书（2019）》。这是世界第一部名为人工智能法治的书。本书聚焦世界人工智能法治发展，搜集汇总了中国乃至世界有关人工智能法治发展的战略、政策、法律、理论研究和实际应用等方面的资料，进行深入分析评估，试求提供较客观、公正、准确的分析报告。旨在为繁荣人工智能法学研究，推动人工智能法治体系构建，营造人工智能法治生态，尤其是为推动建立与人工智能创新发展相适应的立法规范、法律体系、政策体系和伦理规范，促进新一代国家人工智能发展战略落实，保障人工智能安全、可靠、可控、健康、持续发展发挥积极作用，为人工智能法治研究者提供有益的参考。人工智能法治及人工智能法学是一个新概念、新理念、新学科，由于搜集和占有的资料十分有限，本书有许多不够完善甚至不够准确的地方，请各位读者理解、批评。

本书将在2019世界人工智能大会法治论坛上发布。

关于本书编辑的情况,《世界人工智能法治蓝皮书》编辑部将作专门说明。在此谨向为本书付出辛勤汗水的全体编委、编写人员和上海人民出版社、北京高高国际文化传媒有限责任公司等表示衷心感谢。

上海市法学会党组书记、会长

《世界人工智能法治蓝皮书》编委会主任

崔亚东

2019年8月20日

编写说明

为推动、繁荣人工智能法治研究，经上海市法学会党组书记、会长崔亚东同志提议，上海市法学会联合浙江清华长三角研究院组织编写了《世界人工智能法治蓝皮书（2019）》。成立了由崔亚东任主任，叶青（华东政法大学校长）、刘晓红（上海政法学院校长）、王涛（浙江清华长三角研究院院长）、施伟东（上海市法学会党组副书记、专职副会长）任副主任的编辑委员会（委员详见“编委会”名单），组织了专门编写团队，历时100天，编写了这本《世界人工智能法治蓝皮书（2019）》（以下简称《智能法治蓝皮书》）。

《智能法治蓝皮书》一书尽可能地搜集了我国乃至世界当前人工智能法治领域的政策规划、法律法规、理论研究、智慧应用、司法案例等资料，以图表、插图、案例等生动活泼的形式，将当代世界人工智能法治发展状况较全面扼要地展示给读者。《智能法治蓝皮书》内容由前言、综述、四个部分以及八个附录组成。

第一部分：人工智能政策规划与法律法规。本部分在梳理中国及世界其他国家、国际组织人工智能政策、法律制度的基础上，对世界人工智能政策和法律制度发展的方向与趋势作简要概述和分析。本部分检索源是中国中央政府、国务院各部门、地方政府、外国政府和国际组织官网，检索时间跨度：2013年1月至2019年6月。

第二部分：人工智能法治理论研究。本部分重点分析人工智能法治研究专著、科研项目、会议论坛、研究论文等，对人工智能法治理论研究的重点领域、研究现状、存在不足等进行梳理。本部分研究国内著作检索源是当当网和各大图书出版社及专业机构，检索时间跨度：2017年1月至2019年6月，国外著作检索源是亚马逊网站和westlaw图书数据库，检索时间跨度：1998年1月至2019年6月；本部分科研项目检索源是国家社科基金网站，检索时间跨度：2010 年 1 月至 2019 年 6 月；司法部、中国法学会官网，检索时间跨度：2013 年 1 月至 2018 年 12 月；本部分研究论坛检索源是中国学术会议网、中国法学创新网、百度，检索时间跨度：2017 年 1 月至 2019 年 6 月；本部分国内研究论文检索源是《中国知识资源总库》及 CNKI 网格资源共享平台的期刊论文数据，检索时间跨度：2004 年 1 月至 2019 年 6 月；本部分国外研究论文检索源是 Web of science 专业学术检索数据库，检索时间跨度：1995 年 1 月至 2019 年 6 月。

第三部分：人工智能的法治应用。本部分以中国为主进行分析，从应用时点、地域与技术重点三方面，对人工智能在立法、司法与执法应用的现状、问题进行分析，梳理存在的不足并预测其发展趋势。本部分的资料来源于中国中央政府网站、地方政府网站、中国人大网、中国法院网、外国政府、法院与媒体网站及中外权威学术论著等，检索时间跨度：2000 年 1 月至 2019 年 7 月。

第四部分：人工智能典型案件分析。本部分以人工智能及其相关技术为关键词对国内案件进行检索，根据涉案法律关系是否涉及人工智能相关技术作进一步筛选，最终选取 134 篇司法裁判文书，主要依涉人工智能案件发生时点、地域、当事人类型、所涉技术领域、纠纷类型进行研究。本部分的资料来源于无讼案例、中国法院网等，检索时间跨度：2000 年 1 月至 2019 年 7 月。

八个附录包括：1. 人工智能重点政策法规摘要；2. 人工智能法治研究论文（核心期刊）作者概览；3. 人工智能法治研究机构概览；4. 人工智能重要学术著作概览（2018—2019）；5. 人工智能法治重要会议（论坛）概览（2018—2019）；6. 人工智能法治应用典型事例概览；7. 人工智能司法典型案例；8. 人工智能法治月度大事记（2019 年 1—6 月）。

本书综述、第一至第四部分，由林竹静、郝作成、周巡、彭辉、陈吉栋负责执笔。陈超、张冉、马瑜浠、薛梦白、徐艾敬、李康佳、王宇凡、王冉冉、牛秉儒等同志参与了部分正文和附录的资料收集和文字撰写工作。陈树森、张志军、胡荣鑫、杨菲、王健、莫莉、景国强、吴志刚、秦堃、赵玉成、陈超、张舜栋、

王琴玉、刘昌云等同志参与了本书书稿的研究、校对工作；本书编委会的专

家学者对本书写作提出了宝贵的意见和建议。

本书相关数据库建设、数据采集与管理工作由浙江清华长三角研究院法治与社会治理研究中心薛梦白专家团队提供支持。为最大限度整合和分析数据信息，团队采用了包括 pytorch 框架构建人工智能—法律模型人工智能技术，Spark 大数据计算框架、Hbase 分布式列存数据库、Hive 数据仓库、HDFS 分布式存储系统、Mahout 数据挖掘算法库、Kafka 分布式消息队列等大数据技术，以及 ElasticSearch 集群、Scrapy 爬虫框架等其他工具集，汇集整理了 cnki、lexis、westlaw、heinonline、wiki、Google、百度、亚马逊等 3.53 PB 线上数据资源。

本书封面设计由北京高高国际文化传媒有限责任公司承担，上海人民出版社负责出版。

由于时间仓促，编者水平有限，资料占有有限，书的内容包括对资料的汇总、分析以及文字等方面都可能有疏漏抑或谬误之处，敬请各位读者批评指正，也欢迎大家对我们今后的编写工作提出更多更好的建议。

《世界人工智能法治蓝皮书》编辑部

2019 年 8 月 20 日

《世界人工智能法治蓝皮书（2019）》发布词

各位领导、各位嘉宾、各位专家学者：

受崔亚东同志的委托，现在由我来发布《世界人工智能法治蓝皮书（2019）》。

为推动人工智能法治建设，推进人工智能法学研究，更好地服务人工智能国家战略实施，经上海市法学会党组书记、会长崔亚东同志提议，上海市法学会、浙江清华长三角研究院组织编写《世界人工智能法治蓝皮书（2019）》。为此成立了由22人组成的编委会，由崔亚东担任主任，叶青、刘晓红、王涛、施伟东担任副主任，组织了28人的专门编写团队，历时100天完成了编写任务。

《蓝皮书》内容由前言、编者说明、人工智能法治综述和四个部分（人工智能政策规划与法律法规、人工智能法治理论研究、人工智能的法治应用、人工智能典型案例分析）以及八个附录组成。本书聚焦当前世界人工智能法治发展、人工智能法学研究领域最新成果，采用了包括pytorch框架构建人工智能—法律模型等人工智能、大数据技术，汇集整理了cnki、lexis、westlaw等3.53 PB线上数据资源。搜集汇总了中国乃至世界有关人工智能法治发展、人工智能法学研究方面的战略、政策、法律、重大理论研究和实际项目应用等资料，进行深入分析与评估，形成专门报告，以图表、插画、案例等生动活泼的形式，展示给读者。旨在通过《蓝皮书》促进人工智能法治建设，繁荣人工智能法学研究，为构建人工智能法治体系，营造人工智能法治生态，推动人工智能立法规范、法律体系、政策体系和伦理规范的建立，保障人工智能安全、可靠、可控、健康、持续发展发挥积极作用。

由于时间仓促，编者水平有限，资料占有有限，书的内容包括对资料的汇总、分析以及文字等方面难免有疏漏抑或谬误之处。敬请各位读者提出批评指正。

《世界人工智能法治蓝皮书（2019）》一书的编写与发布是上海法学法律界对人工智能法治建设作出的贡献，是“2019世界人工智能大会法治论坛”的重要成果。

让我们携手共进，为推进人工智能法治建设，繁荣人工智能法学研究贡献一份力量。

上海市法学会

浙江清华长三角研究院

2019年8月30日

目录

第二部分　人工智能法治理论研究

第四部分 人工智能典型案件分析

目　录

人工智能法治综述

人工智能法治是一个新概念、新理念，人工智能法学是一门新学科、新领域。

当前，人工智能正在全球范围内蓬勃兴起，并深刻地改变着世界。作为一项影响面极广的颠覆性技术，人工智能在赋能社会各行各业、为经济社会发展注入新动能的同时，其发展的不确定性可能带来的风险与挑战，对法律、安全、就业、道德伦理、政府治理、经济发展、社会稳定乃至全球治理将会产生深远影响。加强对人工智能发展及风险挑战的前瞻性研究、前瞻性预判和约束性引导，推动人工智能法治的学科建设和深入研究，构建人工智能法治体系，营造人工智能法治生态，促进、规范、保障人工智能健康持续发展，更好地造福人类，成为世界各国共同面对的重大课题。

人工智能法治应运而生。

一、人工智能发展

（一）人工智能兴起

人工智能（Artificial Intelligence，AI），又称机器智能，是指由人制造出来的机器所表现出来的智能，即通过普通计算机程序手段实现的类人智能技术。人工智能是研究、开发用于模拟、延伸和扩展人的智能的理论、方法、技术及应用系统的一门新的技术科学。

1956 年，达特茅斯会议首次提出了“人工智能”的概念。自此之后，“人工智能”经历了低谷与高潮交替起伏的 60 多年发展历程。①

1959 年，机器学习先驱亚瑟·塞缪尔斯（Arthur Samuels）在 IBM 首台商用计算机 IBM 701 上编写了西洋跳棋程序，这个程序顺利战胜了当时的西洋跳棋大师罗伯特·尼赖。

1962 年，弗兰克·罗森布拉特出版《神经动力学原理：感知器和大脑机制的理论》，所介绍的算法是今天的深度神经网络模型的学习算法的前身。②

1979 年，美国斯坦福大学制造了有史以来最早的无人驾驶车 Stanford Cart，可依靠视觉感应器在没有人工干预的情况下自主行驶。③

1989 年，AT&T 贝尔实验室的雅恩·乐昆和团队使用卷积神经网络技术，实现了人工智能识别手写的邮政编码数字图像。④

1997 年，IBM 公司生产出拥有 480 块专用 CPU，可以“像上帝一样思考”的计算机“深蓝”（Deep Blue）战胜了人类世界国际象棋冠军卡斯帕罗夫。⑤

2009 年，美国华裔科学家吴恩达及其团队开始研究使用图形处理器（GPU 而不是 CPU）进行大规模无监督式机器学习工作，尝试让人工智能程序完全自主地识别图形中的内容。⑥

2010 年以后，深度学习算法的发展推动语音识别、图像识别和自然语言处理

---

① 1956 年，在达特茅斯学院举办的“达特茅斯夏季人工智能研究计划”（Summer Research Project on Artificial Intelligence），是人工智能（AI）确定名称、明确使命的一次历史性会议。

② 弗兰克·罗森布拉特出版的《神经动力学原理：感知器和大脑机制的理论》（*Principles of Neurodynamic: Perceptron and the Theory of Brain Mechanisms*）一书介绍了一种应用于具有单层可变权重的神经网络模型的学习算法。

③ Stanford Cart 是移动交通工具早期研究的产物，由美国科学家、当年斯坦福大学的研究生 Moravec 于 1979 年创制，堪称现代无人驾驶汽车的始祖。

④ 卷积神经网络（Convolutional Neural Networks，CNN）是一类包含卷积计算且具有深度结构的前馈神经网络（Feedforward Neural Networks），是深度学习（deep learning）的代表算法之一。

⑤ 在 1996 年，“深蓝”就曾经与卡斯帕罗夫对战，但并没有取胜。此后，IBM 对“深蓝”进行了升级，它拥有 480 块专用的 CPU，运算速度翻倍，每秒可以预测 2 亿次，可以预测未来八步或更多的棋局。

⑥ 2012 年，吴恩达向世人展示了一个超强的神经网络，它能够在自主观看数千万张图片之后，识别那些含有小猫的图像内容。这是历史上在没有人工干预下，机器自主强化学习的里程碑式事件。

等技术取得惊人突破，前所未有的人工智能商业化和全球化浪潮席卷而来。

2016 年 3 月 9 日，谷歌（Google）研发的深度学习人工智能项目阿尔法狗（AlphaGo）以 4:1 的压倒性优势战胜世界围棋顶尖高手李世石，标志着人工智能技术已经发展到了相当高的水平，人工智能机器甚至已经具备了独立思考学习、战胜人类思维的强大能力。①

据 PitchBook 统计，2017 年全球人工智能和机器学习领域共获得风险投资 108 多亿美元。

2018 年以来，全球人工智能发展进一步加速。

（二）人工智能国家战略

2016 年，阿尔法狗与李世石"人机大战"震惊世界，全球掀起了新一轮人工智能热潮。世界各国陆续认识到人工智能技术的真正潜力。许多国家开始讨论人工智能可能对社会、经济带来的颠覆性影响，"人工智能"一词频频现于各国政府报告中，逐步上升为国家战略。

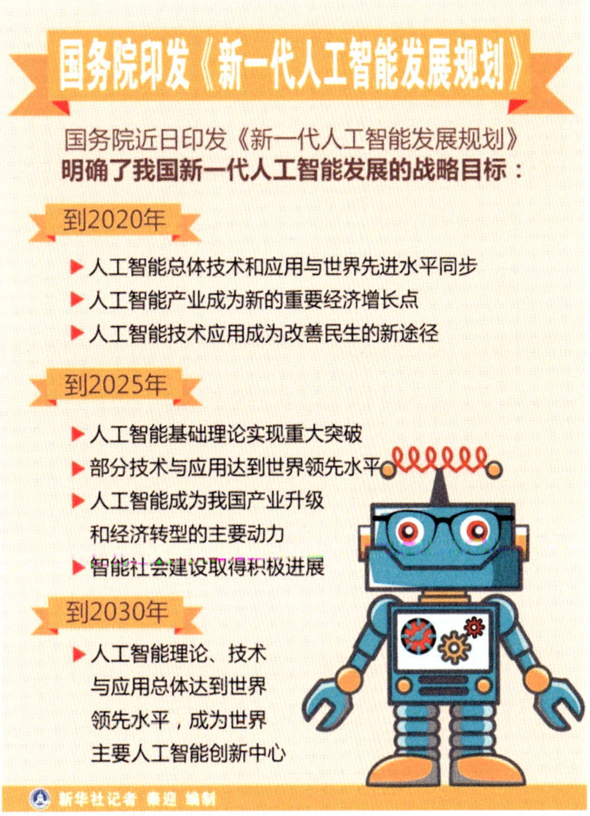

图 1 《新一代人工智能发展规划》战略要点

2016 年 10 月 13 日，美国白宫②发布了《国家人工智能研究与发展战略规划》（National Artificial Intelligence Research and Development Strategic Plan）和《为人工智能的未来做好准

① 2016 年和 2017 年，谷歌发起了两场轰动世界的围棋人机之战，其人工智能程序阿尔法狗连续战胜韩国的围棋世界冠军李世石与中国的围棋世界冠军柯洁。

② 具体是美国白宫科技政策办公室（OSTP）下属国家科学技术委员会（NSTC）。

备》(Preparing for the Future of Artificial Intelligence) 两份重要报告。

2017年7月8日，中国政府发布《新一代人工智能发展规划》，提出了面向2030年我国新一代人工智能发展的指导思想、战略目标、重点任务和保障措施，部署构筑我国人工智能发展的先发优势，加快建设创新型国家和世界科技强国。①

（三）人工智能发展现状

从目前收集到的资料看，全球人工智能（AI）企业主要分布在美国、中国、欧洲等国家和地区。

1. 美国

截至2017年，美国人工智能企业有2905家，约占全球人工智能企业总数的48.11%，位列全球第一，主要集中在旧金山/湾区、大洛杉矶地区及纽约。其中，加州的旧金山/湾区、大洛杉矶地区的企业数量达到1155家，占全球人工智能企业总数的19.13%。②

2. 中国

中国人工智能产业于2014年兴起。2015年是人工智能创业年，涌现了一批优秀的创业公司。2015年和2016年新增数量分别为150家和128家。尽管之后新增企业数量有所下滑，但该现象属于投资热潮下的短期波动，不影响长期趋势。2017年中国人工智能行业的企业总数达到670家，占全球人工智能企业总数的11.10%。

中国上海努力打造"国家人工智能高地"。2017年，上海提出要打造"国家人工智能发展高地"，目标是到2020年，建成国际知名的人工智能创新中心，

① 中华人民共和国国务院2017年7月8日发布的《新一代人工智能发展规划》提出六大重点任务：一是构建开放协同的人工智能科技创新体系；二是培育高端高效的智能经济；三是建设安全便捷的智能社会；四是加强人工智能领域军民融合；五是构建泛在安全高效的智能化基础设施体系；六是前瞻布局新一代人工智能重大科技项目，形成以新一代人工智能重大科技项目为核心、统筹当前和未来研发任务布局的人工智能项目群。

② 2018年全球人工智能行业发展现状分析，http：//www.sohu.com/a/242596348_100014972。

形成百亿级规模的人工智能产业集群。①2018年，世界人工智能大会在上海召开，人工智能上升为上海优先发展战略。上海进一步明确依托科教资源、应用场景、海量数据、基础设施等优势，以面向全球、面向未来的视野，聚焦创新策源、应用示范、制度供给和人才聚集，加快建设人工智能发展的“上海高地”。2019年5月21日，上海（浦东新区）人工智能创新应用先导区正式揭牌（全国首个AI创新应用先导区）。②目前，上海正在打造“AI生态圈”，全国已有1/3人工智能人才集聚上海，人工智能相关产业规模超700亿元，位居全国第一梯队。

3. 欧洲国家

截至2017年，欧洲人工智能企业总数为657家，约占全球人工智能企业10.88%。在欧洲各国中，英国的企业数量最多，拥有人工智能企业267家，占全球人工智能企业总数的4.42%，其中伦敦拥有223家人工智能企业，占全球人工智能企业总数的3.69%。③

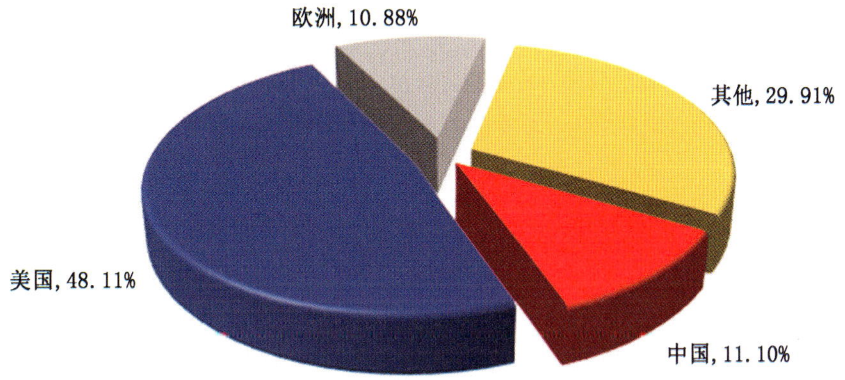

图2　全球人工智能企业分布

① 2017年8月30日，全球（上海）人工智能创新峰会提出，到2020年上海将建成国际知名的人工智能创新中心，形成百亿级规模的人工智能产业集群。

② 中华人民共和国工业和信息化部强调，建设人工智能创新应用先导区，是贯彻落实中央全面深化改革委员会第七次会议精神，促进人工智能和实体经济深度融合的重要举措。通过深化体制机制改革，优化制度建设、应用示范、人才保障等创新发展环境，加快推动人工智能技术突破，加速新技术、新产品的应用推广和产业化。

③ 2018年全球人工智能行业发展现状分析，http：//www.sohu.com/a/242596348_100014972。

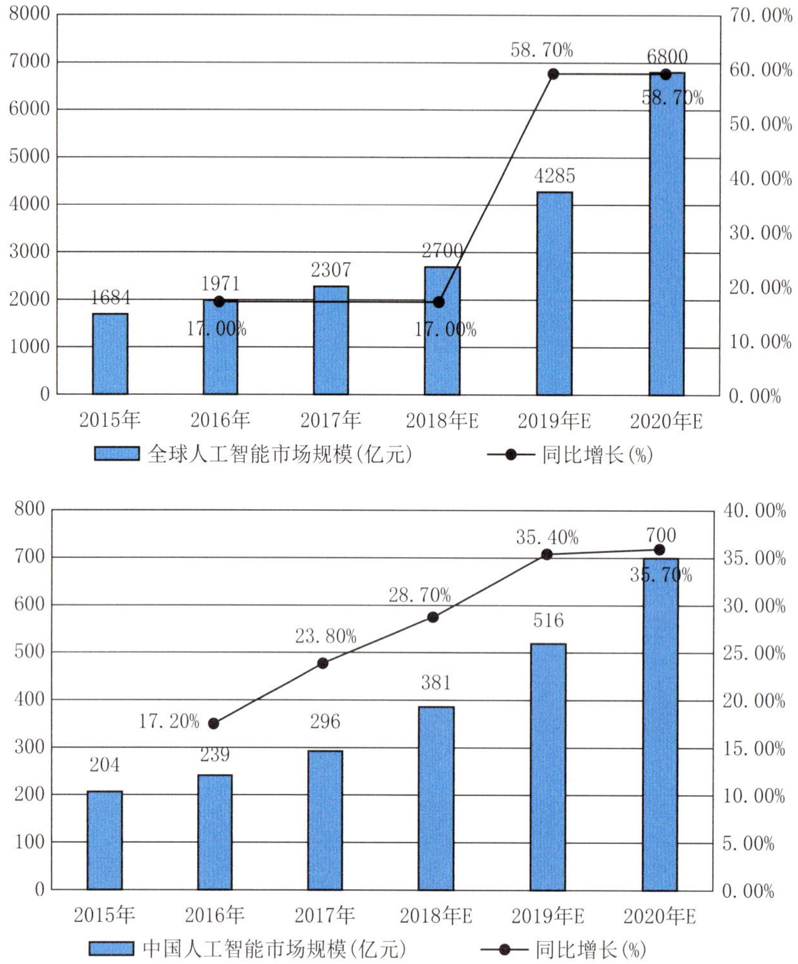

图 3　2015—2020 年全球和中国人工智能行业规模情况①

二、人工智能法治

（一）人工智能时代的法治需求

人工智能具有技术属性和社会属性高度融合的特点。一方面，人工智能的快速发展和广泛应用给人们的生产生活方式带来了革命性的变化。另一方面，人工智能又是一把“双刃剑”，在给人类社会带来新机遇的同时，也带来了风险和挑战。例如，人工智能发展的不确定性带来的风险与挑战，对法律、安全、就业、

① 据专业机构预测，2018 年全球人工智能规模增速保持在 17% 左右，预计 2020 年达到千亿美元市场。中国预计 2020 年有望达到百亿美元市场。因图 3 制于 2017 年，故图中的 2018 年数据为预测值。本图来源：前瞻产业研究院 @ 前瞻经济学人 APP。

道德伦理、政府治理、经济发展、社会稳定乃至全球治理都可能产生的影响等。这些已经引起人类的高度关注，并越来越受到各国的高度重视。

2016年10月，美国白宫发布《国家人工智能研究与发展战略规划》和《为人工智能的未来做好准备》两份重要文件，提出要应对好人工智能的进步对社会和公共政策带来的问题；人工智能设计的开发方式必须符合道德规范、法律和社会原则，关注并解决人工智能的伦理、法律和社会影响。

2017年7月，国务院发布的《新一代人工智能发展规划》指出："人工智能发展的不确定性带来新挑战。人工智能是影响面广的颠覆性技术，可能带来改变就业结构、冲击法律与社会伦理、侵犯个人隐私、挑战国际关系准则等问题，将对政府管理、经济安全和社会稳定乃至全球治理产生深远影响。在大力发展人工智能的同时，必须高度重视可能带来的安全风险挑战，加强前瞻预防与约束引导，最大限度降低风险，确保人工智能安全、可靠、可控发展。"

2018年9月17日，国家主席习近平在致2018世界人工智能大会的贺信中指出："新一代人工智能正在全球范围内蓬勃兴起，为经济社会发展注入了新动能，正在深刻改变人们的生产生活方式。把握好这一发展机遇，处理好人工智能在法律、安全、就业、道德伦理和政府治理等方面提出的新课题，需要各国深化合作、共同探讨。"

如何趋利避害，让人工智能更好地造福人类，而不危害人类，运用法治思维和法治方式，引领、规范和保障人工智能安全、可靠、可控、健康持续发展，已经成为法学法律界及社会各界共同关注的问题。

（二）人工智能法治新概念

"人工智能法治"是一个新概念、新理念、新领域，是伴随着人工智能发展而产生的，是人工智能时代法治发展的必然需求。

1."人工智能法治"的演进

1979年，中国学者骆茹敏提出"科技管理中法律调节系统的建立是客观需要，大势所趋"。[①]1981年，中国著名科学家钱学森教授提出要建立系统科学及

① 骆茹敏：《加强科学管理法的研究》，《自然辩证法通讯》1979年第4期。

其体系，并开创复杂巨系统科学与技术这一新的科学领域。1985 年，钱学森在全国首次法制系统科学讨论会上提出在法律实务中运用人工智能的构想。[①]2003 年，“中国智能自动化会议（中国香港）”提出了“智能法学”（intelligent law）学科设想。2017 年以来，相继出现“未来法治”[②]、“智慧法治”[③]等。

“人工智能法治”日渐成为一个新的交叉学科。

2.“人工智能法治”的提出

2018 年 9 月 17—19 日，世界人工智能大会在上海召开，国家主席习近平发来贺信。习近平主席在贺信中指出：“新一代人工智能正在全球范围内蓬勃兴起，为经济社会发展注入了新动能，正在深刻改变人们的生产生活方式。把握好这一发展机遇，处理好人工智能在法律安全、就业、道德伦理和政府治理等方面提出的新课题，需要各国深化合作、共同探讨。中国愿在人工智能领域与各国共推发展、共护安全、共享成果。”

在 2018 年世界人工智能大会期间，上海市法学会联合相关单位共同主办了“人工智能与法治”高端研讨会（9 月 19 日）。这次论坛被大会确立为四个特色活动之一，在国内外产生了积极影响。会议主题为“发展应用与法治保障”。来自国内外的专家学者围绕会议主题，就如何应对人工智能可能带来的风险挑战，促进、规范、保障人工智能健康持续发展，服务人工智能国家战略实施，促进人类社会福祉等人们关注的问题进行了深入的讨论，形成了高度共识，发布《人工智能法治上海倡议》，提出了面向全球、面向未来、面向和平，坚持以人为本、向善安全、创新发展、共享成果、可靠可控、规范有序的原则，构建人工智能法治体系，营造人工智能法治生态。将人工智能发展应用纳入法治轨道。推动人工智能与立法、执法、司法、守法等活动深度融合，促进人工智能安全、可靠、可控、健康、持续发展。

（1）人工智能法治体系

人工智能法治体系应包括立法、执法、司法、守法等方面。

立法。建立与人工智能创新发展相适应的立法规范、法律体系，形成人工智

---

① 钱学森：《现代科学技术与法学研究和法制建设》，《政法论坛》1985 年第 3 期。

② 张文显：《何谓“未来法治”》，《法制日报》2018 年 12 月 5 日。

③ 罗洪洋、陈雷：《智慧法治的概念证成及形态定位》，《政法论丛》2019 年第 5 期。

能安全评估、风险防控法律机制，提升技术规则、应用规则的管控能力；制定技术设计阶段的法律规范，促进人工智能算法的公正、透明、安全，避免算法歧视，杜绝有悖伦理价值及公序良俗的技术应用。

执法。推动人工智能与执法活动的深度融合，运用人工智能促进严格公正执法，提升社会治理的精细化、动态化、信息化工作水平，实现执法智能化。

司法。高度重视涉人工智能新类型案件的审理，形成典型案例，建立健全人工智能应用的司法风险应对机制。

守法。广泛宣传人工智能与法治的新理念，推动构建数据体系，形成数据分享的安全机制、利益机制、追责机制，完善数据隐私保护机制，保证数据合法，安全流通使用。

（2）人工智能法治研究领域

作为一门新的研究学科，人工智能法治研究的内容涵盖了人工智能法治的基础理论、体制机制、规范体系以及前沿问题等诸多领域。

人工智能法治基础理论研究。加强对人工智能创新发展与应用可能引发的法律、安全、伦理和社会治理等方面问题的研究，夯实人工智能法治建设的理论基础。

人工智能法治体制机制研究。建立健全人工智能法治研究的体制机制，统一规划人工智能法治研究的方向、重点，统筹规划、有效指导研究及成果的转化应用，提升人工智能法治研究的针对性、系统性、权威性。

人工智能法治规范体系研究。加强人工智能创新发展与应用的制度规范和制度供给，提高制度供给的针对性、有效性，建立健全相关的法律法规制度体系，保障人工智能发展有法可依、依法规范。

人工智能法治前沿问题研究。认真研判人工智能创新发展和应用在隐私权、信息权、知情权、未成年人保护等方面可能带来的风险与挑战，提前布局不断升级的智能化的法律问题前瞻性研究，确保人工智能安全、可靠、可控、健康持续发展。

（3）人工智能法治研究基本路径

推进人工智能法治研究的跨学科融合。整合法律、伦理、社会、科技等相关学科力量，推进跨学科交叉融合，全面推动人工智能法治研究范式转型和实力提升。

加强人工智能法治的教育研究与实践。加强人工智能法治学科建设，倡导在法学学科基础上拓宽人工智能等专业教学内容，重视人工智能与法学教育的交叉融合，培育一批具备法学素养并熟悉人工智能技术原理的复合型人才。推进“政产学研用”合作，整合高等院校、科研机构、党政机关、企事业单位研究资源，共享智慧与经验，合力推动人工智能法治体系建设。

推动人工智能法治研究的国际交流与合作。推动人工智能法治研究的国际交流与合作，汇集各方智慧，共同探讨、共推发展、共护安全、共享成果。

（4）人工智能法治研究存在的不足

当前，相较于人工智能本身的发展与应用而言，人工智能法治研究还相对薄弱。一是人工智能法治的政策供给有待增强。尤其在应对人工智能带来的风险挑战上，现有立法还存在制度供给不足、关键领域规范缺失等问题，亟待结合人工智能创新发展与应用的新需求，进行有针对性的立法规范。二是人工智能法治研究的系统性、针对性、权威性有待提升。当前，学界不断有人工智能发展风险挑战的研究成果涌现，但总体而言，研究的系统性不强，较为分散，尚未形成规模效应，发挥出合力优势；研究的权威度不高，尚未形成有足够分量的研究成果。三是人工智能法治研究的规划与指导有待加强。人工智能法治作为一门新兴的学科，涉及面较广，内容丰富，但从学科建设角度出发，目前尚缺乏顶层设计，未形成统一规划，未明确研究的方向和重点，不利于人工智能法治研究的长远发展。四是人工智能法治人才培养的力度有待加强。当前，既熟悉人工智能等现代科技又熟悉法治理论的复合型人才相对短缺，一定程度上影响了人工智能法治研究的深入发展。五是人工智能法治研究机构有待进一步增强。目前，有关人工智能法治研究主要集中在高校和有关法学、法律研究机构，具有局限性，缺少权威性，研究成果难以转化，没有国家层面具有权威性的机构。

三、人工智能法治发展趋势

当前，人工智能已成为最热门的话题之一。谁拥有人工智能，谁将拥有未来。

许多国家在将人工智能发展确立为国家战略的同时，也纷纷将加强人工智能法治建设提上重要议事日程。

（一）人工智能政策法规相继出台

1. 美国

国家战略规划：2016年10月至2019年6月，美国联邦层面出台人工智能战略文件3份，包括《国家人工智能研究与发展战略规划》《为人工智能的未来做好准备》《国家人工智能研究与发展战略规划：2019年升级版》；法律法规：2017年7月至2019年6月，联邦层面出台法律草案5份，分别是2017年7月《自动驾驶法案》、2017年12月《人工智能未来法案》、2019年4月《算法问责法案》、2019年5月《国家人工智能倡议法案》、2019年6月《深度伪造报告法案》。

2. 中国

国家战略规划：2016年至2019年6月，中国国家层面出台人工智能国家战略2份，国务院部委层面8份，法律法规已列入立法规划。其中，2017年国务院发布的《新一代人工智能发展规划》中明确提出："建立人工智能法律法规、伦理规范和政策体系，形成人工智能安全评估和管控能力。"关于人工智能立法的动议已列入立法机关规划。全国人大常委会已将数字安全法、个人信息保护法和修改科学技术进步法等一些与人工智能密切相关的立法项目，列入第十三届全国人民代表大会的五年立法规划。

3. 其他国家与地区

2018年3月至2019年6月，欧盟已经出台《人工智能时代：确立以人为本的欧洲战略》《人工智能合作宣言》《可信赖人工智能道德准则》《解析人工智能：保护人权的10个步骤》等多份区域发展战略。另外，英国于2017年10月发布《在英国发展人工智能产业》。德国于2018年7月发布《联邦政府人工智能战略要点》，2018年11月发布《联邦政府人工智能战略白皮书》。法国于2018年2月发布《法国与欧洲人工智能战略研究报告》，2018年3月发布《法国人工智能发展战略》。日本于2017年5月发布《日本人工智能技术战略》，2018年12月发布《日本人工智能战略提案：安全可靠的人工智能系统》。韩国于2018年5月发布《韩国人工智能研发战略》。加拿大于2017年3月发布《泛加拿大人工智能战略》。俄罗斯于2019年2月发布的《俄罗斯总统国情咨文》称俄罗斯将于年内制定人工智能领域的国家战略。

与此同时，欧盟正在研究制定相关法律，提出赋予高度复杂的自主机器人以电子人这一新的法律地位、明确机器人的刑事责任能力、研究认可机器人作品著作权的可行性，等等。俄罗斯、西班牙等于2019年年内也将出台与人工智能产业相关的法律法规，为本国人工智能产业发展保驾护航。

（二）人工智能法治研究快速推进

2016年以来，中国学术界有关人工智能法治的研究逐步兴起，主要特点：

1. 研究重点日益聚焦

随着人工智能的快速发展，学界开始关注人工智能的发展对法律理论和法律实践产生的影响。相关研究不断聚焦，形成了以推理为中心的法律人工智能学和以解决人工智能所产生法律问题为目的的人工智能法学两个主要方向。研究主要聚焦在有关人工智能法律、伦理、社会问题，以及建立健全保障人工智能健康发展的法律法规、制度体系、伦理道德等。

2. 研究纵深不断推进

人工智能法治研究深度不断推进，从人工智能法治理念框架、法律体系、政策体系和伦理规范等制度规范层面的研究，逐步触及法律人工智能论证模型、推理规则的研究，紧跟聚焦人工智能技术的最新发展，学者对区块链、智能合约、算法解释等进行了有针对性的研究，对于人工智能的主体地位、言论、劳动权利、致害责任分担等问题进行反思。这些探讨大大推进了人工智能法治的理论研究，为法治规范人工智能发展奠定了坚实的理论基础。

3. 研究成果日益丰富

2017年以来，中国学术界关于人工智能法治研究的成果日益丰富。例如，国家社科基金支持人工智能法治研究的立项数呈逐年上升态势，2017年9项，2018年26项，2019年上半年已立项19项；学术论坛活跃度在逐年攀升，从2017年的11场增至2018年的57场；学术论文量也逐年递增，由2015年117篇，2016年

230 篇，2017 年 428 篇，到 2018 年增至 1082 篇。

（三）人工智能法治应用持续创新

中国人工智能法治应用起步较晚，但发展较快。在国家信息化战略和人工智能发展战略的顶层设计下，中国处于建设智慧法院、智慧检务、智慧警务发展的新阶段。

1. 人工智能法治应用核心技术趋向成熟

以上海刑事案件智能辅助办案系统的研发与应用为典型代表，中国人工智能法治应用在自然语言处理、语音识别、计算机视觉分析技术、机器人交互等领域，已取得显著进展、明显成效。

2. 人工智能法治应用研究“跨学科”“国际化”

人工智能法治应用需要多学科互动、合作，形成“跨学科研究”新模式。这种客观需求催生了国际人工智能与法协会（the International Association for Artificial Intelligence and Law，IAAIL）等国际性人工智能与法治研究机构，有力推动了国际层面人工智能法治应用研究的纵深发展。

3. 应用研发推广依靠政府支持与商业运作

在司法与执法领域，人工智能法治应用推广主要依靠政府财政支持；在法律服务领域，人工智能法治应用研发的商业化运作倾向初步显现。

（四）涉人工智能新类型案件数量上升

随着人工智能应用进一步拓展，涉人工智能的新类型案件数量逐年增多。主要涉及知识产权权属、侵权纠纷，合同纠纷，不正当竞争纠纷及刑事案件。

1. 涉人工智能知识产权权属、侵权纠纷案件

截至 2019 年 7 月，从案件数量来看，涉人工智能知识产权权属、侵权纠纷案件处于第一位。在本书收集的 134 个涉人工智能案件中，知识产权权属、侵权纠纷案件有 62 件，占案件总数的 46%。

2. 涉人工智能合同纠纷案件

涉人工智能合同纠纷案件主要包括买卖合同纠纷、承揽合同纠纷、服务合同

纠纷、网络购物合同纠纷案件等。在本书收集的 134 个涉人工智能案件中，合同纠纷案件有 16 件，占案件总数的 12 %。

3. 涉人工智能不正当竞争纠纷案件

在本书收集的 134 个涉人工智能案件中，不正当竞争纠纷案件有 13 件，占案件总数的 10 %。

4. 涉人工智能刑事案件

2017 年，中国浙江警方破获了全国首例利用人工智能技术窃取公民个人信息的案件，移送检察机关提起公诉，并最终被法院认定有罪。在本书收集的 134 个涉人工智能案件中，侵犯公民人身权利、民主权利罪案件共 19 件，占案件总数的 14%。

（五）人工智能法治人才培养、学科建设加速

人工智能领域的竞争，核心是人才的竞争。只有加强人工智能领域的高端人才培养，才能掌握新时代人工智能领域国际竞争的主动权。据了解，全球共有 367 所具有人工智能研究方向的高校，其中，美国拥有 168 所，占比 45.7%，独占鳌头；加拿大、中国、印度、英国位于第二梯队。截至 2019 年 6 月，中国设立独立人工智能学院的高校有 35 所，通过产学研相结合的模式，全面开展本科、研究生教育。

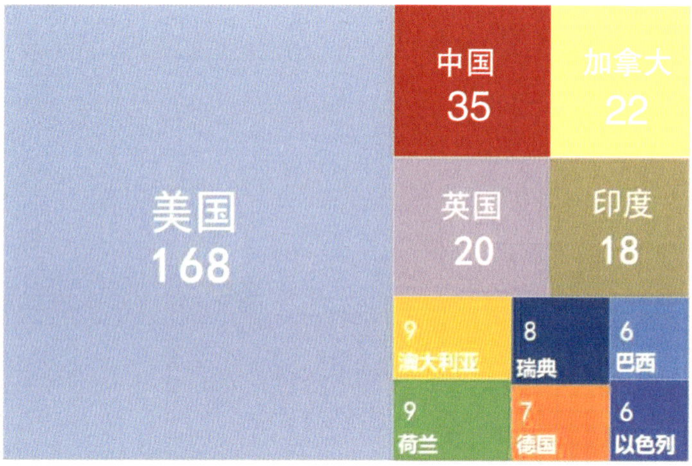

图 4　全球设有人工智能专业的高校数量分布图

在中国人工智能法治的人才培养和学科建设方面，呈现以下特点[①]：

1. 人工智能法治的人才培养列入国家战略

2017年，中国国务院《新一代人工智能发展规划》明确提出：“鼓励高校在原有基础上拓宽人工智能专业教育内容，形成‘人工智能+X’复合专业培养新模式，重视人工智能与数学、计算机科学、物理学、生物学、心理学、社会学、法学等学科专业教育的交叉融合。加强产学研合作，鼓励高校、科研院所与企业等机构合作开展人工智能学科建设。”

2. 高校纷纷启动人工智能法治学科建设

2017年12月，西南政法大学组建了全国第一个人工智能法学院，增设授予硕士学位的“人工智能法学”二级学科。2019年5月，上海政法学院设立“人工智能法学院”并于当年在全国首批招收人工智法学专业的本科生。以2019年司法、法律服务等领域的人工智能应用需求情况来看，未来将需要大量人工智能法治相关领域的专业人才。因此，人才培养单位的建设也将随之加快。

3. 人工智能法治的教学方法不断创新

在人工智能与法治深度融合的时代下，高校法学教育开始在实践性教学中探索转型。例如，上海政法学院等高校探索将课堂理论教学与走进已成功运用法律人工智能系统的单位相结合，培养法科生对法律智能化深入学习钻研的兴趣；武汉大学等高校建立类似“法学实验教学中心”等平台，注重培养法科生对法律智能系统的操作体验和自主研究与创新设计能力等。

四、展　望

人工智能法治是人工智能发展和应用的重要产物，反过来人工智能法治必将进一步促进、规范、保障人工智能的发展。当前，随着人工智能渗透到社会生活的方方面面，展示出强大的生命力，人工智能法治的发展已成为不可阻挡的潮流，

① 因数据、时间和相关资料的限制，关于人工智能法治人才培养和学科建设方面的特点分析，暂仅针对国内展开。

成为一门新的学科门类。当前，面对人工智能的快速发展和深度应用，我们需要树立忧患意识、风险意识、前瞻意识、法治意识，站在未来的高度，围绕人工智能法治发展中可能遇到的问题与挑战，开展前瞻思考、前瞻研究、前瞻布局，及时给出法治的回应和解决方案；需要深入调研，把握规律，因势利导，积极构建人工智能法治体系，将人工智能发展纳入法治的轨道，促进、规范、保障人工智能的健康持续发展，更好地造福人类。

第一部分　人工智能政策规划与法律法规

概　述

本部分所称的“人工智能政策规划”包括有关国家中央政府、政府部门和地方政府制定的有关人工智能的发展战略、实施方案等政策性文件；国际组织以及具有一定权威性的行业组织所提出的政策性建议。

本部分所称的“人工智能法律法规”包括有关国家的立法机构、政府部门和地方政府，以及国际组织[①]制定的有关人工智能的具有普遍约束力的规范性文件。本部分重点介绍国家立法机构通过的法律、政府部门和地方政府制定的法规等规范性文件。

政策与法律制度既是人工智能产业发展的重要推动力，也为人工智能的发展厘定了方向与边界。世界上主要国家陆续制定了国家层面的人工智能发展战略与产业促进政策，并开始摸索人工智能法律规制的方向与方式。本部分在梳理中国及世界其他国家、国际组织人工智能政策、法律制度的基础上，对世界人工智能政策和法律制度发展的方向与趋势作简要概述和分析。

① 国际组织是现代国际生活的重要组成部分，它是指两个以上国家或其政府、人民、民间团体基于特定目的，以一定协议形式而建立的各种机构。据《国际组织年鉴》统计，截至 2016 年，世界上有 6.2 万余个国际组织，包括有主权国家参加的政府间国际组织、民间团体成立的非政府国际组织，它们既有全球性的，也有地区性、国家集团性的。

一、中国人工智能政策规划与法律法规

中国人工智能政策规划与法律法规主要指中国中央政府、国家各部委以及各地方政府制定的有关人工智能的发展战略、实施方案等政策性文件，中国各级人大、国家各部委以及各地方制定的有关人工智能的法律、法规、规章等法律文件。

（一）基本情况

1. 政策规划基本情况

（1）政策类型

主要分为：中央国家战略、部委政策规划、地方实施方案三大类型，并从国家与地方两个层面来分析。

（2）出台时间

国家层面。2013 年 2 月，国务院出台的《关于推进物联网有序健康发展的指导意见》是涉及广义人工智能政策的首个文件。2015 年 5 月起，国务院陆续出台了《中国制造 2025》《关于积极推进“互联网 +”行动的指导意见》《促进大数据发展行动纲要》等人工智能细分领域政策文件。2017 年 7 月，国务院发布的《新一代人工智能发展规划》是国家层面最重要的战略文件。

2017 年 12 月至 2019 年 3 月间，为推进落实国务院《新一代人工智能发展规划》，工信部出台《促进新一代人工智能产业发展三年行动计划（2018—2020 年）》，教育部出台《高等学校人工智能创新行动计划》，中央全面深化改革委员会第七次会议审议通过《关于促进人工智能和实体经济深度融合的指导意见》等。

地方层面。2015 年开始，北京、上海、浙江等省市为贯彻落实《中国制造 2025》等人工智能细分领域产业政策，陆续出台了相应的具体实施方案，如《〈中国制造 2025〉北京行动纲要》。

2017 年国务院《新一代人工智能发展规划》正式出台后，各地方的人工智能政策密集出台，截至 2019 年 6 月，已有 22 个省市出台了当地人工智能的相关政策与规划文件。

（3）政策内容

2017 年国务院《新一代人工智能发展规划》国家战略的主要内容包括：①人工智能的发展方向。②人工智能的发展重点。③国家对于人工智能产业的资源配置。

为贯彻落实国务院《新一代人工智能发展规划》战略目标，国家各部委和地方制定的政策规划，主要是围绕国家人工智能战略规划，根据各部门分工与各地方具体情况制定的实施方案。

2. 法律法规基本情况

（1）立法相对滞后并仅集中在个别领域

较之政策规划，法律法规建设相对滞后，并主要集中在智能网联汽车路测等个别领域。相对而言，这一领域应用及立法条件较成熟。

国家层面。2018 年 4 月，工业和信息化部、公安部和交通运输部联合出台的《智能网联汽车道路测试管理规范（试行）》是对产业界自动驾驶汽车路测的紧迫需求作出的及时反应。

地方层面。2017 年 12 月，北京市率先出台了《北京市自动驾驶车辆道路测试管理实施细则（试行）》。此后近二十个地方也陆续出台了有关智能驾驶的规范性文件，规范自动驾驶等人工智能细分领域的发展，为人工智能产业在当地落地发展扫除规制空缺导致的障碍。

（2）现行法律中增加“人工智能”条款

部分新修订法律的具体条款中，增加了“人工智能”的内容。如 2018 年 1 月正式实施的《中华人民共和国中小企业促进法》中，对中小企业研发人工智能技术产品、开展人工智能技术创新作了规定。

（二）基本特点

1. 国家层面政策为主导，政府部门、地方政策支持

我国人工智能政策呈明显的“总—分”结构。总体由国家出台统一的战略规

划、目标、任务，国家各部委、各地方政府紧跟出台具体实施意见及配套政策。国家各部委和各地方出台的人工智能政策性文件多是对国家战略规划的实施意见以及细化为本地具体意见。

2. 当前政策法规重点聚焦助推人工智能产业发展

我国人工智能政策的目标是通过营造良好营商环境，以市场为配置资源的主要方式，助推人工智能产业的发展。国家层面政策围绕产业发展，形成了研发攻关——产业培育——产品应用的发展方向与政策体系。部门的政策侧重从机器人、智能硬件、智能汽车与人工智能教育等领域，围绕产业的发展与应用全面布局。地方的政策则着眼于当地具备优势的产业类型，为本地人工智能产业提供相应的政策支持。

3. 政策实施组织完备分工明确易于执行

我国国家层面人工智能政策建立了由国家科技体制改革和创新体系建设领导小组牵头的统筹协调机制。由科技部协调部际联席会议；由人工智能规划推进办公室具体推进；人工智能战略咨询委员会咨询前瞻。明确了保障落实、任务分解与各自职责。地方层面人工智能政策也大多结合各地方情况，明确了政策实施的组织与分工。从组织设立与具体实施的角度讲，同其他国家、地区相比，我国人工智能政策更具体，更注重可操作性。

4. 地方政策“频度”总体上与人工智能发展呈正态分布

人工智能相关政策文件的发布“频度”与地方经济和科技发展水平呈正态分布。北京、上海、天津、广东、安徽、江苏、浙江等地区由于人工智能科研实力较强，产业基础较好，其所出台的制度文件也相对密集。与此同时，辽宁、吉林、黑龙江、河北、贵州等省份基于自身特点，对人工智能发展具有较大热情，且在大数据、云计算等人工智能关联产业上也各具发展优势，因此相比部分其他省份，也较早出台了较为全面的人工智能相关政策文件。

5. 政策规划较为完备，法律法规相对谨慎

据不完全统计，从数量上看，自 2017 年至 2019 年 6 月，从国家层面到地方层面，出台的人工智能相关的政策文件有五十余份。相比之下，法律法规的出台则相

对谨慎。背后的原因在于法律法规尤其是法律是对成熟社会事务的回应，需要保持尽可能的安定性。当前一方面人工智能技术的发展尚未成熟，人工智能的实际应用多数仍处于测试阶段；另一方面利用现有的法律法规尚能解决弱人工智能阶段的多数问题。因此国家从审慎立法的角度，除了个别对更改规制有紧迫需要的领域，尚未开启人工智能的全面立法。未来立法可能将从规制与产业促进两个层面着手进行。

6. 政策重心从产业促进走向合理规制

当前的人工智能政策导向以产业促进为主轴，但是随着人工智能产业的发展，其所面临的法律与伦理问题也愈发受到政策制定者的瞩目。国家层面政策已经从2017年左右的产业促进政策逐步走向产业促进与合理规制并行的方向。2019年6月科技部出台的《新一代人工智能治理原则——发展负责任的人工智能》则明确提出了未来人工智能的治理框架与行动指南。一方面优化环境提供助力，另一方面梳理伦理探索边界，将是未来中国人工智能政策的发展方向。

（三）国家层面政策规划与法律法规

1. 基本情况

国家层面政策规划偏重宏观顶层设计，法律法规偏重具体应用，并仅涉及智能网联汽车路测等个别领域。

2019年6月，中国开始制定人工智能治理原则。总体上，政策规划在产业促进维度上大踏步前进，在规制与伦理维度上脚步相对稳健。

表1-1　中国国家层面人工智能政策法规

时　间	名　　　称	部　门
2013.2	《关于推进物联网有序健康发展的指导意见》	国务院
2015.5	《中国制造2025》	国务院
2015.7	《关于积极推进“互联网+”行动的指导意见》	国务院
2015.8	《促进大数据发展行动纲要》	国务院
2016.3	《机器人产业发展规划（2016—2020年）》	工信部等
2016.5	《“互联网+”人工智能三年行动实施方案》	国家发改委等

（续表）

时　间	名　　　　称	部　门
2016.7	《“十三五”国家科技创新规划》	国务院
2016.9	《智能硬件产业创新发展专项行动（2016—2018 年）》	工信部等
2017.7	《新一代人工智能发展规划》	国务院
2017.12	《促进新一代人工智能产业发展三年行动计划（2018—2020 年）》	工信部
2018.1	《智能汽车创新发展战略（征求意见稿）》	国家发改委
2018.3	《2018 年国务院政府工作报告》	国务院
2018.4	《高等学校人工智能创新行动计划》	教育部
2018.4	《智能网联汽车道路测试管理规范（试行）》	工信部等
2019.3	《2019 年国务院政府工作报告》	国务院
2019.3	《关于促进人工智能和实体经济深度融合的指导意见》	中央全面深化改革委员会
2019.6	《新一代人工智能治理原则——发展负责任的人工智能》	科技部

2. 出台时间

以 2017 年 7 月国务院发布《新一代人工智能发展规划》为界，可划分为两个阶段。

第一阶段：2014 年至 2017 年 6 月，这一阶段出台的政策与法律法规偏重人工智能相关产业与技术的具体规划与应用指导。第一阶段政策包括早期全盘规划与早期具体应用。早期全盘规划多在整体科技规划中涉及人工智能的相关内容。早期具体应用则聚焦于人工智能的具体细分领域（如机器人、智能硬件），或者在其他热点产业（如互联网）的附带项中具体涉及。

第二阶段：2017 年 7 月至 2019 年 6 月，人工智能政策与法律法规的内容在更为宏观的法律、伦理、社会制度层面展开。在国务院《新一代人工智能发展规划》出台后，国务院与各部委积极就宏观与本领域的具体情况出台了相对具体的专项落实方案。包括宏观的产业发展行动计划、人工智能治理原则、智能汽车等多方面的具体措施。

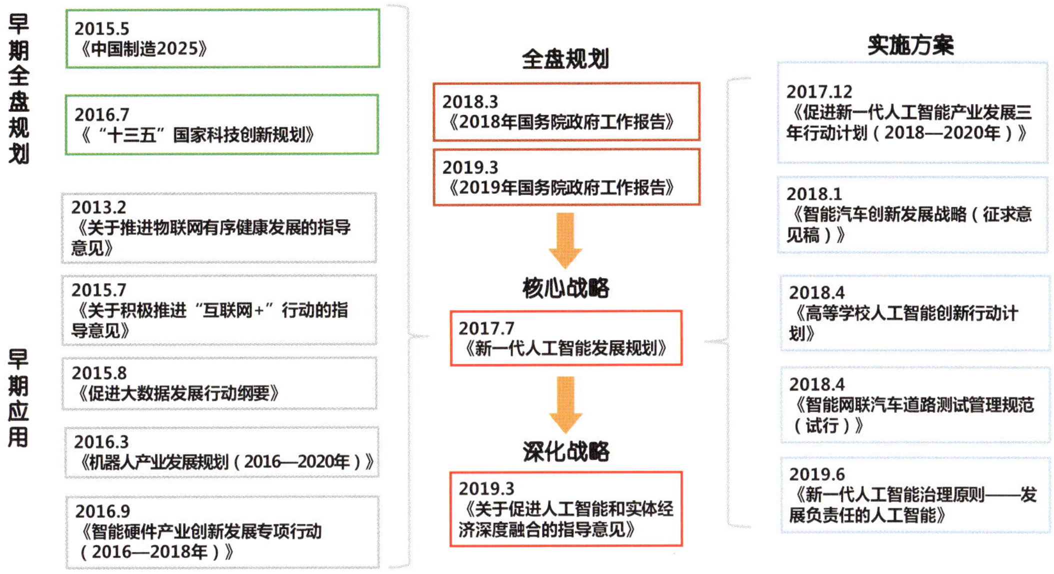

图 1-1　中国国家层面人工智能政策法规体系

3. 内容分析

2017 年 7 月，国务院《新一代人工智能发展规划》作为中国人工智能发展的国家战略，核心内容包括发展方向、资源配置与顶层设计三个方面。其中，发展方向指的是政策的具体着力点。资源配置指的是由谁主导配置资源、资源向谁倾斜。顶层设计是指从政策规划与法律法规、组织建设到各项保障措施的配套设计。《新一代人工智能发展规划》的三个主要方面构成了国家社会整体在人工智能领域运转的总章程。

（1）发展方向

图 1-2　中国核心战略人工智能“三位一体”发展方向

表 1-2　国务院、部委层面政策法规（类型与主要内容）

类型	时间	名　称	部　门	主　要　内　容
中央国家战略	2013.2	《关于推进物联网有序健康发展的指导意见》	国务院	强调物联网发展的基本原则、发展目标、保障措施。并提出主要任务为加快技术研发，突破产业瓶颈；推动应用示范，促进经济发展；改善社会管理，提升公共服务；突出区域特色，科学有序发展；加强总体设计，完善标准体系；壮大核心产业，提高支撑能力；创新商业模式，培育新兴业态；加强防护管理，保障信息安全；强化资源整合，促进协同共享。
	2015.5	《中国制造 2025》	国务院	以推进智能制造为主攻方向，加大财税政策支持力度，重点投向智能制造等关键领域，到 2020 年制造业智能化取得明显进展。探索发展智能装备、智能工厂、可穿戴智能产品、智能家电、智能汽车等新领域。
	2015.7	《关于积极推进“互联网 +”行动的指导意见》	国务院	依托互联网平台提供人工智能公共创新服务，加快人工智能核心技术突破，促进人工智能在智能家居、智能终端、智能汽车、机器人等领域的推广应用，培育若干引领世界人工智能发展的骨干企业和创新团队，形成创新活跃、开放合作、协同发展的产业生态。由国家发改委、科技部、工业和信息化部、网信办等负责。
	2015.8	《促进大数据发展行动纲要》	国务院	支持自然语言理解、机器学习、深度学习等人工智能技术创新，提升数据分析处理能力、知识发现能力和辅助决策能力。
	2016.7	《“十三五”国家科技创新规划》	国务院	强调人工智能的颠覆性影响。重点发展大数据驱动的类人智能技术方法；突破以人为中心的人机物融合理论方法和关键技术（如脑科学与人工智能），研制相关设备、工具和平台；在基于大数据分析的类人智能方向取得重要突破，实现类人视觉、类人听觉、类人语言和类人思维，支撑智能产业的发展。
	2017.7	《新一代人工智能发展规划》	国务院	明确人工智能作为国际竞争新焦点的战略态势；明确市场主导开源开放的基本原则；明确 2020—2030 年理论、技术、应用、伦理、法规与政策的基本目标；明确开放协同、研发应用同步、技术与社会融合等总体部署；明确构建智能科技体系、智能社会经济体系等重点任务；明确财政引导与市场主导的资源配置；明确人工智能法规、伦理、政策等的保障措施；明确试点示范舆论引导及组织建设等实施方式。

（续表）

类型	时间	名　称	部　门	主　要　内　容
中央国家战略	2018.3	《2018 年国务院政府工作报告》	国务院	强调加强新一代人工智能研发应用；发展智能产业；拓展智能生活；建设智慧社会。
	2019.3	《2019 年国务院政府工作报告》	国务院	强调深化大数据、人工智能等研发应用。
	2019.3	《关于促进人工智能和实体经济深度融合的指导意见》	中央全面深化改革委员会	明确促进人工智能和实体经济深度融合，要把握新一代人工智能发展的特点，坚持以市场需求为导向，以产业应用为目标，深化改革创新，优化制度环境，激发企业创新活力和内生动力，结合不同行业、不同区域特点，探索创新成果应用转化的路径和方法，构建数据驱动、人机协同、跨界融合、共创分享的智能经济形态。
	2019.6	《新一代人工智能治理原则——发展负责任的人工智能》	科技部	该文件由中国国家新一代人工智能治理专业委员会起草。明确提出和谐友好、公平公正、包容共享、尊重隐私、安全可控、共担责任、开放协作、敏捷治理八项原则。提出了未来人工智能治理的框架和行动指南。
部委实施方案	2016.3	《机器人产业发展规划（2016—2020 年）》	工信部 国家发改委 财政部	明确了机器人产业发展到 2020 年的具体目标；明确了积极培育龙头企业、推进重大标志性产品率先突破等主要任务；明确了加大财税支持、加强资源整合、营造良好市场环境、加强人才队伍建设等保障措施。
	2016.5	《“互联网 +”人工智能三年行动实施方案》	国家发改委 科技部 工信部 网信办	到 2018 年，打造人工智能基础资源与创新平台，人工智能产业体系、创新服务体系、标准化体系基本简历，基础核心技术有所突破。培育发展人工智能新兴产业包括：核心技术研发与产业化工程；基础资源公共服务平台工程。并推进重点领域智能产品创新、提升终端产品智能化水平、提供保障措施。
	2016.9	《智能硬件产业创新发展专项行动（2016—2018 年）》	国家发改委 工信部	提出三大重点任务，包括提升高端智能硬件产品有效供给、加强智能硬件核心关键技术创新、推动重点领域智能化提升，其中智能驾驶、虚拟现实 / 增强现实、物联网、传感器是关注的四大热点。提出了智能硬件产业到 2018 年的具体目标。

（续表）

类型	时间	名　称	部　门	主　要　内　容
部委实施方案	2017.2	《2017 年“互联网 +”重大工程拟支持项目名单》	国家发改委	百度、科大讯飞、腾讯和重庆中科云丛科技四家人工智能科技公司上榜。
	2017.12	《促进新一代人工智能产业发展三年行动计划（2018—2020 年）》	工信部	明确了人工智能产业发展中的基本原则、行动目标、智能产品培育、基础技术突破、智能制造发展、支撑体系建立、保障等多项具体目标及措施。
	2018.1	《智能汽车创新发展战略（征求意见稿）》	国家发改委	明确了智能汽车发展中平台支撑、开放包容、安全可控等基本原则；确立了 2020—2035 年技术创新、产业生态、新车占比、法规标准、路网设施等战略愿景；明确了创新体系、生态体系、设施体系、标准体系、安全体系、监管体系建设等战略任务；制定了政策扶持、人才保障、优化环境等战略保障措施。
	2018.4	《高等学校人工智能创新行动计划》	教育部	明确高校人工智能教育的重要地位。坚持服务需求、创新引领、科教融合、军民融合等基本原则；明确 2020—2030 年在高校创新体系、学科体系与人才培养体系的主要目标；明确优化资源配置、加大引导培训等政策措施。
法规	2018.4	《智能网联汽车道路测试管理规范（试行）》	工信部 公安部 交通部	明确了智能网联汽车道路测试的适用范围、测试主体、测试申请及审核、测试管理、交通违法与事故处理等规则。

2017 年国务院《新一代人工智能发展规划》的发展方向可被细分为研发攻关、产业培育与产品应用三个分项。

研发攻关。方向包括：基础理论研究、关键共性技术体系研发、创新开放平台设立、高端人才培育集聚、前瞻性科研项目布局。研发攻关计划的核心是基础理论研究。人工智能产业本质上是一项科技产业，单纯的商业模式与庞大数据量，也需以基础理论为基石。

产业培育。建设高端高效的智能经济，路径是新兴产业发展、产业与企业智能化升级、打造产业集群与创新高地。

国家的政策倾向于优先打造龙头企业，再通过龙头企业开源等方式带动中小微企业以及初创企业。这样既有助于技术突破、迅速形成国际竞争力，又有助于打造梯队与建设生态。

产品应用。目标是建设安全便捷的智能社会。应用重点是智能服务发展、社会治理智能化、公共安全智能化、社会互信共享以及智能基础设施建设。产品应用的重点集中于社会治理与公共基础设施，在政策的支持下，为后续人工智能应用的发展打好基础。

（2）资源配置

《新一代人工智能发展规划》的资源配置主要涉及三个方面：资源配置以市场为主导以财政为引导、注重统筹国内外资源、引导资源投入创新基地。

资源配置以市场为主导以财政为引导。《新一代人工智能发展规划》明确人工智能资源配置为市场主导，但同时强调了财政引导的重要性。既鼓励社会资本的投资，又强调政府对于高新技术的支持。力图强化政府与社会资本的合作，并通过龙头企业、产业联盟等设立基金会，形成公、私与公私兼备的资源配置模式。这与当前世界各主要国家的资源配置模式是基本一致的。

注重统筹国内外资源。人工智能产业发展不是闭门造车，需要统筹国内外资源共同进行。在国内，支持企业与高校、科研机构合作、鼓励外国企业在华开展研发。在国外，鼓励国内企业走出去，加快国际合作、推动成立国际组织共同制定标准、搭建世界服务平台。上述措施不仅有助于中国人工智能国际竞争力的提升，也有助于实现全人类的共同福祉。

引导资源投入创新基地。具体投入在聚焦基础理论与关键共性技术上。一方面，将引导现有实验基地投入人工智能研发，最大化利用现有科研设施。另一方面，以企业为核心促进产学研结合，并且发挥龙头企业的带头作用。

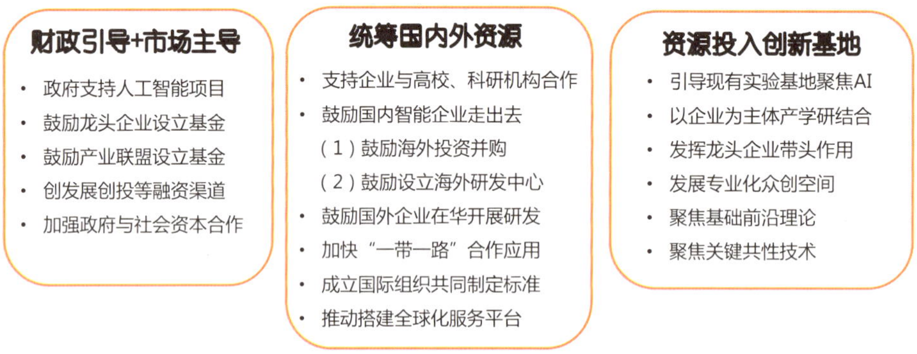

图 1-3　中国人工智能政策资源配置

（3）核心内容

《新一代人工智能发展规划》关于人工智能的核心内容主要包括保障措施、组织实施以及法律法规与伦理道德建设三项内容。着眼的是政策推行的力度以及长期上的制度保障。

政策实施的保障措施。主要集中于政策制定的重点、完善标准、完善安全体系、完善劳动力培训与科普活动等。着重强调通过税收优惠与研发补贴等培植中小微企业与高新技术产业。

政策的组织实施。主要集中于完善组织领导、保障落实明确责任、加强试点示范、加强舆论引导等方面。建立了以国家科技体制改革和创新体系建设领导小组牵头统筹协调的工作体系。并且明确了其他部门与组织机构的具体职责。

法律法规与伦理道德建设。重点集中于建立法律框架、完善权利责任、重点领域立法、伦理道德建设等方面。人工智能法律法规与伦理道德的建设是一项长期的工作，当前已经在应用基础较好的领域与伦理道德建设方面逐步落地。整体而言，我国人工智能领域的法律与伦理建设还有很大发展空间。

保障措施

- 完善重点政策
  - （1）中小微企业财税优惠政策
  - （2）高新技术企业税收与研发补贴
  - （3）数据开放与保护政策
  - （4）研判新的教育社保等体系
- 建立技术标准与知识产权体系
- 建立安全监管与评估体系
- 加强人工智能劳动力培训
- 开展人工智能科普活动

组织实施

- 完善组织领导
  - （1）国家科技体制改革和创新体系建设领导小组牵头统筹协调
  - （2）科技部会同部际联席会议
  - （3）人工智能规划推进办公室具体推进
  - （4）人工智能战略咨询委员会咨询前瞻
  - （5）推进人工智能智库建设
- 保障落实、任务分解、明确责任
- 加强试点示范
- 加强舆论引导

法律法规与伦理

- 建立法律法规框架
- 完善权利责任等法律研究
- 重点围绕落地领域立法
  - （1）自动驾驶
  - （2）服务机器人
- 开展伦理问题研究
- 制定设计人员道德准则
- 建立安全监管与评估体系
- 加强潜在危害研究
- 深化国际规则国际合作

图 1-4　人工智能政策核心内容

（四）地方层面政策法规

地方政策的出台时间最早为 2015 年。2017 年国务院《新一代人工智能发展规划》发布之后，各地人工智能政策法规开始集中发布，表明各地对国家战略的积极响应及对人工智能发展的高度重视。

1. 基本情况

地方人工智能法规制定起步于 2015 年，主要集中于人工智能具体应用细分领域（如机器人、智能制造）。各地方结合自身特点，出台了对国家层面的回应性政策，如 2015 年 12 月北京出台的《〈中国制造 2025〉北京行动纲要》；2016 年 4 月北京出台的《关于促进中关村智能机器人产业创新发展的若干措施》；2017 年 8 月山东出台的《山东省智能制造发展规划（2017—2022 年）》等。

2017 年 7 月国务院《新一代人工智能发展规划》出台后，2017 年 10 月上海、贵州、安徽三地率先响应，出台了地方实施方案。2018 年则是地方人工智能政策法规出台的“井喷年”，各地方出台了超过 20 项政策法规文件。2019 年虽然只统计半年，但从趋势上看已呈回落之势，各地方重点已转向落实已经出台的实施意见。

表 1-3　中国各地方政策与法律法规

地　区	时间	名　　称
北京	2015.12	《〈中国制造 2025〉北京行动纲要》
	2016.4	《关于促进中关村智能机器人产业创新发展的若干措施》
	2017.9	《中关村国家自主创新示范区人工智能产业培育行动计划（2017—2020 年）》
	2017.12	《加快科技创新发展新一代信息技术等十个高精尖产业的指导意见》
	2017.12	《北京市加快科技创新培育人工智能产业的指导意见》
	2018.8	《北京市自动驾驶车辆道路测试管理实施细则（试行）》(修订）
	2018.8	《北京市关于加快推进自动驾驶车辆道路测试有关工作的指导意见（试行）》（修订）
上海	2017.10	《关于本市推动新一代人工智能发展的实施意见》
	2017.10	《上海市绿化市容行业人工智能发展规划纲要》
	2017.12	《上海市人工智能创新发展专项支持实施细则》
	2018.3	《上海市智能网联汽车道路测试管理办法（试行）》
	2018.9	《加快推进上海人工智能高质量发展的实施办法》
天津	2017.12	《天津市加快推进智能科技产业发展总体行动计划和十大专项行动计划》
	2018.7	《天津市智能网联汽车道路测试管理办法（试行）》
	2018.10	《天津市新一代人工智能产业发展三年行动计划（2018—2020 年）》
	2018.12	《天津市人工智能“七链”精准创新行动计划》
重庆	2017.11	重庆市人工智能重大主题专项
浙江	2017.12	《浙江省新一代人工智能发展规划》
	2019.2	《浙江省促进新一代人工智能发展行动计划（2019—2022 年）》
广东	2018.7	《广东省新一代人工智能发展规划》
	2018.10	《广东省新一代人工智能创新发展行动计划（2018—2020 年）》
	2018.11	《广东省智能网联汽车道路测试管理规范实施细则（试行）》
安徽	2017.8	《安徽省新一代人工智能产业发展规划（2017—2025 年）》
	2017.12	《中国（合肥）智能语音及人工智能产业基地（中国声谷）发展规划（2018—2025 年）》
	2018.5	《安徽省新一代人工智能产业发展规划（2018—2030 年）》
江苏	2018.5	《江苏省新一代人工智能产业发展实施意见》
	2018.9	《智慧江苏建设三年行动计划（2018—2020 年）》
贵州	2017.9	《智能贵州发展规划（2017—2020 年）》
辽宁	2017.12	《辽宁省新一代人工智能发展规划》

（续表）

地　区	时间	名　　　称
吉林	2017.12	《关于落实新一代人工智能发展规划的实施意见》
黑龙江	2018.2	《黑龙江省人工智能产业三年专项行动计划（2018—2020 年）》
福建	2018.3	《福建省人民政府关于推动新一代人工智能加快发展的实施意见》
四川	2018.3	《四川省新一代人工智能发展实施方案 2018—2022》
广西	2018.4	《广西壮族自治区人民政府关于贯彻落实新一代人工智能发展规划的实施意见》
湖南	2019.2	《湖南省人工智能产业发展三年行动计划（2019—2021 年）》
甘肃	2018.8	《甘肃省新一代人工智能发展实施方案》
河北	2018.2	《河北省战略性新兴产业发展三年行动计划》
山东	2017.8	《山东省智能制造发展规划（2017—2022 年）》
江西	2017.10	《江西省加快推进人工智能和智能制造发展若干措施》
河南	2018.4	《河南省智能制造和工业互联网发展三年行动计划（2018—2020 年）》

2. 内容特征

人工智能政策法规内容以宏观规划为主，多数地方根据地方特征制定了人工智能发展目标与方向。如 2017 年 12 月北京发布的《北京市加快科技创新培育人工智能产业的指导意见》，提出到 2020 年初步成为具有全球影响力的人工智能创新中心的目标。2017 年 12 月浙江发布的《浙江省新一代人工智能发展规划》提出了到 2022 年全国领先，到 2030 年若干领域国际领先的目标。

部分地区配合规划出台了相应的具体实施方案与资源分配细则，有助于政策的切实落地。如 2017 年 12 月，天津出台的《天津市加快推进智能科技产业发展总体行动计划和十大专项行动计划》根据天津的本地特色提出了智慧交通、智能物流等十大专项行动计划。2018 年 7 月，广东出台的《广东省新一代人工智能发展规划》提出了推动粤港澳大湾区共创共赢、促进省际创新要素协同联动的具体措施。

当前人工智能政策法规出台的“频度”各地冷热不均，这与多项因素相关。

（1）人工智能科研实力因素

作为全国科研核心与人才高地的北京、上海以及安徽（中科大所在地），是人工智能地方政策出台最早、措施较为具体的区域。

（2）经济发展与产业状况

人工智能产业发达地区，也是人工智能政策法规出台最为密集的地区。其中，北京、上海处于领先地位。北京作为首都，是全国的知识高地、创业高地，对人工智能政策需求大。上海提出努力打造世界人工智能发展高地，构建人工智能发展先导区的目标，同样需要政策的引领与支持。天津、广东、浙江、江苏作为全国的经济大省（市），也是新型产业的重要聚集地，发展人工智能的条件较好，意愿也较为热切，也密集出台了区域性的人工智能相关政策与发展规划。

（3）产业需求的紧迫程度

除上述地区外，贵州、辽宁、吉林、黑龙江四省在全国范围内较早出台人工智能专项政策。其中，东北三省对于人工智能产业的发展抱有较高的期待与迫切的需求。贵州则希望借助本轮创新发展的机遇与自身的优势，迎头赶上。

3. 地方特征

在各地方的人工智能产业政策中，不同区域展现出了不同的特征。北京、上海着眼于建设全国性质的中心平台。天津、浙江、广东、江苏、安徽则希望率先

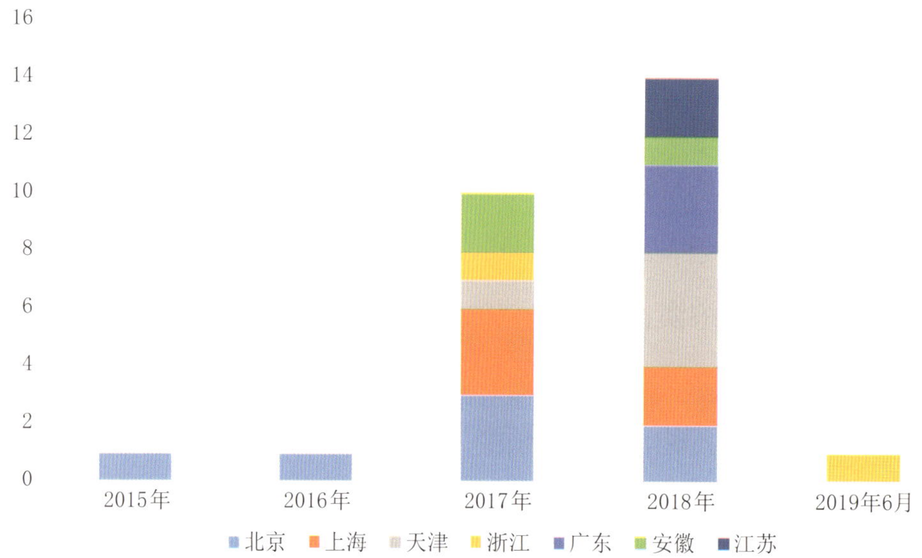

图 1-5　七省市人工智能政策法规数量统计

建设区域性中心与区域性平台。各地对于本地的优势企业都有相当的投入与重视。其中多数地方的政策更多着眼于宏观把控与发展方向，上海则在此基础上提出了非常具体可操作的《上海市人工智能创新发展专项支持实施细则》。

二、世界其他国家、国际组织人工智能政策规划与法律法规

（一）基本情况

1. 政策规划

2015 年起，世界各主要国家的人工智能国家战略与产业促进实施政策逐步进入出台高峰期。2016 年起，世界各主要国家开始关注人工智能治理原则。截至 2019 年 6 月，美国、日本、英国、法国、欧盟、韩国、德国等已经先后出台了人工智能核心战略与治理原则专项文件。

世界其他主要国家、国际组织制定的人工智能政策规划，主要分为以下三种类型：国家或地区战略、实施方案、政策建议。

表 1-4　世界其他主要国家、国际组织制定的人工智能政策规划

地　区	时间	名　　称	类　型
美国	2015.10	《国家创新战略》	国家战略
	2016.10	《国家人工智能研究与发展战略规划》	国家战略
	2016.10	《为人工智能的未来做好准备》	国家战略
	2016.12	《人工智能、自动化和经济》	政策建议
	2017.1	《国家机器人计划 2.0》	实施方案
	2017.10	《人工智能政策原则》	政策建议
	2018.5	白宫发言人在人工智能产业界峰会上的发言	国家战略
	2018.9	《机器崛起：人工智能及对美国政策不断增长的影响》	政策建议
	2019.1	《人工智能与国家安全（第四版）》	政策建议
	2019.2	《维护美国人工智能领导地位的行政命令》	国家战略
	2019.2	《2018 年国防部人工智能战略概要》	国家战略
	2019.3	《国防部人工智能报告》	政策建议
	2019.5	《国家人工智能倡议法案》	实施方案
	2019.6	《国家人工智能研究与发展战略规划：2019 年升级版》	国家战略

（续表）

地 区	时间	名 称	类 型
欧盟	2013.12	《“地平线 2020”科研规划》	实施方案
	2014.6	《欧盟机器人研发计划》	区域战略
	2017.2	《欧盟机器人民事法律规则》	区域战略
	2018.3	《人工智能时代：确立以人为本的欧洲战略》	政策建议
	2018.4	《人工智能合作宣言》	区域战略
	2018.12	《人工智能开发与使用协调计划》	实施方案
	2019.4	《可信赖人工智能道德准则》	区域战略
	2019.5	《解析人工智能：保护人权的 10 个步骤》	区域战略
	2019.6	《公私合力发展人工智能：战略研究、创新与应用计划》	实施方案
英国	2016.10	《机器人技术和人工智能》	政策建议
	2017.10	《在英国发展人工智能产业》	国家战略
	2018.4	《英国人工智能发展的计划、能力与志向》	政策建议
	2018.4	《人工智能：未来决策制定的机遇与影响》	政策建议
	2018.4	《产业战略：人工智能领域行动》	实施方案
德国	2018.7	《联邦政府人工智能战略要点》	国家战略
	2018.9	《高技术战略 2025》	实施方案
	2018.11	《联邦政府人工智能战略白皮书》	国家战略
	2019.2	《德国工业战略 2030》	国家战略
法国	2018.2	《法国与欧洲人工智能战略研究报告》	国家战略
	2018.3	《法国人工智能发展战略》	国家战略
加拿大	2017.3	《泛加拿大人工智能战略》	国家战略
俄罗斯	2018.3	《俄罗斯人工智能十项计划》	实施方案
	2019.2	《俄罗斯总统国情咨文》	国家战略
以色列	2019.2	《以色列创新署年度报告 2019》	政策建议
日本	2015.1	《日本机器人新战略》	实施方案
	2017.2	《日本人工智能协会道德准则》	政策建议
	2017.3	《人工智能技术战略政府“工程表”》	实施方案
	2017.5	《日本人工智能技术战略》	国家战略
	2018.2	《提高生产性特别措施法案》	实施方案
	2018.12	《日本人工智能战略提案：安全可靠的人工智能系统》	政策建议
韩国	2018.5	《韩国人工智能研发战略》	国家战略
印度	2018.6	《印度国家人工智能战略（讨论稿）》	国家战略
联合国	2019.1	《技术趋势 2019：人工智能》	政策建议
	2019.6	《相互依存的数字时代》	政策建议

（续表）

地　区	时间	名　　　　称	类　型
经合组织	2019.5	《人工智能理事会建议》	区域战略
G20	2019.6	《G20 人工智能原则》	区域战略

（1）出台时间

从世界范围看，2016—2017 年各国开始重视制定人工智能政策规划。其间，美国、日本、英国等国相继出台了人工智能国家战略。

2018 年开始，世界范围内人工智能政策规划制定进入快车道。其间，德国、法国、印度、韩国、欧盟等国家和地区相继出台了人工智能相关战略规划。

2019 年上半年，世界各主要国家与国际组织的重要政策规划发布数量已经超过了早前的任何一年。从国际组织的角度看，2019 年可以说是国际组织发布人工智能原则战略、政策规划的元年。除欧盟外，无论是联合国、经合组织（OECD）还是 G20，都在 2019 年公布了与人工智能相关的重要政策文件。

从发展趋势上看，2019 年下半年至 2020 年将是各国出台人工智能政策规划的又一个高潮。预计大部分发达国家、基础较好的发展中国家都将出台国家人工智能核心战略。

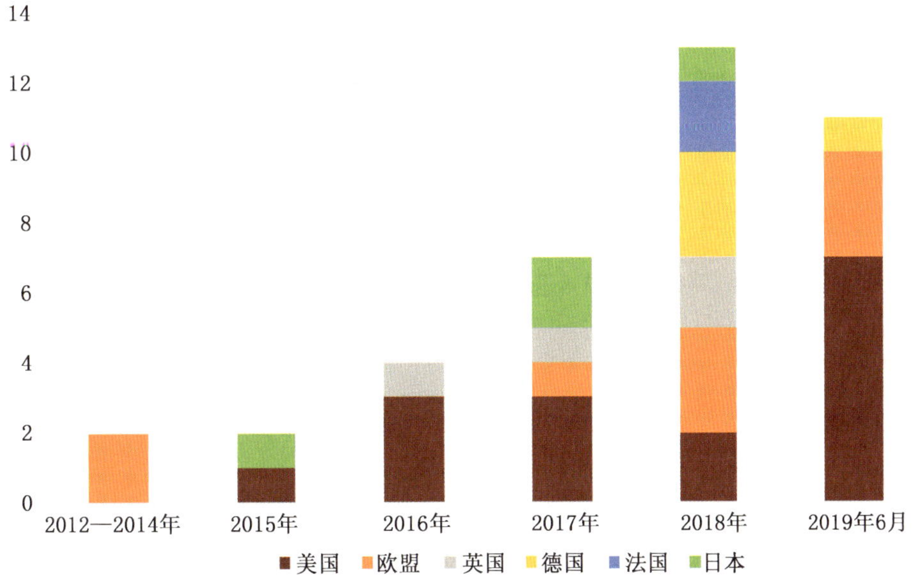

图 1-6　世界部分主要国家与国际组织人工智能政策法规数量统计

（2）政策内容

表 1-5　世界其他主要国家、国际组织政策规划的主要内容

地区	时间	名　称	主　要　内　容	类型
美国	2015.10	《国家创新战略》	该文件由美国国家经济委员会等出台。该文件目的在于确保美国引领世界经济创新、开发高新技术产业以及促进美国克服人工智能发展过程中可能导致的问题。制定战略包括：智能制造、智能医疗、脑科学、智能驾驶、智慧城市、新能源、智能教育、计算机算法等。涵盖了应用、挑战与发展路线。	国家战略
	2016.10	《国家人工智能研究与发展战略规划》	该文件由美国奥巴马政府时期的国家科技委员会出台。该文件是世界各主要国家中首份国家层面的人工智能发展战略计划。该文件的目标是人工智能促进经济发展、改善教育机会与生活质量、增强国家安全。该文件包括七大战略：人工智能研究的长期投资战略，开发有效的人类与人工智能合作措施战略，人工智能的伦理、法律和社会学研究战略，确保人工智能系统的安全战略，开发适用于人工智能培训和测试的公共共享数据集和环境战略，通过标准和基准测量和评估人工智能技术战略，更好地了解国家人工智能研发人力需求战略。	国家战略
	2016.10	《为人工智能的未来做好准备》	该文件由美国国家科技委员会出台。该文件描述了人工智能带来当地政策机遇，主要内容包括：提升社会福利，改进政府行政，技术发展与基本人权的平衡，人工智能的监管框架性措施，确保人工智能的公正、安全与可控以及提升人工智能时代下劳动者的劳动技术与就业水平。	国家战略
	2016.12	《人工智能、自动化和经济》	该文件由美国奥巴马政府时期的白宫出台。该文件讨论了人工智能与自动化对经济的可能影响，探讨如何增进人工智能的受益同时降低可能造成的损害。文件认为，应对人工智能为引擎的自动化经济是下一届政府（特朗普政府）及其后续政府将要面临的重大政策挑战，应当制定政策促进人工智能发展。释放企业创造力的同时，强调工人发展的潜能以及二者利益间的平衡。争取保证美国在未来人工智能全球竞争中的领导地位。文件非常重视公民教育，认为帮助人工智能转型过程中可能受损的工人提升就业能力是未来的重要课题。	政策建议
	2017.1	《国家机器人计划2.0》	该文件由美国国防部等多部门联合出台。该文件的主要目标是支持协作性机器人基础性技术研究。主要包括：多机器人有效互动和协作，机器人环境适应性，机器人有效学习，机器人可靠运行。该文件重视智能制造中的机器学习并融入教育课程。扩大并升级机器人研究与教学队伍，探索协作型机器人对人类未来社会、行为和经济的影响。该文件鼓励产学研的紧密合作，力图在基础科学研究与产业应用间建立更紧密的联系。	实施方案

（续表）

地区	时间	名 称	主 要 内 容	类型
美国	2017.10	《人工智能政策原则》	该文件由美国信息技术产业理事会出台。该文件认为人工智能将给社会经济与生产力带来革命性影响。对于人工智能持较为乐观的态度。认为人工智能可以用于解决当前棘手的社会问题。认为人工智能不会取代劳动者，而是会增强劳动者并且创造新的就业机会。该文件从人工智能发展和创新的角度回应舆论对工人失业与算法责任等的担忧。在措施上，该文件主张加强公私合作，认为应当建设人工智能生态系统。	政策建议
	2018.5	白宫发言人在人工智能产业界峰会上的发言	这一发言阐述了美国政府对于人工智能的总体态度。美国在人工智能领域的四大目标如下：保持美国在人工智能方面的领导地位；支持美国工人；推动政府资助的研发；消除创新的障碍。将成立一个人工智能特别委员会，向白宫提供政府层面的人工智能研究与发展方面的建议，同时协助政府企业与研究机构建立合作。认为政府的重点任务应专注于减少创新的监管障碍，为企业创新松绑。	国家战略
	2018.9	《机器崛起：人工智能及对美国政策不断增长的影响》	该文件着眼于人工智能应用可能带来的挑战，主要集中于人工智能导致的失业、数据隐私、算法歧视和故意作恶等方面，并提出了相应建议。该文件建议联邦政府强化对人工智能的监管，具体措施上认为标准先行、规制跟进。该文件认为应当为基础技术研发提供经济支持。	政策建议
	2019.1	《人工智能与国家安全（第四版）》	该文件由美国国会出台。文件指出人工智能研究正在情报、运输、网络战、信息战、指挥系统以及各种自主与半自主战车领域进行。在伊拉克和叙利亚的军事行动中，泛人工智能武器已经部分应用，需要国会进一步推动人工智能技术的发展，因为立法与预算批准决定会影响军事应用的增长速度。文件提出了军事人工智能发展中的几大问题。分析了军事人工智能发展中面临的内部挑战与国际竞争。	政策建议
	2019.2	《维护美国人工智能领导地位的行政命令》	该文件由美国白宫出台。文件明确美国将推进“美国人工智能行动计划”，就美国联邦政府层面人工智能的研究、推广和培训作出全面部署，以确保美国人工智能领域在世界领先优势。提出了政商学合力突破、美国制定推动技术标准、提升美国工人技能、培养公众对于人工智能的信心、促进良好的国际环境与市场五大原则。制定了加强与盟国及非盟国伙伴的合作、增强数据开放与利用、减少人工智能技术的法规障碍、确保安全性、加强科研队伍建设、培养人工智能用户、着手制定行动计划等目标。该文件还指定美国国家科学技术理事会人工智能专委会为负责机构，主导开展研发、数据资源和人才培养三大保障工作。	国家战略

（续表）

地区	时间	名 称	主 要 内 容	类型
美国	2019.2	《2018年国防部人工智能战略概要》	该文件标志着美军人工智能战略正式出台。系统阐述了五角大楼对于人工智能认识、部署与发展重点，旨在维持美军在人工智能时代的战略优势。该文件将指引美军未来几年在人工智能领域的发展方向。重点强调了国际合作、人才培养、伦理与安全的重要性。	国家战略
	2019.3	《国防部人工智能报告》	该文件是美国国防部逐渐形成惯例的人工智能报告。强调了加快人工智能军事应用的目标；着重分析了来自中国和俄罗斯的竞争，强调俄罗斯的弱点在于缺乏官方统一文件，中国的弱点在于研发、人才与技术标准等但正在被补齐。报告认为如果不采取措施，中国在2025年可能某种程度超过美国，到2030年可能主导整个行业。	政策建议
	2019.6	《国家人工智能研究与发展战略规划：2019年升级版》	该文件升级了2016年的《国家人工智能研究与发展战略规划》，在原文件基础上，重点新增了公私合作的相关政策。	国家战略
欧盟	2013.12	《“地平线2020”科研规划》	该文件由欧盟委员会出台。其前身为始于1984年的“欧盟科研框架计划”。该文件实施时间自2014年至2020年，预计耗资约770亿欧元，是当前欧盟的主要科研规划，涉及人工智能制造业相关内容。	实施方案
	2014.6	《欧盟机器人研发计划》	该文件由欧盟委员会出台。明确了欧盟机器人发展的愿景、目标、机器人的重要性、伦理、法律与社会问题、机器人应用场景、技术等。机器人应用的目标是制造业、农业、医疗以及救援服务等。	区域战略
	2017.2	《欧盟机器人民事法律规则》	该文件由欧盟委员会出台。研判成立欧盟人工智能监管机构。着手人工智能伦理准则：提出了“机器人宪章”（即在机器人设计和研发阶段需要遵守的基本伦理原则）；包括人类利益、不作恶、正义、基本权利、警惕性、包容性、可责性、安全性、可逆性、隐私等事项。筹备建立机器人责任体系。考虑赋予复杂的自助机器人以法律地位。并在知识产权、数据隐私、安全稳定、国际合作等其他方面明确了欧盟机器人发展方向。	区域战略

（续表）

地区	时间	名　称	主　要　内　容	类型
欧盟	2018.3	《人工智能时代：确立以人为本的欧洲战略》	该文件介绍了世界人工智能研发投入和发展情况，将欧洲的人工智能发展情况与其他国家进行对比，提出欧洲应该树立人工智能品牌的战略。重点关注了劳动者在人工智能发展过程中可能被替代的问题与算法歧视的问题，并进而提出欧盟应该采取的应对策略。文件认为欧洲应通过创设支持人工智能发展的投资框架与制定全球人工智能质量标准的方式，来实现以人为本的欧洲战略。	政策建议
	2018.4	《人工智能合作宣言》	该文件由欧盟委员会出台。明确了欧盟对区域内人工智能合作的具体措施。明确加大财政支持力度，为企业创造良好创新环境的导向，并制订了具体的资金支持计划。重点关注教育与培训体系改革，吸引并培养人才，出台关于人工智能责任的法律文件等。	区域战略
	2018.12	《人工智能开发与使用协调计划》	该文件由欧盟委员会出台。呼吁加强人工智能应用，并促使欧洲成为人工智能领域的世界领导者。该文件建议加强学术合作，提出建立共享平台、制定资金支持框架、建设共享数据空间、提升劳动力市场、提升专业人员培养、鼓励公共部门使用人工智能、建立人工智能伦理准则与法律规范、鼓励成员国制定人工智能战略等措施。	实施方案
	2019.4	《可信赖人工智能道德准则》	该文件由欧盟人工智能高级别专家组起草、欧盟委员会发布。该文件给出了“可信赖人工智能”的框架。同时对人工智能系统伦理提供具体实施和操作层面的指导。明确了四项道德准则：尊重人的自主性；预防伤害；公平；可解释性。明确了七项关键标准：人的监督与自主性；技术安全性；隐私与数据治理；透明性；多样性和公平性；社会与环境整体福祉；问责制。并对未来国际合作的发展方向作出了展望。	区域战略
	2019.5	《解析人工智能：保护人权的10个步骤》	该文件由欧盟理事会人权委员会发布。该文件建议成员国政府在下述10个方面采取步骤，来确保在最大化应用人工智能的过程中，加强人权保护，包括：人权影响评估；公众评议；人工智能在私营领域中的人权标准；信息与公开化；独立监察机制；平等与非歧视；数据保护与隐私；表达自由、集会与结社自由和工作权利；救济保障；普及人工智能认知。	区域战略
	2019.6	《公私合力发展人工智能：战略研究、创新与应用计划》	该文件由欧洲机器人协会与大数据价值联盟共同发布。该文件的目的在于促进欧洲人工智能的创新和应用，确保在世界人工智能竞争中的优势地位。该文件重视公私合作，在战略层面建立人工智能学术研究、科技研发、实践应用、标准制定和政府监管的生态系统。	实施方案

（续表）

地区	时间	名 称	主 要 内 容	类型
英国	2016.10	《机器人技术和人工智能》	该文件由英国下议院科技委员会出台。提出英国政府希望采用一种更具适应性的监管手段，彰显跨部门合作、合理指引和制度化的公共讨论的重要性。认为考虑到政府总是落后于产业发展、学术研究和舆论关注，希望在政府决策机制中引入人工智能。明确了人工智能安全与规制的重点包括学习监督、决策透明、减少偏见、注重隐私、算法问责。建议提升政策支持，并避免“一刀切”式监管阻碍发展。并对人工智能未来的影响与挑战作出了展望。	政策建议
	2017.10	《在英国发展人工智能产业》	该文件由英国政府发布。描绘了到2035年英国人工智能产业的发展前景。明确了提升人工智能能力的关键因素在于数据、专家与算法。提出了关于培养与吸引人才的计划。设置国家人工智能与数据科学研究机构等组织。公布了支持投资与出口、资助公益组织、设立专门项目等现行产业政策。	国家战略
	2018.4	《英国人工智能发展的计划、能力与志向》	该文件由英国议会人工智能特别委员会出台。认为当前不需要对人工智能进行专门监管，应在现有框架下适应调整。同时应当加强数据公共化，使公共数据的价值最大化。加强算法透明与算法可解释性，避免在重大领域出现算法黑箱。并就反歧视、反垄断、法律责任、反犯罪、武器研发、监管、伦理、原则、组织建设等方面提出了具体的政策建议。	政策建议
	2018.4	《人工智能：未来决策制定的机遇与影响》	该文件由英国政府科技办公室出台。阐述了人工智能的未来发展对英国社会和政府的影响。阐释了人工智能对生产力带来的可能增益、处理人工智能所产生的道德和法律风险的方法。同时从预测需求、定制服务、辅助决策、决策透明与个性化服务等角度论述了如何利用英国的人工智能优势，从政府公共服务角度增强英国国力。	政策建议
	2018.4	《产业战略：人工智能领域行动》	该文件由英国政府出台。该文件就人工智能发展愿景、社会、基础设施、商业环境、社区五个基础领域制定了具体的行动措施，以确保英国在人工智能行业的领先地位。该文件中既包括政府行动也包括业界行动。提出了到2027年的具体资金支持计划。	实施方案
德国	2018.7	《联邦政府人工智能战略要点》	该文件由德国联邦经济和能源部、联邦教育和研究部以及联邦劳动和社会部出台。旨在将德国人工智能的研究、开发和应用推向世界领先水平，以负责任的方式促进人工智能的使用，造福社会，并释放新的增值潜力。文件确立了德国政府发展人工智能的目标以及在研究、转化、人才培养、数据使用、法律保障、标准、合作等优先行动领域的措施。在国际合作中，德国重视在G7与G20国家中寻求双边与多边合作。	国家战略

（续表）

地区	时间	名 称	主 要 内 容	类型
德国	2018.9	《高技术战略 2025》	该文件由德国联邦政府出台。作为未来一段时间德国研究与创新的发展方针，该文件集中介绍了跨部门的发展目标、重点以及未来几年中研究与创新政策的发展规划。该文件对 2014 年发布的“新高技术战略”进行了继承与发展，确定了三大行动领域，包括：解决社会挑战，构建德国未来能力，树立开放创新和接受风险的文化。该文件列出了联邦政府的资金支持时间表，并且强调加强不同社会主体间的公私合作及社会参与。	实施方案
	2018.11	《联邦政府人工智能战略白皮书》	该文件由德国联邦政府出台。全面审视了人工智能对社会各领域的影响；定量分析了人工智能给制造业带来的经济效益；重视人工智能在中小企业中的应用。提出了教育、科研、产业集群、公众福利等多方面措施。重点强调数据保护领域的法律和制度建设。集中战略重心于弱人工智能。	国家战略
	2019.2	《德国工业战略 2030》	该文件由德国联邦经济和能源部出台。该文件直接表达了捍卫德国核心利益的决心，意在打造首个连贯的国家和欧洲工业战略。草案首先明确了该时期内，德国的战略目标为强化与夺取多个产业领域的技术领先地位；量化目标为，至 2030 年，逐步将工业在德国和欧盟的增加值总额（GVA）中所占的比重分别扩大到 25% 和 20%。阐述了德国对于人工智能产业的基本判断。分析了来自美国、日本、中国等方面的竞争。强调了国家干预人工智能发展的重要性。	国家战略
法国	2018.2	《法国与欧洲人工智能战略研究报告》	该文件由法国财政部出台。该文件指出法国人工智能的发展将特别聚焦在健康、交通、环境和国防与安全这四个优先领域。明确了法国人工智能发展的战略方向，具体投资措施，人才培养与科技进步，2020 年前的产业落地计划以及数据开放措施。	国家战略
	2018.3	《法国人工智能发展战略》	该文件由法国政府发布。主要集中于法国人工智能发展的具体政策措施与竞争态势。计划联合德国及欧盟与中美在人工智能领域竞争。希望通过政府措施，努力扭转人才外流倾向，提出了 2022 年前具体的人才引流资金计划。并且制定了具体的组织与硬件设施投资计划。在人工智能治理上强调算法透明与人工智能伦理。	国家战略
加拿大	2017.3	《泛加拿大人工智能战略》	该文件是 2017 年加拿大财政预算附带文件。政府计划拨款 1.25 亿加元支持人工智能研究及人才培养。战略目标为增加人工智能学者与毕业生的数量；计划创建三个卓越的科学研究机构；培养同时理解人工智能、经济、道德、政策和法律含义的复合型人才；支持专注于人工智能的国家研究机构。	国家战略

（续表）

地区	时间	名 称	主 要 内 容	类型
俄罗斯	2018.3	《俄罗斯人工智能十项计划》	该文件由俄罗斯国防部、联邦教育和科学部联合制定。主要内容包括组建人工智能与大数据联盟，建立算法平台，建立人工智能培训与教育体系，建立科研体系，建立人工智能国家中台，保持世界跟踪，展开人工智能演习，研判人工智能规制，提升人工智能军用，举办人工智能年会等。	实施方案
	2019.2	《俄罗斯总统国情咨文》	该文件指出，俄罗斯政府计划于2019年6月中旬制定人工智能国家战略，加速对人工智能、物联网、机器人和大数据领域内的中小企业项目的投资和支持。	国家战略
以色列	2019.2	《以色列创新署年度报告2019》	该文件由以色列创新署出台。报告认为其他国家政府大力推进人工智能基础设施建设而进行的投资应该成为以色列的报警信号。如果不能恰当分配资源，并开发出合适的工具来确保其在人工智能产业的领先地位，以色列可能会迅速落后。呼吁加强包括政府，学术界和工业界在内的政府部门的合作。呼吁为以色列经济制定人工智能战略。	政策建议
日本	2015.1	《日本机器人新战略》	该文件由日本机器人革命实现委员会制定。介绍了国际社会发展机器人产业的背景。提出了日本“机器人革命”的目标为：构建创新基地、加速应用社会、构建全新势力体系。提出了八个跨领域项目，包括：激励机制；技术发展趋势预测；机器人国际化标准执行；机器人实地测试；劳动力发展；机器人监管机制改革的实施；机器人奖励的扩大；机器人奥林匹克大赛。并且提出了日本机器人发展的五年规划。	实施方案
	2017.2	《日本人工智能协会道德准则》	该文件由日本人工智能协会出台。准则重点内容如下：重视人工智能对人类的贡献。研发者遵守法律法规。尊重他人隐私。公平公正。安全可靠不泄密。诚信告知系统局限性。问责制与社会责任。与社会的沟通、赋能、共同进步。	政策建议
	2017.3	《人工智能技术战略政府“工程表”》	该文件由日本人工智能技术战略会议制定。工程表主要分三个阶段，以期通过人工智能的运用，实现生产、流通、医疗与护理等领域效率的大幅提高，描述了2020—2030年至未来的发展方向。强调了人工智能工农业、物流、机器人、研发、护理、自动驾驶等多个具体方向的内容。	实施方案
	2017.5	《日本人工智能技术战略》	该文件由日本人工智能技术战略委员会起草。该文件提出在多个领域发展数据驱动的技术应用，发展人工智能公共事业，建立人工智能生态系统。该文件将该框架应用于生产力、健康和流动能力三个主要领域，并描绘了实现人工智能工业化的路线图。具体政策上包括在研究与开发、人才、公共数据和创业公司上的投资。	国家战略

（续表）

地区	时间	名　称	主　要　内　容	类型
日本	2018.2	《提高生产性特别措施法案》	该文件由日本政府内阁会议决定。把人工智能企业的创新措施，视为试验，进而在规制时实行较为宽松的裁量。并且简化相关申请手续，减免固定资产税、扶助中小企业。争取日本企业在国内应用技术而不是选择海外应用。	实施方案
	2018.12	《日本人工智能战略提案：安全可靠的人工智能系统》	该文件由日本科学技术振兴署提出。指出将通过新一代软件工程来确保人工智能应用系统的安全性和可靠性。提案旨在建立“人工智能软件工程”，强化研究与开发。通过研究人工智能技术和方法论，以确保包括机器学习元件在内的人工智能应用系统的安全性和可信赖性。并且提出了具体课题、实施措施、标准建立、学术落地等多项方案。	政策建议
韩国	2018.5	《韩国人工智能研发战略》	由韩国第四次工业革命委员会起草。该文件认为人工智能技术能力提升已迫在眉睫，事关其能否在第四次工业革命中占得技术主导权。计划未来 5 年投入 2.2 兆韩元提升人工智能技术能力，培养高端人才，构建开放合作型研发基础。制定了人工智能发展目标。在研发能力、人才培养、公共平台、伦理研究等方面提出了相应战略。	国家战略
印度	2018.6	《印度国家人工智能战略（讨论稿）》	该文件由印度政府智库起草。建议人工智能发展的战略的目标应当集中于工人劳动技能提升、投资计划、发展中国家推广。希望印度成为其他发展中国家的人工智能核心。建议成立研发中心侧重基础研究；提升社会重要领域人工智能应用；建立人工智能道德委员会以制定隐私、安全和道德行业标准；创建国家统一人工智能市场的具体措施。	国家战略
联合国	2019.1	《技术趋势2019：人工智能》	该文件总结分析了各国人工智能相关的政策举措，为各国政府制定相关政策提供重要参考。报告指出美国是人工智能研发创新高地，美日韩三国企业成为专利主导力量，各国学术机构专利应用行业差异显著。中国学术机构专利数量表现突出。	政策建议
	2019.6	《相互依存的数字时代》	该文件由联合国数字合作高级别小组发布。论述了如何使数字技术有助于实现社会可持续发展目标，创造更具包容性的数字经济。总结了数字领域中有关人权、人类自主性与安全的问题。分析了当前机制存在的风险，在改进世界数字合作架构方面提供建议，包括：包容、组织、人类自主、安全、合作五个方面。报告特别提出应重视算法的可解释性与人类的最终问责。认为生死攸关的决策不应交由人工智能来作出。	政策建议

（续表）

地区	时间	名 称	主 要 内 容	类型
经合组织	2019.5	《人工智能理事会建议》	该文件由经合组织发布。旨在确保人工智能设计的稳健、安全、公平和可信赖。该建议是国际上第一个关于人工智能的政府间政策标准建议，该组织的 36 个成员国以及阿根廷、巴西、哥伦比亚、哥斯达黎加、秘鲁、罗马尼亚初步签署了该建议。提出人工智能技术人员应当遵守的五项原则包括：包容性与可持续、尊重现行基本秩序、系统透明、稳健安全、开发人员责任制。	区域战略
G20	2019.6	《G20 人工智能原则》	该文件由 G20 部长会议公报。该文件基于 2019 年 5 月经合组织理事会发布的人工智能建议，在 G20 的框架下构建人工智能的国际规则，防止人工智能的不当运用和开发，实现对人类有益的合理利用。该文件包括两个部分：第一部分“负责任地管理可信赖人工智能的原则”包括：包容性增长、可持续发展及福祉，以人为本的价值观及公平性，透明度和可解释性，稳健性、安全性和保障性，问责制；第二部分“实现可信赖人工智能的国家政策和国际合作”包括：投资研发，建设生态，改善政策，培养劳动力，国际合作。	区域战略

2. 法律法规

世界其他主要国家对人工智能立法一般持审慎态度。目前实际落地的人工智能法律法规主要集中在自动驾驶等细分领域。专门适用于人工智能应用规制的法律仍处于初步提案或审议阶段，如美国 2019 年 4 月的《算法问责法案》。主要原因是人工智能作为新生事物，真正对社会产生变革性意义的技术多数处于非应用阶段，法律难以对尚未产生实际社会效果的事物进行规制。另外，当前人工智能发展方向与前景尚未完全明朗，急于出台具有约束力的法律法规可能对人工智能发展产生不当限制。

与此相对应，由于自动驾驶领域中，存在道路测试需求迫切、对行业产生的颠覆与变革迫在眉睫、技术快速发展且已经趋近成熟等原因，因此一些主要国家也对自动驾驶开始立法。一方面通过立法排除法律障碍，另一方面针对自动驾驶可能带来的风险作出针对性规制。

（二）总体特点

当前，世界其他主要国家、国际组织的人工智能政策规划、法律法规主要有以下特点：

1. 大力支持创新

世界其他主要国家与国际组织均十分重视人工智能产业发展与技术创新。2015 年，美国在人工智能技术及其相关领域上投入的研发资金高达 11 亿美元。之后几年，美国的人工智能发展政策依然强调对人工智能研究要进行持续长期投入，目的就是为了保持美国在人工智能领域的世界领先地位；2013 年欧盟委员会发布的“地平线 2020”科研规划最新框架计划中，人工智能方面的投入增加 70%，在 2018 年至 2020 年间达到 15 亿欧元，并通过公私合作，带动额外 25 亿欧元的投资来支持项目的进行；法国公布了相关计划，目标是在 2022 年前投入 15 亿欧元用于支持人工智能的技术创新和创业。

2. 持续推动开放

开放分为两个层次，第一是内部的开放平台建设，第二是外部的国际合作建设。首先是内部开放平台的构建，共享部分数据与底层技术，关键就是数据共享。深度学习算法的突破使人工智能技术进入高速发展阶段，但巧妇难为无米之炊，人工智能产业的持续发展需要海量数据来持续完善算法、不断提升计算能力。比

表 1-6　世界部分主要国家出台的人工智能法律法规、法律草案

类　型	国家	时间	名　　称
法律法规	英国	2018.7	《自动与电动汽车法案》
	德国	2017.5	《道路交通法（修订法案）》(自动驾驶条款）
	日本	2016.5	《自动驾驶汽车道路测试指南》
法律草案	美国	2017.7	《自动驾驶法案》
		2017.12	《人工智能未来法案》
		2019.4	《算法问责法案》
		2019.5	《国家人工智能倡议法案》
		2019.6	《深度伪造报告法案》

表 1-7　美国人工智能法律草案的主要内容（部分）

时　间	名　称	主　要　内　容
2017.12	《人工智能未来法案》	该法案由美国国会出台，明确了发展人工智能的必要性，并要求设立联邦人工智能发展与应用咨询委员会，汇聚各方利益群体和相关政府部门共同探讨人工智能相关问题，为后续立法及行政措施的出台做准备，以期在培育创新、促进产业发展的同时确保技术不会带来负面结果；明确了人工智能的定义。该法案指出人工智能的重要事项包括：促进投资与创新，劳动力，教育，伦理研究与培训，数据开放，国际合作与竞争，法律责任和权利，算法歧视，人工智能与乡村社会，行政效率提升等。
2019.4	《算法问责法案》	美国参议院参议员提出的《算法问责法案》，对自动化决策（算法）的定义、管辖对象、高风险算法进行了具体的规制，并要求对自动化决策尤其是高风险算法进行影响性评估。
2019.5	《国家人工智能倡议法案》	该法案由美国联邦参议院出台。目的为协调和资助美国未来 10 年的人工智能发展。法案将制定人工智能的国家协调战略，在五年内提供 22 亿美元资金，建立人工智能人才队伍，加速政府机构、学术界和私营部门未来 10 年内在人工智能领域的发展。

如美国《为人工智能的未来做好准备》的报告中提出，将实施“人工智能公开数据”计划，实现大量政府数据集的公开。《维护美国人工智能领导地位的行政命令》提出，增强对高质量和完全可追溯的联邦数据、模型和计算资源的访问。美国之所以如此重视数据开放，正是认识到了数据开放对于人工智能发展的极端重要性。

3. 加快标准制定

人工智能技术的发展及其实际应用，需要设备、产品、服务、场景之间的连接和数据交换。其中，建立通用行业标准（技术标准）是实现未来人工智能技术大规模应用的关键。因此，越来越多的国家人工智能战略开始强调建立统一的人工智能技术标准与测试基准。相关的战略、原则及提议的提出，一方面是为了避免人工智能技术在开发和应用过程中可能出现的技术障碍，减少因标准不统一带来的负面效应；另一方面，越早掌握标准也意味着越早掌控人工智能技术发展的国际话语权，为本国在未来的人工智能时代谋求更大利益。

4. 完善法律法规

人工智能在不断地为经济社会发展“赋能”的同时，也产生了诸多法律与伦理上的风险。尤其对个人隐私、社会伦理、市场竞争、网络安全、产业安全等各方面产生了深远影响。正是出于对这些问题的担忧，很多国家正在加紧完善规制人工智能发展的相关法律法规。通过人工智能立法，一方面打破既定规则对人工智能科技与产业发展的束缚，另一方面也通过“未雨绸缪”的前瞻性规定，防范人工智能技术滥用，合理解决人工智能引发的纠纷，充分发挥人工智能技术在未来社会中的积极作用。

5. 加强人才培养

人工智能技术属于高新科技，它的进步与发展与一个国家的人才培养，尤其是技术型人才的培养紧密相关。人工智能及其相关技术的研发迫切需要大量人才投入。因此，很多国家政府都加强了人工智能方面的国民教育。比如在高等教育阶段开设人工智能课程，强人工智能方面的继续教育和在职训练课程等。从人工智能未来发展需要来看，通过强化科学、技术、工程、数学课程，增加人们对人工智能的学习机会，培养更多适应人工智能发展的人才，是当前很多国家在发展人工智能方面正在进行的基础建设。

（三）重点国家与地区分析

1. 美国的政策发展

美国政府高度重视人工智能的发展、政策规划与法律法规政策法规的制定，在促进人工智能发展、维护美国科技全球竞争力与领先地位的目标方面，美国政

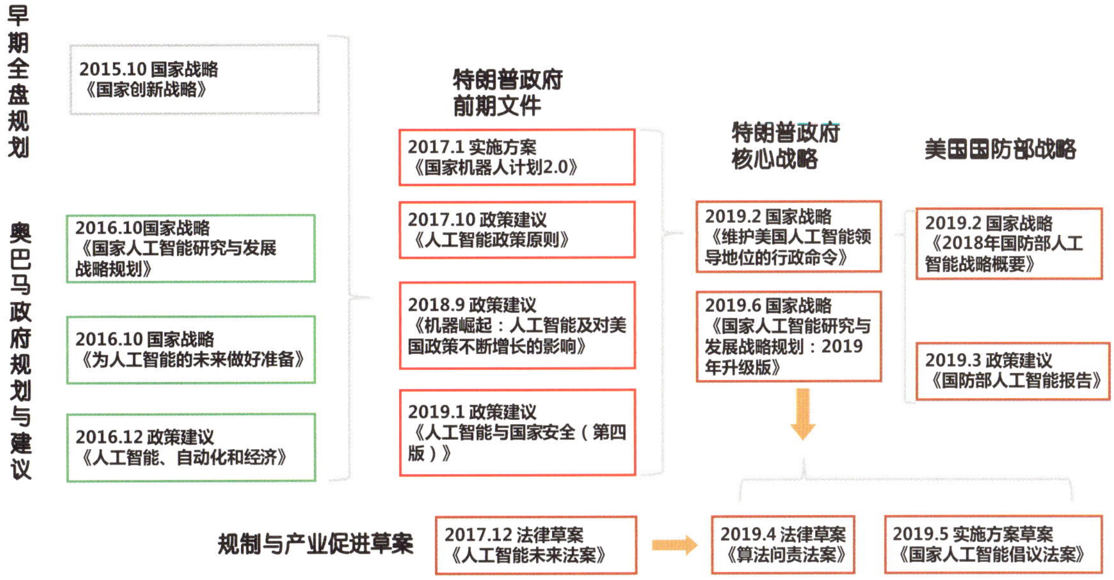

图 1-7　美国联邦政府层面人工智能政策法规体系

府的政策整体上是连贯一致的。

美国最早于2015年提出了早期全盘规划《国家创新战略》，类似于我国的《“十三五”国家科技创新规划》《中国制造2025》将人工智能作为科技创新的一个重要战略方向。

奥巴马政府末期，尤为重视人工智能的发展，于2016年的最后三个月连续发布了三项文件：2016年10月的《国家人工智能研究与发展战略规划》，2016年10月的《为人工智能的未来做好准备》和2016年12月的《人工智能、自动化和经济》。这三份文件阐述了美国未来人工智能政策的发展方向、可能面临的挑战和人工智能发展应当遵循的原则。同时，这三份文件也相当重视劳动者权利保护、弱势群体的平等保护以及社会平等。

特朗普政府的头两年，2017—2018年期间没有出台美国联邦政府级的战略文件或产业发展规划，仅在2018年5月出于对社会讨论的回应，白宫发言人表达了政府对于一些人工智能问题的基本看法与发展方向。2019年2月，特朗普总统以《维护美国人工智能领导地位的行政命令》的形式发布《美国人工智能倡议》，要求联邦政府机构投入更多资金和资源用于研发、推广人工智能，培训民众适应人工智能时代。此后，美国政府于2019年6月发布了《国家人工智能研究与发展战略规划：2019年升级版》，在原先奥巴马政府战略的基础上，更加强调人工智能的联邦政府主要作用，着力强调了公私合作的重要性。美国的人工智能国家政策集中于人才、科研、产业基础等优势方面的建设，保证美国在未来的人工智能产业发展中具有强大的竞争力。

2. 欧盟的政策与法律法规发展

从产业促进战略角度讲，欧盟作为欧洲国家的国际组织，政策措施上注重合作，力图通过统合区域内的资源，力求在人工智能国际博弈中不落于下风。在人工智能产业政策中，欧盟多份文件均强调鼓励建立区域协作平台，以弥补区域内单一国家实力不足的问题；强调建立共同的数据空间、劳动力市场以强化创新基础。同时鼓励公共部门抓紧应用人工智能，主抓人工智能的尽快应用。此外，欧盟的政策更加强调公平竞争、平等发展，注重鼓励和保护中小企业在人工智能领域的发展。

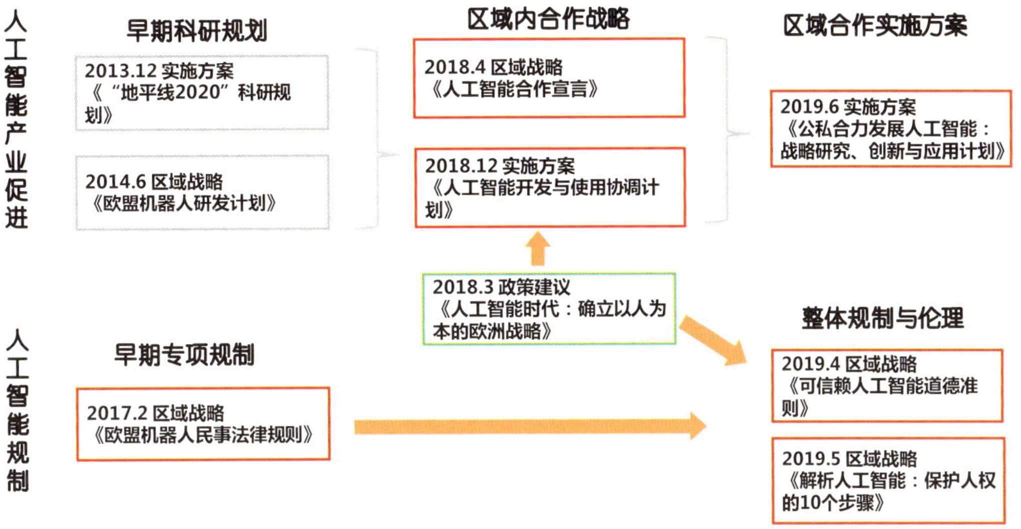

图 1-8 欧盟人工智能政策法规体系

欧盟尤为注重人工智能的治理原则。2017 年 2 月发布的《欧盟机器人民事法律规则》，特别强调了人工智能应当遵循的道德准则，这与欧盟十分重视基本人权的理念密不可分。

欧盟内部中，人工智能领域最主要的国家是英国、德国与法国。其中英国是最早出台人工智能产业政策的国家。这一方面与英国良好的科研基础和计算机技术发展水平有关，另一方面也与英国 2016 年脱欧公投后的危机意识有关。与德法两国不同，英国的人工智能政策较多强调自主发展，而不是强调与欧洲其他国家合作。德国、法国作为老牌的工业国家，在智能制造等新兴领域也有相当的发展与建树，在政策上也较早关注人工智能的应用。同时，德国和法国的政策都非常重视欧洲共同利益，强调欧盟国家间合作，共同打造人工智能创新产业集群并实现战略互联互通。

三、人工智能政策的国际比较

（一）世界各主要国家与国际组织人工智能核心战略

1. 基本情况

本部分主要考察中国、美国、欧盟、英国、德国、法国、俄罗斯、日本、韩国与印度的人工智能核心战略，并着重比对了中国、美国与欧盟的人工智能核心战略。各国家与国际组织的人工智能政策文件繁杂，但其中最能体现其政策方向与特征的是人工智能核心战略。

总体上看，上述国家与国际组织除俄罗斯外，皆已出台明确的人工智能核心战略。俄罗斯也通过总统国情咨文预告的方式，开启了人工智能核心战略的制定。各主要国家与国际组织的核心战略整体上秉持了对人工智能科技进步与产业发展的扶持态度，总体上共性大于个性，区别集中于目标与政策重心。

表 1-8　世界各主要国家（地区）与国际组织人工智能核心战略（部分）

国家（地区）	时间	名　　称
中国	2017.7	《新一代人工智能发展规划》
美国	2016.10	《国家人工智能研究与发展战略规划》
欧盟	2018.4	《人工智能合作宣言》
英国	2017.10	《在英国发展人工智能产业》
德国	2018.7	《联邦政府人工智能战略要点》
法国	2018.3	《法国人工智能发展战略》
日本	2017.5	《日本人工智能技术战略》
韩国	2018.5	《韩国人工智能研发战略》
印度	2018.6	《印度国家人工智能战略》

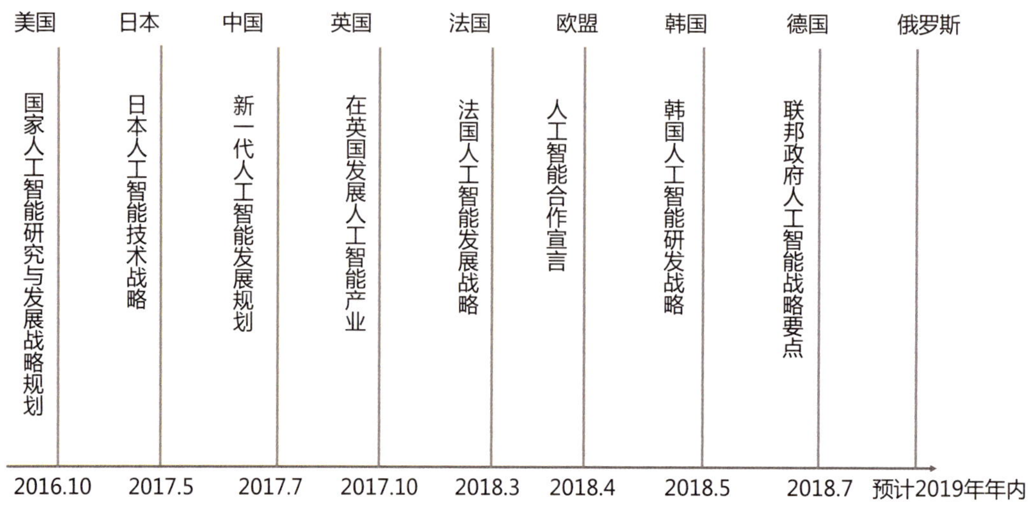

图 1-9　世界各主要国家与国际组织人工智能核心战略出台时间

2. 出台时间

从时间维度上看，最早出台核心战略的国家是美国，由奥巴马政府在 2016 年 10 月出台（由特朗普政府于 2019 年 6 月更新）。中国、日本和英国紧随其后，分别在 2017 年 7 月、2017 年 5 月与 2017 年 10 月。随后是法国、欧盟、韩国、德国在 2018 年分别推出了国家或地区的核心战略。俄罗斯 2019 年 2 月发出了政策预告。

总体上，世界各主要国家、国际组织的人工智能核心战略出台时间集中于近三年，但政策出台的早晚并没有影响人工智能产业的发展。人工智能的全球竞争也将在相当长的时间内持续，政策出台的早或晚并不一定产生决定性影响，关键也要看各国、各地区的综合实力，市场活力以及政策执行的实际情况。

3. 政策内容

（1）战略方向趋同，具体目标不同

主要国家与国际组织的人工智能发展战略方向基本趋同，均认识到了人工智能对于国家发展的重要性，但具体目标各有不同，体现了不同的国家总体战略。其中中国、美国、英国从目标上看追求的是世界领导力；日本、韩国强调的是区域影响力；德国与法国追求的是区域合作基础上的世界竞争力；俄罗斯从前期政策上看则相当重视国防上的竞争力；印度追求的是成为发展中国家人工智能产业的中心。

（2）产业侧重体现各地特征

从内容上讲，各有侧重。中国重点强调的是产业发展和创新应用；美国重点强调基础科研和政府协调；日本强调创业企业与数据开放；英国对未来的算法规制提出了额外的重视；法国和德国强调欧盟和 G7、G20 国家间的合作；欧盟更为重视人才回笼、劳动者权利与法律规制体系。

（3）结构上的共性大于个性

各国家与国际组织核心战略的结构与进路共性大于个性。核心战略基本都围绕着发展方向、资源配置与顶层设计这三个层面展开。在发展方向上，基本都强调人才、研发、数据、应用、合作的重要作用。在资源配置上，都对财政支持与营造良好市场环境具有重要意义。在顶层设计上，对于法律法规建设、伦理建设、组织建设也都作出了相应的设计与展望。

总的来看，作为宏观层面的国家战略措施，主要国家、地区的人工智能核心战略在方向与内容上共性高于个性。国际上人工智能产业的发展竞赛，实际是由各国的综合国力决定的。人工智能核心战略更多的是从国家角度对本国人工智能发展面临紧迫问题提出政策性解决方案。核心战略的实现需要配套实施方案与具体执行机构的落地。即使有同样的产业政策和资金投入，由于经济发展、科研基础、人才水平、应用环境、市场环境、决策水平等方面的差异，不同国家的人工智能核心战略的实施效果仍有待观察。

（二）世界各主要国家与国际组织人工智能治理原则

1. 基本情况

由于当前人工智能尚未全面应用，因此其需要被限制与管控的特征尚未完全展现在人类面前。但是根据其已经出现的，诸如算法歧视、取代工人、暴露隐私、安全风险等问题，需要国家与行业提前进行预防。面对上述情形，合理的治理原则既能够为人工智能的开发与使用者划定相对宽泛与模糊的边界，又不至于过分限制人工智能自由与充分的发展。因此受到各国、各国际组织的青睐。

2. 出台时间

自 2016 年 10 月，世界上主要国家和地区逐步重视人工智能伦理准则的制定。其中，美国与日本作为先行者，在 2016—2017 年即在政策文件中明确提及了相对具体的伦理准则。欧洲国家则在 2018 年全面跟上。2019 年世界范围内人工智能伦理准则密集出台，中国以及欧盟、经合组织与 G20 等国际组织，纷纷出台涉及伦理准则的政策。

3. 未来趋势

随着人工智能技术的深入发展，技术与当前社会形态的矛盾逐步凸显，在人工智能研发与应用过程中，如何保证对人类和整个社会带来积极的价值，避免消极负面的作用，日益引起各国的关注。当前，重视人工智能伦理准则已成为世界人工智能政策的共识，伦理准则体系已较完备，具体内容也趋于一致。长期上来看，实现世界共同认可的人工智能治理原则与标准也是势在必行的。

表 1-9 世界各主要国家与国际组织人工智能伦理政策相关规定

国家与国际组织	时间	名 称
中国	2019.6	《新一代人工智能治理原则——发展负责任的人工智能》
美国	2016.10	《人工智能、自动化和经济》
	2017.10	《人工智能政策原则》
英国	2018.4	《英国人工智能发展的计划、能力与志向》
德国	2018.7	《联邦政府人工智能战略要点》
法国	2018.3	《法国人工智能发展战略》
日本	2017.2	《日本人工智能协会道德准则》
欧盟	2019.4	《可信赖人工智能道德准则》
	2019.5	《解析人工智能：保护人权的 10 个步骤》
经合组织	2019.5	《人工智能理事会建议》
G20	2019.6	《G20 人工智能原则》

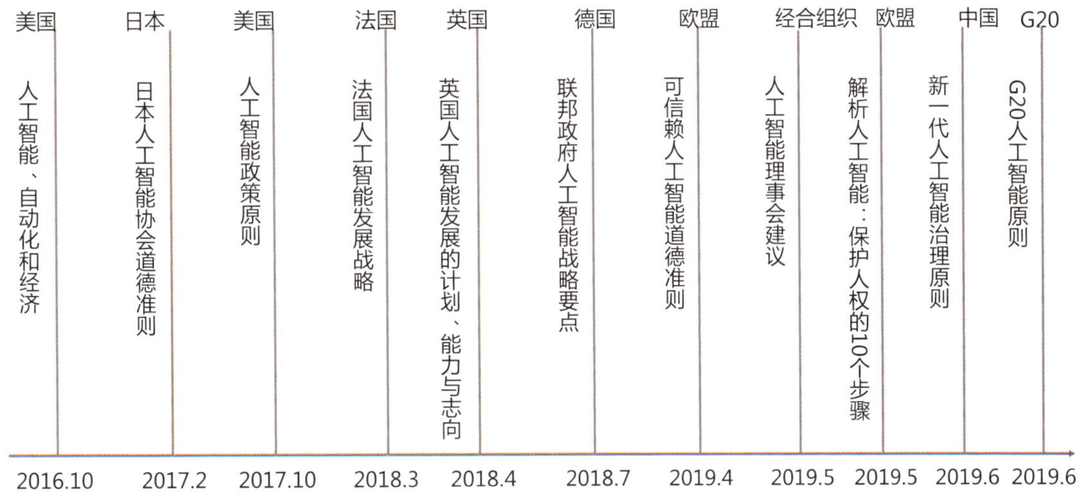

图 1-10 世界各主要国家与国际组织人工智能治理原则出台时间

（三）中美欧人工智能政策与法律法规分别对比

1. 中美欧核心战略对比

（1）结构高度一致

中美欧三地的人工智能核心战略，实质上可概括为发展方向、资源配置与顶层设计三项。三地核心战略，也都把重心放在了资源配置与顶层设计的层面。

（2）发展方向上均以研发与应用并重

从发展方向上看，中美欧三地均以研发攻关、产业培育与产品应用为基础。

其中美国与欧盟更为注重数据与技术的开放利用。中国在《新一代人工智能发展规划》中仅对数据与技术开放平台一笔带过，但是已经在后续的文件中推进数据与技术开放利用平台的建设。[①]

（3）资源配置同时强调财政支持但存在一定差别

从资源配置上看，中美欧三地都以市场为基础，中欧同时强调了财政支持的重要性，欧盟着重强调解决企业与用户力量不对称的问题，美国着力强调市场环境与美国的盟国国际环境。可以看出，欧盟对于中美大型新兴企业的担忧，以及美国对于世界霸主地位的维护。

（4）欧盟强调多边合作，美国强调减少法律规制

从顶层设计上看，中美欧三地都强调政策保障、组织设立、法律法规以及治理原则建设，其中欧盟更为强调世界多边协议，美国更为强调减少规制阻碍。值得注意的是，美国和欧盟 2019 年 6 月最新出台的文件都重点强调了人工智能领域公私合作的重要性，这是人工智能领域两大主体加强国家直接投入的重要信号。

事实上，上述特征其实都与区域整体经济理念与国家组织架构具有较强的相关性，方向上并无本质性差别，区别主要集中在具体操作领域。

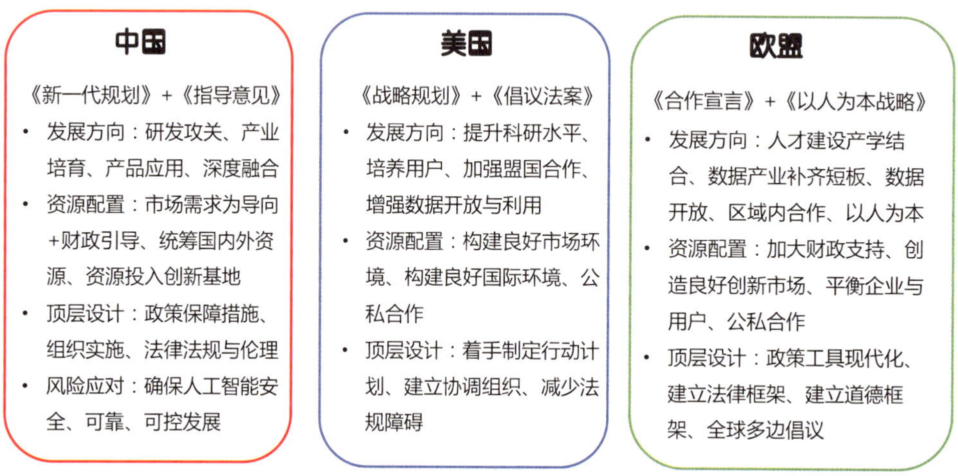

图 1-11　中美欧人工智能核心战略对比

① 相关文件参见科技部关于印发《国家新一代人工智能开放创新平台建设工作指引》的通知，http://www.most.gov.cn/mostinfo/xinxifenlei/fgzc/gfxwj/gfxwj2019/201908/t20190801_148109.htm。

2. 人工智能治理原则对比

（1）基本框架一致

从治理原则上看，中美欧三地的基本框架是大体一致的，都从社会、公平、共享、隐私、安全、责任、协作、监管等方面提出治理原则。

（2）美欧先行一步，中国迎头赶上

美国与欧盟先行推出，中国在总结美欧经验的基础上提出的措施也相当齐备，并更加富有逻辑。和谐友好、公平公正、包容共享、尊重隐私、安全可控、共担责任、开放协作、敏捷治理基本可以完全涵盖美国与欧盟早前的治理原则。

（3）美国强调宽松，欧盟强调人类监督，中国强调有序发展

从特色上看，美国仍然一以贯之地强调灵活宽松的监管政策，欧盟则非常强调人类的监督与自主性。欧盟整体而言对于人工智能潜在的负面作用更为重视，中美则更多地从有序发展的角度制定治理原则。总体而言，基于中国、美国与欧盟对世界的巨大影响力，未来的世界人工智能的治理框架，必将是以中美欧三地的人工智能治理原则为基础的。

图 1-12　中美欧人工智能治理原则对比

第二部分　人工智能法治理论研究

概　述

开展人工智能法治理论研究旨在整合法律、伦理学、社会学等相关学科力量，健全人工智能健康发展的法律体系、制度体系和实施体系，推动人工智能产业健康可持续发展，实现社会公平正义。近年来，尤其2016年以来，学术界对人工智能法治的研究呈现出研究领域不断扩大、研究深度不断延伸、研究重点日益聚焦的特点，且已经取得了一定成果。本部分主要包括六方面内容：

一、人工智能法治理论研究概况梳理。重点围绕人工智能法治理论研究的发展沿革、重点领域、研究现状、存在不足等方面进行梳理。

二、人工智能法治研究著作专项分析。著作是针对特定问题的系统考察和深入研究，一般篇幅较长，能围绕复杂问题作深入细致的探讨和全面论述，具有内容广博、论述系统、观点成熟等特点，具有较高的学术参考价值。本书从出版社、出版时间、专著作者、专著内容等维度对人工智能法治著作的研究现状进行梳理和分析。

三、人工智能法治科研项目专项分析。科研项目是开展科学技术研究的一系列独特的、复杂的并相互关联的活动，这些活动有着一个明确的目标或目的，必须在特定的时间、预算、资源限定内，依据规范完成。由于时间与资料的限制，本书择取2010年至2019年国家社科基金项目立项数据、2013年至2018年省部级法学类课题立项数据（司法部、中国法学会）为样本，对人工智能法治研究科研立项及项目完成情况进行梳理与分析。

四、人工智能法治研究论坛专项分析。论坛（会议）是指在限定的时间和地点，按照一定的程序进行的有组织的议事活动。本书收集了2017年1月至2019年6月世界人工智能法治研究论坛召开情况。通过对论坛举办时间、举办地域、承办单位、论坛主题等维度的系统梳理与分析，对人工智能法治发展的学术热点与最新动态进行分析画像。

五、人工智能法治研究论文专项分析。学术论文是对某个科学领域中的学术问题进行研究后的理论文章。本书基于中国知网数据库，通过人工智能法治研究论文的基础数据建库、数据修正及数据核验，从研究核心作者锚定、研究高频热点透视、研究学科分布梳理、研究质量评估厘定等维度展开系统梳理与深入分析。

六、世界主要国家人工智能法治研究。选取了Web of science进行相关的数据检索。重点对世界主要国家人工智能法治的研究方向、发表时间、作者分布、国家/地区特征、法治研究能力等维度进行多维度比较分析。

一、人工智能法治理论研究分析

（一）人工智能法治研究理论研究分析

1. 中国研究概况

新时代中国利用人工智能推动国家治理现代化、借助人工智能促进新媒体传播和文化繁荣，通过人工智能践行“一带一路”倡议，以人工智能助推社会治理和谐化，用人工智能推动生态文明建设，从而为实现全球善治提供了中国方案、贡献了中国智慧。

中国人工智能与法治研究起源于20世纪，20世纪80年代，钱学森教授提出了科技在法治领域应用的角度展开理论研究。1983年龚祥瑞、李克强发表了《法律工作的计算机化》，通过软件收集并综合各类法律法规信息，助力审判工作。

1985 年，北京大学法律系张力行师生团队构思建设外国法律法规搜索系统，后经过发展演进为现在的“北大法宝”。1986 年，朱华荣、肖开权主持研究全国哲学、社会科学“五七”规划科研项目《量刑综合平衡与电脑辅助量刑专家系统》课题。1989 年，华东政法学院苏惠渔、张国全、史建三出版专著《量刑与电脑》。1993 年，中山大学胡钊、周宗毅、汪宏杰等人开发了《LOA 律师办公自动化系统》；武汉大学赵廷光教授编写《实用刑法专家系统》，该系统可以用来检索相关刑事法律法规并针对不同案件予以辅助判决。

进入 21 世纪以来，法学界关于这方面的研究热情进一步高涨。2001 年张保生从理论的角度分析了人工智能法律体系的研发理论和实践价值以及人工智能应用于法学的法理基础。[①]2005 年杨遂全提出了用计量方法促进立法科学性。[②]2007 年唐昊涞进一步论述了人工智能与法律结合的内涵、研究内容以及可能产生的影响和挑战。[③]2008 年黄都培以刑法为例建立了包括公共知识、法律知识、具体案情的三层语义检索模型。[④]2009 年邰杨芳从法学理论的角度建立了刑法、刑事诉讼法的法律检索本体结构。[⑤]2011 年邓毅沣开发了科云智能法律系统，该系统包含多类型合同模板系统、法律公文模板系统、风险预防与控制系统及法律相关流程系统，以期实现法律工作的基础智能化。2012 年赵忠君对国外法律本体研究进行了综合性的概述。[⑥]2012 年张妮为探索人工智能的司法应用，以精神损害赔偿为突破口构建司法裁量模型。[⑦]2016 年单勇从数据之中蕴藏着社会发展与犯罪治理的规律，撰写了《基于犯罪大数据的社会治安精准防控》。[⑧]2017 年罗洪洋、陈雷提出《智慧法治的概念证成及形态定位》将“智慧法治”定义为运用人类智慧

① 张保生：《人工智能法律系统的法理学思考》，《法学评论》2001 年第 5 期。
② 杨遂全：《中国之路与中国民法典》，法律出版社 2005 年版，第 20—50 页。
③ 唐昊涞、舒心：《人工智能与法律问题初探》，《哈尔滨学院学报》2007 年第 1 期。
④ 黄都培：《基于本体的法律信息语义检索》，《计算机工程与应用》2008 年第 28 期。
⑤ 邰杨芳：《法律框架网络本体管理系统的分析与设计》，《晋阳学刊》2009 年第 6 期。
⑥ 赵忠君：《国外法律本体研究综述》，《情报科学》2012 年第 1 期。
⑦ 张妮：《精神损害赔偿的定量研究》，西南财经大学 2012 年博士论文。
⑧ 单勇：《基于犯罪大数据的社会治安精准防控》，《中国特色社会主义研究》2016 年第 6 期。

解决法治理论和实践问题的一种高级的法治形态。[①]

2017年2月6日，由上海高院牵头，上海政法各部门协同承担的上海刑事案件智能辅助办案系统正式启动，截至2018年12月，该系统3.0版本上线运行，已在上海市范围内推广应用。2017年，上海高院制定《"数据法院""智慧法院"建设规划（2017—2019）》，推进上海法院的信息化建设向智能化发展，推进大数据语音识别技术的广泛应用，形成全链路智能记录体系，是上海"数据法院""智慧法院"建设的重点任务之一。2018年9月，由上海市法学会联合相关单位共同主办的，以人工智能"发展应用与法治保障"为主题的"人工智能与法治"高端研讨会成功举行，该论坛是"2018世界人工智能大会"分论坛之一，旨在推进人工智能与法律问题、人工智能与司法应用的深度研究，积极回应社会对人工智能发展所带来的风险与挑战的关注，如何强化避险，为未来科技发展提供制度支撑，让智能科技成果更好地赋能社会。会议邀请国内外法学理论、司法实务、科学学、高科技企业等领域专家学者参加研讨，形成共识，发布了《人工智能法治上海倡议》，并提出了构建人工智能法治体系的14条倡议。2019年1月崔亚东《人工智能与司法现代化》一书对人工智能在司法领域的应用、构建人工智能法治体系、开展人工智能法治研究等展开了系统而细致的论述。上述研究探讨的内核在于，随着人工智能时代的到来，法治研究一方面要抓住机遇，跟上时代的步伐，主动作为，准确把握法治规律与人工智能特征的结合，积极拓展法治研究的空间，使人工智能更好地服务法治研究，推进法治研究本身现代化的实现。另一方面，法治研究要针对人工智能在法律、安全、就业、道德伦理和政府治理等方面提出的新课题，加强人工智能发展与法治的前瞻性研究，积极构建人工智能未来法治体系，用法治保障人工智能健康持续发展，推动人工智能国家战略的实施。

2. 世界主要国家研究概况

世界主要国家有关人工智能法治的研究起步较早，正处于快速发展阶段。全球人工智能法治研究则涉及两大维度：一是人工智能法治及其应用，即对人工智

① 罗洪洋、陈雷：《智慧法治的概念证成及形态定位》，《政法论丛》2019年第2期。

能法治本身的作用、价值、影响进行尽可能全面的梳理和讨论；二是从全球治理的角度来思考，又可以细化为两个不同面向的治理，即利用人工智能来参与全球规则治理，增进人与全球共同体 / 国际社会的福利和幸福感，同时还面临着对人工智能本身进行治理这一难题——人工智能自身也可能衍生出某些负效应，甚至让原有的全球问题更为复杂化。

法国法学家 Lucien 是建议将法律信息化处理的第一人。1958 年，Lucien 提出打造法律法规或相似判例和相似案件裁量系统的构想，但局限于当时的科技文化水平，其想法并不被其他专家学者和社会大众所认同。1970 年，Buchanan 发表了《关于人工智能和法律推理若干问题的考察》一文，① 标志着人工智能技术开始与法学学科结合、应用。1977 年 Thome 以公司税务法为例，用模仿人类推理的方式创造了 TAXMAN 系统。1981 年 Waterman 等研发出了产品责任的民事裁量模型。1984 年 Gardner 在其论文中分析了法律失效情况下合同法的自适应处理，② 此后于 1987 年在其基础上发表了《人工智能与法律推理》。1989 年澳大利亚以处理工伤事故补偿问题为目的建构了 IKBALSI 系统，该系统的主要功能是对《司法补偿条例》进行释义。1991 年 Deedma 通过分析加拿大以往判例，开发了人工智能的专家断案系统。③1995 年，Split-Up 问世，辅助法官进行离婚案件的财产分割。④

进入 21 世纪后，2005 年，贝叶斯网络辅助法庭进行火灾事故案件的证据评估环节。⑤2007 年，Strand 系统通过使用原先用于工程学、计算机学的贝叶斯方法

① Buchanan & Headrick，Some Speculation About Artificial Intelligence and Legal Reasoning，Stanford Law Review（1970）. pp.40—62.

② See Anne von der Lieth Gardner，An Artificial Intelligence Approach to Legal Reasoning，MET Press Cambridge，MA，USA，1987，pp.1—50.

③ Cal Deedman，Smith J C，The Nervous Shock Adviser：A Legal Expert System in Case-based Law，Operational Expert Systems Applications in Canada，Ching Y. Suen and Rajjan Shin eds.，Pergamon Press Oxford，1991，pp.56—71.

④ John Zeleznikow，An Australian perspective on research and development required for the construction of applied legal decision support systems，Artificial Intelligence and Law，Vol.10：237—260，2002.

⑤ A Biedermann，F Taroni，O Delemont，et al，The evaluation of evidence in the forensic investigation of fire incidents. Part II. Practical examples of the use of Bayesian networks. Forensic Science International 2005，V.147（1），pp.59—69.

来进行法学实证分析，以比较规范值与实际值。[①]2008 年 Riesen 以受害人的特点为例，用贝叶斯网络研究以往美国刑事案件的特点。[②]

（二）人工智能法治研究重点领域

当前对于人工智能的学术研究，主要围绕两个重点领域展开。第一个是法律对于人工智能的影响，即法律作为人工智能之外的一个外在框架调整人工智能带来的相关法律问题，比如规定因应用人工智能需要承担的责任问题等。第二个是人工智能对法律的影响，即让人工智能参与到法律运作中，并进而探讨人工智能对法律职业和法律本身产生的挑战，比如“机器人法官”等。对上述问题，学术界从基础法学理论、具体部门法应用以及前景展望等方面均作出了回应。

1. 人工智能的法律主体资格问题

在罗马法以来的法学思考中，法律人最重要的创制是用法律拟制的思维来思辨和处理与人类严密相关但多少有别于人类的事物及其行为或关系，如古代奴隶制和现代法人制度。当今的人工智能革命也可尝试从法理上纳入这个法律拟制的传统。人工智能法律主体资格的理论探讨是人类必须面对的实际问题，尤其是在沙特阿拉伯王国授予智能机器人索菲亚（Sophia）以公民身份后，这种理论上的争辩达到了一个新的高峰。综合代表性的论文来看，学者多结合各个部门法探讨是否应赋予人工智能以法律人格。杨立新教授从侵权责任法角度，结合无人驾驶侵权损害赔偿问题，认为当前人工智能引起的民法问题在传统民法框架内可以得到有效规范，不需要赋予人工智能法律主体资格。[③]刘宪权教授从刑法视角，认为当人工智能发展到强人工智能阶段，可以考虑赋予其刑事主体资格。[④]陈吉栋

---

① Jeff Strand. Should Legal Empiricists Go Bayesian? Stanford Law and Economics Online Working Paper. No. 342，2007.

② Michael Riesen，Gureel Serpen. Validation of a bayesian belief network representation for posterior probability calculations on national crime victimization survey. Artificial Intelligence and Law，2008，Vol.16：3，pp.245—276.

③ 杨立新：《民事责任在人工智能发展风险管控中的作用》，《法学杂志》2019 年第 2 期。

④ 刘宪权：《人工智能时代的刑事风险与刑法应对》，《法商研究》2018 年第 1 期。

博士基于法释义学的角度，认为结合人工智能发展的现实技术，应以实定法为基础，在坚持人工智能为客体的原则下，特定情况下认定人工智能的主体地位。①

综上，对于人工智能的法律地位，存在主体说和客体说两种学说。主体说认为应当赋予机器人法律主体地位，如欧盟议会法律事务委员会提出对人工智能赋予“拟制电子人”的立法提案。我国有学者认为“在机器人社会化应用不可避免的情况下，我国（乃至世界各国）应当肯定机器人的法律主体地位，赋予机器人必要的权利”。② 客体说认为，为了解释人工智能的行为效力而主张赋予其法律主体资格是没有必要的。毕竟只有人类才可以理解“权利”与“责任”的涵义，机器只能被设计成遵守规则，却不能理解规则。还有学者认为，目前人工智能技术尚未达到真正的强人工智能时代，尚不具备赋予法律人格的技术条件。客体说可能难以应对人工智能未来的发展趋势，但主体说忽略了目前仍处于弱人工智能的现实技术情况。

2. 人工智能应用的民事法律问题

（1）人工智能应用致损的责任承担

新兴科技伦理规约所面临的现代性困境其实在于责任问题，如何确定人工智能技术活动及其后果的责任主体，是人工智能发展必须考虑的问题。日本、美国、德国都曾发生过工业机器人“杀人”的事例。2017 年 11 月，美国拉斯维加斯投入运行的无人驾驶汽车仅运行不到两个小时就发生了撞车事故。目前学界针对人工智能致损，谁应该承担责任存在两种不同的观点：一种观点认为，人工智能是直接责任主体，由具有“自主意识”的人工智能承担侵权责任；另一种观点认为，人工智能是人类的工具，应由实际控制人或者责任人承担侵权责任。目前已经引起广泛关注的是无人驾驶汽车发生交通事故时的责任承担问题。某些学者认为，无人汽车驾驶致损的责任承担问题，可能需要由侵权责任法调整其规制对象和重构其责任体系。还有学者认为，应将其归入产品责任或者传统的道路交通事故责任。但大部分学者均认为自动驾驶汽车发生交通事故应当由人而非人工智能

① 陈吉栋：《活机器人的法律人格——基于法释义学的讨论》，《上海大学学报（社科版）》2018 年第 3 期。

② 张玉洁：《论人工智能机器时代权利及其风险规制》，《东方法学》2017 年第 6 期。

承担责任。比如杨立新教授提到，“人工智能机器人的民法地位是产品，当产品有缺陷、造成他人损害时，我国《侵权责任法》《产品质量法》都规定了产品责任规则，即生产者、销售者的责任”。①

（2）人工智能生成内容的知识产权问题

2017年5月，微软在北京发布了人工智能小冰的诗集《阳光失了玻璃窗》，诗集内含139首现代诗，全都是机器人小冰创作的。这一举动引起社会哗然，也催生出了一个新的概念——“人工智能创造物”。对于这一类人工智能创造物，其所有权、使用权、知识产权等的归属问题，也给我国当前权利制度带来了很大挑战。有学者认为，“人工智能生成的内容有的已经达到‘作品’的独创性高度，可以获取市场利益”。② 但也有学者认为，“在现阶段，人工智能生成的内容只是应用某种算法、规则和模板的结果，与为形成作品所需的智力创作相去甚远”。③ 在认为人工智能生成内容可以获得知识产权保护的基础上，需要对这一类的产品权利确定归属，否则会造成财产领域的秩序混乱，但对此仍然存在知识产权归人工智能设计者还是使用者的争论。国际上某些国家已经对此作出了回应，“有消息称，日本准备立法保障人工智能的著作权作品，以防止机器人创作中的抄袭之风；欧盟法律事务委员会提出动议，拟赋予机器人以著作权”。④ 美国判例显示，获得专利法保护的条件之一是对人工智能本身或其创造物去抽象化。我国虽然尚未对上述问题形成统一观点，但对于如何规制人工智能产生内容的权利这一前提基础，大部分学者认为可以通过解释或修改现有的知识产权法来解决。

（3）数据共享与隐私权保护的冲突

人工智能时代的一个重要特征是对数据的广泛收集与利用，从私人生活、企业生产到政府公共管理，当前人类社会在各个领域应用大数据。个人隐私（数据）保护将面临互联网、大数据与人工智能三者叠加的风险，传统社会逐渐走向透明化，在未来的人类社会可能将不再有真正意义上的隐私可言。随着数据被广泛收

---

① 杨立新：《用现行民法规则解决人工智能法律调整问题的尝试》，《中州学刊》2018年第7期。

② 龙文懋：《人工智能法律主体地位的法哲学思考》，《法律科学（西北政法大学学报）》2018年第5期。

③ 王迁：《论人工智能生成的内容在著作权法中的定性》，《法律科学》2017年第5期。

④ 吴汉东：《人工智能时代的制度安排与法律规制》，《法律科学》2017年第5期。

集与运用，数据共享与个人隐私保护之间的关系日益复杂。一方面，个人数据信息与个人隐私密切相关，二者界限难以清晰界定；另一方面，个人生活离不开数据，企业生产与政府管理也离不开数据的收集与运用。人工智能时代，大数据技术的发展使得侵犯个人数据更加具有隐蔽性，同时其危害后果也更加广泛和严重。过分强调个人隐私的保护可能会阻碍经济发展和社会管理。

对于人工智能时代的数据安全问题，欧盟在理论与实践层面均已作出了回应。《欧洲人权公约》第八条从个人和家庭隐私的角度，对个人信息权作出了规定。欧洲人权法院的五十个相关判例涵盖英国、法国、德国、瑞士、俄罗斯等不同法系的国家，涉及健康隐私、私密声音、私人通信等个人信息，缔约国败诉率高达三分之二，明确表明保护个人信息的法律限度：对个人信息的收集、储存、使用、披露、查询、删除等监控和干预必须依法、善意、必要进行，以充分保障人权。

3. 人工智能产生的劳动法问题

人工智能的发展与应用，一方面将人从部分劳动中解放出来，提高了社会生产效率，但另一方面随着智能机器人智能的提高，也带来了社会结构和相关法律的重要变化。在当前乃至未来的发展阶段中，类似于该如何通过法律保障人类的劳动权利、劳动法是否应当将机器人纳入调整范围、机器人是否应当享有恰当劳动时间以及良好劳动环境的权利等问题都有待未来的劳动和社会保障立法予以解决。

（1）**传统劳动法的作用削减**。据牛津大学的调研报告，未来将有1000万个非技术工种被机器人取代，其中包括文秘、工人、中介、司机等一大批岗位。报告特别指出，目前软件工程师所做的工作将会被智能机器人所代替，即创造者被其创造的技术产品所代替。大量智能机器人将取代人类劳动岗位，传统意义上的劳动者将大量减少。但也有学者认为机器人是将人类从简单、单调、重复性的工作中解放出来，从而去从事更富有创新性、思考性的工作，因此智能机器人并不会完全取代人类的工作，社会仍然存在劳动者。综上所述，随着人工智能的发展，劳动法并不会消亡，但需要作出调整。

（2）**是否赋予人工智能法律人格依旧饱受争议**。如前文所述，是否应赋予人工智能以法律人格仍是一个有争议和有待随技术发展进一步论证的问题。但人工智能“劳动群体”正在形成与发展，关于法律问题的思考应具有前瞻性，因此对于人工智能的劳动法规范国内外也有相关研究。欧盟法律事务委员会动议，主张人工智能具有“工人”身份，并赋予其劳动权等“特定权利与义务”。韩国政府起草了《机器人伦理宪章》，其要点包括：保证人类能够控制机器人、保护机器人获得的数据、禁止人类违法使用机器人、防止人类虐待机器人。欧盟对于人工智能持开放、保护的态度，倾向于赋予其法律资格并具有一定劳动权利。韩国并未明确赋予人工智能法律资格，但强调应尊重机器人。

4. 人工智能的刑事责任问题

2018年以前，学术界对于人工智能的研究主要集中在法律资格、民事责任、知识产权等问题上，对于可能引发的刑事问题基本没有涉及。综合论文数量和被引用情况来看，华东政法大学刘宪权教授对于这一问题的研究较为深入且影响较大。2018年刘宪权教授针对人工智能刑法犯罪问题共发表了一系列核心期刊论文，内容涉及人工智能时代机器人可能引发的刑事风险、刑法规制的法理基础和正当性、刑法应对等方面，既注重法学理论基础论证也关注实际产生的问题并提出刑法应对措施。其中被引用数量最高的论文是《人工智能时代的刑事风险与刑法应对》。在这篇文章中，刘宪权教授认为人工智能时代刑事风险分为三种：“其一，可能使得部分传统犯罪的危害性发生‘量变’；其二，可能会导致新的犯罪形式产生；其三，人工智能产品可能会因为种种原因脱离人类控制，进而独立实施严重危害社会的犯罪行为。”并且刘宪权教授认为我国现行刑法体系难以有效规制人工智能时代的多重刑事风险。因此刘宪权教授建议增设滥用人工智能罪、人工智能事故罪以增强风险防控，在未来有必要的时候可以考虑赋予人工智能以刑事责任主体的地位。

5. 人工智能对法律影响问题

上文所述均是研究法律在人工智能之外作为一个外部框架如何对人工智能进行调整与规制，但实践中人工智能已经参与到法律体系的运作中，因此也有大量论文关注运用人工智能对法律的影响。

（1）人工智能对司法的影响

在司法实践领域，从最高法院到各地方法院均注重人工智能的运用。受司法实务的影响，学术界对人工智能与司法的关系的研究也比较多。论文大多围绕人工智能技术知识与法律专业知识的冲突和边界问题展开。其中，2017 年 2 月上海高院承担并成功研发的“上海刑事案件智能辅助办案系统”（“206 系统”）是一项标志性工程。受司法实务界影响，这一方面的相关学术论文数量较多。对于在人工智能介入司法这一问题，学术界基本认同人工智能是法律辅助工具，它不能代替真正的法官作出判决，尤其是在刑事领域更要慎重。但同时学者们也对人工智能在司法中的应用持开放态度，认为当前的运用仍然存在技术不足，未来需要进一步完善数据和技术，同时法律和法律本身也要从制度、知识技能上做好迎接人工智能时代的准备。“206 系统”的主要作用表现为：一是建立了统一网络及其运行平台，打破了“信息壁垒”，实现了公检法司办理刑事案件网上运行、互联互通、数据共享。二是系统的证据标准、证据规则指引等功能，为办案人员提供了统一的证据标准、证据规则指引清单，增强了办案人员的证据意识、程序意识、规则意识、责任意识、人权意识，倒逼办案人员从案件一接手，就按照法律规定收集、固定证据。三是系统对证据的效验、把关、监督和对全案证据链的审查判断等功能，确保侦查、审查起诉的案件事实证据经得住法律检验。四是克服了办案人员个人判断的差异性、局限性、主观性，提高了对证据审查的科学性、精准性、全面性，防止了“起点错、跟着错、错到底”，防范冤假错案，保证司法公正。五是系统的多项功能集成，节约了司法资源、成本，大大提高了办案质量和效率，成为办案人员离不开的智能助手。六是系统的全面应用，实现刑事诉讼办案的流程再造，更好地体现了“分工负责、互相配合、互相制约”的刑事诉讼原则，防止司法任意性，促进公正司法，推动了以审判为中心的诉讼制度改革落地见效。

（2）人工智能对法律职业的影响

目前专门研究人工智能对法律职业的影响的论文较少。其中代表性论文是学者杨立民的《律师职业人工智能化的限度及其影响》，作者肯定了人工智能的发展会对律师执业构成重大影响，但人工智能不可能最终完全代替人类律师。人工智能高效、透明等特点会影响律师行业服务模式和部分律师职业发展，可能造成“结构性失业”。作者分析了当前人工智能在法律领域应用存在的现实困境，如数据可靠性、监管问题等。因此，作者认为应以开放、乐观的态度对待人工智能技术的发展，它并不会使律师职业消亡，而是对人类职业的调整与升级。作者进而也提出了人工智能时代，法学教育和法律职业人员应如何应对的措施。在美国、澳大利亚等国家，律所、公司运用人工智能处理法律问题的实践较丰富，因此，在学术研究领域，对于人工智能可能导致的法律职业变化探讨较多。但对于人工智能技术与法律结合的研究，美国法学界仍处于起步阶段，对此美国某些高等院校法学院已经将计算机课程纳入法学教育中。综上所述，人工智能分为三个层次，即弱人工智能、强人工智能、超人工智能。从实际技术发展来看，目前人类主要可利用的技术集中于弱人工智能。杨立新教授认为：“以人工智能机器人的民法地位和自动驾驶机动车交通事故责任规则为例进行分析可以得出，在现行民法的基本理念和基本规则的范围内尝试解决上述问题是可行的。因为人工智能技术的发展和应用所提出的问题，现行民法的基本理念和基本规则都是可以应对的，不必改变民法的基本理念和基本规则而另去寻找新的解决办法。”① 龙文懋教授也认为：“出于实用的考虑，不是必须将人工智能拟制为法律主体才能解决当前人工智能发展给法律带来的问题。现有法律框架完全可以应对人工智能带来的挑战，不必进行颠覆性的变革。”② 大部分学者认为，当前主要由弱人工智能引发的一系列法律问题，尤其是民法相关问题，可以在现有的法律框架内通过调整相关法律加以解决。当前中国国内学术研究的重点也主要集中在各部门法应如何调整法律规范以应对人工智能带来的新型法律问题，且集中在法律人格等理论探讨层面。欧美国家因人工智能实践较丰富，其研究范围更加广泛和具体，对于人工智能的法律地位和应用的态度较中国更加开放。随着人工智能技术的进一步发展，人工智能对司法的介入、人工智能技术与

① 杨立新：《用现行民法规则解决人工智能法律调整问题的尝试》，《中州学刊》2018 年第 7 期。

② 龙文懋：《人工智能法律主体地位的法哲学思考》，《法律科学（西北政治大学学报）》2018 年第 5 期。

法律专业知识如何真正结合、人工智能继续发展带来的刑事犯罪以及异化风险等问题也逐渐成为学术研究的重点。学者们认为人工智能革命引发的法律、政策和伦理话题刚刚开始，伴随人类社会的知识创新，需要跟进理论创新和制度创新。

（三）现有研究小结

1. 整体性思考框架

人工智能的发展带来了很多亟待解决的法律问题，但我们更应着眼于它提供的广阔机会。人工智能给法学研究和司法实践工作者们提出了新的问题和新的研究方法，更带来了新的认知方式。我们必须了解人工智能，思辨地看待人工智能的处理方式和思维模式，才能在科技与法学交汇中更好地把握时代的脉搏，更好地推进法学研究和实践改革。同时，就目前的研究现状来看，学界对人工智能法治的研究比较活跃，无论是在理论研究方面，还是在实践探索方面都取得了一定的成果，研究的整体性思路框架主要围绕以下四个维度展开：

（1）**人工智能法治构建的理念框架研究。**学界普遍认为，人工智能法治研究要“面向全球、面向未来、面向和平”，坚持以人为本、向善安全、创新发展、共享成果、可靠可控、规范有序等基本价值原则，构建人工智能未来法治体系，将人工智能发展应用纳入法治的轨道。与此同时，在面对人工智能发展带来的风险挑战时，要加强前瞻性研究预判和约束性引导规则的制定，开展人工智能与法治的基础理论研究，为人工智能的安全、可靠、可控发展提供制度支撑、配套体系和智力供给。

（2）**规范保障人工智能发展的法治路径研究。**目前，人工智能融合发展、跨界发展的趋势日益凸显，风险和挑战也随之变得更趋复杂和广泛。学界认为要在深入研究的基础上，建立与人工智能创新发展相适应的立法规范、法律体系、政策体系和伦理规范，形成人工智能安全评估、风险防控法律机制，提升技术规则、应用规则的管控能力，努力使人工智能配套的法治体系更具针对性、系统性、权威性。在人工智能法治体系中，在人工智能的算法设计构建、数据采集运算、产品研发推广、行业领域应用等各个环节都需要有相应的法律规范，尤其是要有人工智能在执法司法领域应用的规范和标准。

(3) **加强人工智能法律领域的教育研究与实践。**倡导在人工智能研发教育中增加必要的伦理、法治内容，法学教育应当在法学学科基础上拓宽人工智能等专业教学内容，重视人工智能与法学教育的交叉融合，培育一批具备法学素养并熟悉人工智能技术原理的复合型高峰人才。同时，推进“政产学研用”合作，整合高等院校、科研机构、党政机关、企事业单位研究资源，共享智慧与经验，合力推动人工智能与未来法治构建。学界普遍认为需要准确把握法治规律与人工智能技术特点的结合，实现人工智能在执法、司法领域的深度应用，加快智慧法治建设，使人工智能更好地服务法治、赋能法治，推进法治实践智能化。

(4) **推动人工智能未来法治的国际交流与合作。**中国在人工智能的技术研发、产业发展等应用端发展成绩亮眼，但是在理论研究、国际话语权等基础软实力方面还有很大的提升空间。因此，学界普遍倡议积极推动人工智能发展应用的国际交流与合作，主动履行大国责任、搭建人工智能与法治国际合作平台，更好地为世界提供人工智能法治的中国方案，可靠守护人类社会的安全与福祉。

2. 现有研究之不足

总而言之，在看到人工智能法治研究的成绩同时，我们也要关注到相关领域所存在一些有待进一步改进之处：

(1) **人工智能法治的研究方法和手段较为单一。**目前学界对人工智能法治研究往往采用描述型研究方法梳理并解析亟需解决的问题，采取解释型研究方法以分析其原因，采取规范型研究方法以提出解决问题的可行性建议，这种研究手段由于缺乏统计分析工具的运用导致难以打破理论定性与实证定量之间的桎梏，致使理论研究成果的解释力和可信度有所降低。理论指导的不统一，使得各地信息化前期建设尽管一定程度上引入了云计算、大数据和人工智能，在司法公开、审判管理、审判辅助、执行协同、诉讼服务等方面进行了“互联网 +”的尝试，但也不难发现，当前人工智能法治远远未到达成熟落地的程度，甚至在一些基本理念和实现方向上还有一定的偏差。

（2）**人工智能法治仍需克服“管理”与“技术”的隔阂。**“懂数据的人不了解需求，有需求的人不能很好地解释需求”是目前推进人工智能法治的一大桎梏。人工智能法治离不开将“互联网+”、云计算、大数据、人工智能等先进技术与司法实践工作全面结合。由于技术研发人才大多不是司法实践者，出现研发者与使用者不同一的现象，研发者所理解的司法流程与司法人员所习惯的司法流程存在一定的偏差。从这个角度而言，人工智能法治建设一方面需要司法机构具备将需求予以信息化描述的基本能力，另一方面要求外包服务公司对司法系统和司法运作内在规律有深刻的理解和认知。二者的沟通一旦出现毫厘偏差，最终设计的智慧司法系统就可能谬以千里。一些已有的试点智慧司法执行建设还没有妥善处理好“管理”与“技术”的内在关系，出现智慧司法建设成本与收益不对称现象，引发包括司法实践者在内的公众对智慧法院的怀疑，进而影响司法公信力。

（3）**人工智能法治系统数据仍未彻底实现开放共享。**大数据时代首先要破解的难题就是数据的整合和开放，消除信息孤岛。但现有成果对于人工智能所需要的元数据开放程度研究也远远不够。司法公开在近年来虽然取得了长足的进步，但其公开的更多是信息，而非元数据，因此并不具备数据分析和再利用的价值。由于现有理论界和实务界对于人工智能的基础数据完备性关注度不够，致使数据的深度挖掘和分析无法开展，即便有了相关的专业人才和技术工具，机器学习、智能辅助审判等功能规划也只能是无米之炊。

（4）**人工智能法治建设的利弊分析研究不够全面。**由于人工智能技术本身尚处于发展阶段，本身还不定型，故而围绕其法律发展的诸多问题的研究，也必然处于初步阶段。同时，很多基础性问题尚未得到学术界的有效回应，比如人工智能的法律地位、是否具有法律人格等。而且一些学理研究，多具有想象成分，缺乏对技术及其运用的实践针对性。而于人工智能带来的挑战，给出的解决方案略显不足，现有研究更多的是在探索、思考或者说是提出问题，但给出的解决方案却相对匮乏，比如人工智能的伦理规制、责任分担，人工智能能否以及在何种程度上能够替代法律职业人，及其合理性问题等，都需要深入研究。

二、研究专著分析报告

国内以“人工智能法治”为主题的专著图书并不多，一是专著图书的出版复杂程度大于专业学术论文；二是专著撰写的难度远大于论文。从搜集到的有关人工智能法治研究图书信息来看，中文版本图书少于英文版本，且中文版本图书中有近三分之一为外文图书的中译本。这也符合在期刊文献数据库中的经验，即在“人工智能法治”的主题研究下，国外的成果要多于国内成果，这不仅仅是面向的国外学术界范围大于国内，而且该主题在国外受关注已久。

（一）国内研究著作检索方式

本报告对于研究著作专著的检索途径是当当网以及各大图书出版社专业机构。

各大图书出版社专业机构包括但不限于：人民出版社、学习出版社、中国社会科学出版社、商务印书馆、中华书局、社会科学文献出版社、中共中央党校出版社、中央文献出版社、中央编译出版社、高等教育出版社、生活·读书·新知三联书店、法律出版社、国家图书馆出版社、教育科学出版社；上海人民出版社、上海三联书店、上海古籍出版社；北京大学出版社、中国人民大学出版社、中国政法大学出版社、北京师范大学出版社、清华大学出版社、复旦大学出版社、上海交通大学出版社、南京大学出版社、浙江大学出版社、武汉大学出版社、吉林大学出版社、厦门大学出版社、南开大学出版社、中山大学出版社、四川大学出版社等。

本报告对于研究著作专著的检索时间跨度：1998 年 1 月至 2019 年 6 月。

采用的检索方式是：图书简介中法治领域涵盖：“知识产权”“刑法”“金融”“劳动法”“隐私权”“司法改革”“责任”等关键词；人工智能领域涵盖：“AI”“人工智能”“信息化”“知识图谱”“大数据”“算法”“智能辅助”“区块链”“深度学习”等关键词。

通过大数据检索搜索之后，再通过人工检索的方式加以修正，最后形成分析数据库。检索结果如下：

表 2-1　国内人工智能法治著作代表性成果一览表

序号	出版时间	书　名	作　　者	出版社	核心内容摘要
1	2017 年	链金有法：区块链商业实践与法律指南	杨东	北京航空航天大学出版社	本书填补了我国区块链商业实践领域法律方面的空白，而且将区块链与法律实际相结合，更加贴近实际应用，对政府相关部门、协会、从业者等，具有极大的参考价值和指导意义。
2	2017 年	人工智能：国家人工智能战略行动抓手	腾讯研究院、中国信息通信研究院互联网法律研究中心、腾讯 AI，Lab、腾讯开放平台	中国人民大学出版社	本书从人工智能这一颠覆性技术的前世今生说起，对人工智能产业全貌、目前进展、发展趋势进行了清晰的梳理，对各国的竞争态势作了深入研究，还对人工智能给个人、企业、社会带来的机遇与挑战进行了深入分析。
3	2017 年	秩序的重构——人工智能与人类社会	金东寒	上海大学出版社	本书从伦理、法律、就业、教育、安全和国际准则等领域出发，就人工智能与人类社会的关系及其对未来社会发展趋势的影响等重大问题，作了前瞻性的研究和阐述。
4	2018 年	人工智能的法律未来	乔路、白雪	知识产权出版社	本书从人工智能的基础知识、历史发展、现状及基本的法律规范出发，对当今社会相对成型的人工智能经济形态产业进行介绍，对于可预见未来在经济上将有所发展的人工智能经济形态产业，进行较为系统的介绍。
5	2018 年	人工智能：刑法的时代挑战	刘宪权	上海人民出版社	本书针对人工智能时代刑法所面临的各种问题进行回应，如人工智能时代智能机器人的刑事责任能力等，人工智能产品具体罪名的设置、针对人工智能产品的刑罚种类等。
6	2018 年	机器人是人吗？	［美］约翰·弗兰克·韦弗著，彭诚信主编，刘海安、徐铁英、向秦译	上海人民出版社	本书详细讨论了人工智能在执法、交通运输、儿童保育、房地产开发等领域引起的法律问题，并探讨了如何修改法律以应对这些问题。

（续表）

序号	出版时间	书　名	作　　者	出版社	核心内容摘要
7	2018年	谁为机器人的行为负责？	［意］乌戈·帕加罗著，彭诚信主编，王黎黎、张卉林译	上海人民出版社	本书探讨了智能机器人技术的设计、构造和使用如何影响当今的法律制度，特别是影响刑法、合同法和侵权法中的责任与代理问题。
8	2018年	人工智能与法律的对话	［美］瑞恩·卡洛、［美］迈克尔·弗鲁姆金、［加拿大］伊恩·克尔编，彭诚信主编，陈吉栋、董惠敏、杭颖颖译	上海人民出版社	本书以多方位的视角，针对人工智能的不同方向，对人工智能和法律提出了独特的专业的见解。通过阐释充满争议的法律、伦理和哲学问题，本书揭示了围绕机器人及其调控产生的问题远比人们预计的复杂，尚有大量关于机器人界定和适用的问题等待解决。
9	2019年	让法律人读懂人工智能	华宇元典法律人工智能研究院编著	法律出版社	本书从法律人的角度出发，对这些技术要素重新作出解读，形成了一套法律人可感、可知的人工智能技术底层知识架构，同时也展现了过去几年智能技术与法律行业的融合应用实践，构建了一幅多维度的探索图景。
10	2019年	区块链与人工智能构建智能化数字经济世界	刘权	人民邮电出版社	本书站在科技发展的前沿，紧扣国家政策，对区块链与人工智能的融合发展进行了深入阐述，力求为行业发展提供可行性的指导建议。重点讲述了区块链与人工智能融合在其中的应用。
11	2019年	迎接智能法学的到来	高晋康、杨继文主编	法律出版社	“智能法学”现在还处于基本事实和关键事实的发现阶段，仍需要努力去发现基本事实和关键事实。法律大数据人工智能的实践、研究和探讨，是新时代法学教育中非常具有价值的前瞻性问题之一。
12	2019年	人工智能＋法律实务的思考：北大法律信息网文粹（2017—2018）	北大法律信息网	北京大学出版社	本书开设“大数据分析”“互联网＋人工智能”“焦点法谈”及“实务探讨”四个栏目，对相关法律实务问题进行了研究。

（续表）

序号	出版时间	书　名	作　　者	出版社	核心内容摘要
13	2019 年	机器人法：构建人类未来新秩序	杨延超	法律出版社	本书认为公平、正义的法治思维不仅仅要赋予人，同时也要赋予机器人。机器人时代“算法正义观”“数据正义观”的法律理念，从长远来看，它事关人类社会的共同命运。
14	2019 年	人工智能与司法现代化	崔亚东	上海人民出版社	本书以人工智能手段在司法领域应用为视角，分析了人工智能在未来司法体系中将发挥极大的作用，并以“上海刑事案件智能辅助办案系统”为例，对以审判为中心诉讼制度改革的实践进行了深入的思考。
15	2019 年	司法体制改革与智慧法院的实践与探索	杨临萍	法律出版社	本书将深化司法体制改革与现代科技应用深度融合，总结了法院在科学构建人员分类、优化审判团队等方面的理论探究及实践方案对司法体制改革、智慧法院的研究和实践具有现实意义。
16	2019 年	人工智能时代的刑法观	刘宪权	上海人民出版社	我国现行刑法体系对于人工智能时代有关主体刑事责任的追究具有一定的局限性和滞后性。面对人工智能时代已经或可能出现的刑事风险，需要对刑法进行一定的修正和完善。
17	2019 年	法律人的明天会怎样？——法律职业的未来	〔英〕理查德·萨斯坎德著，何广越译	北京大学出版社	理查德·萨斯坎德预言了一个法律服务的未来世界，包括虚拟法庭、基于人工智能的跨国法律企业、放宽准入的法律市场、法律服务大宗商品化与外包、基于互联网的模拟实务训练，以及全新的工作机遇。
18	2018 年	人工智能法学研究（2018 年第 1 期总第 1 期）	岳彩申、侯东德主编	人民出版社	本集刊是我国人工智能法领域靠前的集刊。针对该新兴领域的法律问题进行讨论，主要发表人工智能法律规范等领域的学术研究成果。
19	2018 年	法理（总第 003 卷）：法哲学、法学方法论与人工智能	舒国滢编	商务印书馆	本书专题为“法律中的可废止性”，主要收录了这一课题当前的讨论状态并进行了讨论。

（二）国外研究著作检索方式

本报告对于研究著作专著的检索途径是亚马逊网站和 westlaw 图书数据库。

本报告对于研究国外著作专著的检索时间跨度：1998 年 1 月至 2019 年 6 月。

采用的检索方式是：图书简介中法治领域涵盖："rule of law""ethical""criminal law""civil and commercial law""judicial reform""administrative law""legislation""judicial""law enforcement""law-abiding"等关键词；图书简介中人工智能领域涵盖："artificial intelligence""big data/megadata""blockchain""intelligent auxiliary""robot""informatization""smart""algorithm""knowledge graph""python""deep learning"等关键词。

通过大数据检索搜索之后，再通过人工检索的方式加以修正，最后形成分析数据库。检索结果如下：

表 2-2　国外人工智能法治著作代表性成果一览表

序号	出版时间	书　名	作　者	出版社
1	1998 年	*Law, Computer Science, and Artificial Intelligence*	Ajit Narayanan, Mervyn Bennun	Intellect Books
2	2005 年	*Argumentation Methods for Artificial Intelligence in Law*	Douglas Walton	Springer Science & Business Media
3	2010 年	*Semantic Processing of Legal Texts*	Enrico Francesconi, Simonetta Montemagni, Wim Peters, Daniela Tiscornia	Springer
4	2012 年	*AI Approaches to the Complexity of Legal Systems-Models and Ethical Challenges for Legal Systems*	Monica Palmirani, Ugo Pagallo, Pompeu Casanovas, Giovanni Sartor	Springer
5	2013 年	*When Robots Kill: Artificial Intelligence Under Criminal Law*	Gabriel Hallevy	UPNE
6	2013 年	*Coherence: Insights from Philosophy, Jurisprudence and Artificial Intelligence*	Michal Araszkiewicz (Editor), Jaromír Šavelka (Editor)	Springer

（续表）

序号	出版时间	书名	作者	出版社
7	2013 年	*The Laws of Robots: Crimes, Contracts, and Torts*	Ugo Pagallo	Springer
8	2014 年	*Liability for Crimes Involving Artificial Intelligence Systems*	Gabriel Hallevy	Springer
9	2016 年	*Machine Learning Forensics for Law Enforcement, Security, and Intelligence*	Jesus Mena	Auerbach Publications
10	2016 年	*Introduction to Criminal Justice Information Systems*	Ralph Ioimo	Taylor & Francis Group
11	2016 年	*Robot Law*	Ryan Calo , A. Michael Froomkin , Ian Kerr	Edward Elgar Pub; First Edition edition
12	2016 年	*Robots in Law: How Artificial Intelligence is Transforming Legal Services*	JOANNA GOODMAN	Ark GROUP
13	2016 年	*Practical Forensic Imaging: Securing Digital Evidence with Linux Tools*	Bruce Nikkel	No Starch Press
14	2017 年	*Artificial Intelligence and Legal Analytics: New Tools for Law Practice in the Digital Age*	Kevin D. Ashley	Cambridge University Press
15	2017 年	*ARTIFICIAL INTELLIGENCE LAW*	PAVAN DUGGAL	Independently Published
16	2017 年	*Rebooting Justice: More Technology, Fewer Lawyers, and the Future of Law*	Benjamin H. Barton	Encounter Books
17	2017 年	*Killer Robots: Lethal Autonomous Weapon Systems Legal, Ethical and Moral Challenges*	Dr. U C Jha	Vij Books India
18	2017 年	*Legal Personhood: Animals, Artificial Intelligence and the Unborn*	Visa A.J. Kurki, Tomasz Pietrzykowski	Springer
19	2017 年	*Designing Reality: How to Survive and Thrive in the Third Digital Revolution*	Neil Gershenfeld, Alan Gershenfeld, Joel Cutcher-Gershenfeld	Basic Books
20	2017 年	*Guns and Crime: The Data Don't Lie*	Mark Gius	Taylor & Francis Group

（续表）

序号	出版时间	书　名	作　者	出版社
21	2018年	*Autonomous Vehicles and the Law Technology, Algorithms and Ethics*	Hannah YeeFen Lim	Edward Elgar Pub
22	2018年	*Artificial Intelligence-The Practical Legal Issues*	John Buyers	Law Brief Publishing
23	2018年	*Robotics, AI and the Future of Law(Perspectives in Law, Business and Innovation)*	Marcelo Corrales	Springer
24	2018年	*Autonomous Vehicles and the Law Technology, Algorithms and Ethics*	Hannah YeeFen Lim	Edward Elgar Pub
25	2018年	*The New Logic of the Law-Vol.1: Building a Foundation for Artificial Intelligence in the Law*	William S. Veatch	Create Space Independent Publishing Platform
26	2018年	*Foundations of Crime Analysis: Data, Analyses, and Mapping*	Jeffery T. Walker, Grant R. Drawve	Taylor & Francis Group
27	2018年	*Big Data, Surveillance and Crisis Management*	Kees Boersma, Chiara Fonio	Taylor & Francis Group
28	2018年	*Robotica: Speech Rights and Artificial Intelligence*	Ronald K. L. Collins, David M. Skover	Cambridge University Press
29	2018年	*Legal Personhood: Animals, Artificial Intelligence and the Unborn*	Visa A.J. Kurki, Tomasz Pietrzykowski	Springer
30	2018年	*Robot Rules: Regulating Artificial Intelligence*	Jacob Turner	Palgrave Macmillan
31	2018年	*Digital Forensics and Cyber Crime: 10th International EAI Conference, ICDF2C 2018, New Orleans, LA, USA, September 10-12, 2018, Proceedings*	Frank Breitinger, Ibrahim Baggili	Springer
32	2018年	*Artificial Intelligence: A Dependent Legal Person-An Evolutionary Step for the United States Patent Law*	Jo Bac	Academica Press
33	2018年	*Blockchain and the Law: The Rule of Code*	Primavera De Filippi , Aaron Wright	Harvard University Press
34	2018年	*Research Handbook on the Law of Artificial Intelligence*	Woodrow Barfield , Ugo Pagallo	Edward Elgar Pub

（续表）

序号	出版时间	书　名	作　者	出版社
35	2019年	*Legal Tech, Smart Contracts and Blockchain*	Marcelo Corrales (Editor), Mark Fenwick (Editor), Helena Haapio (Editor)	Springer
36	2019年	*CYBER SECURITY LAW THOUGHTS ON IoT, AI& BLOCKCHAIN*	PAVAN DUGGAL	Independently Published
37	2019年	*New Technologies, Artificial Intelligence and Shipping Law in the 21st Century*	Barış Professor Soyer, Andrew Tettenborn	Taylor & Francis Group
38	2019年	*Regulating Blockchain: Critical Perspectives in Law and Technology*	Robert Herian	Taylor & Francis Group
39	2019年	*Data-Driven Law: Data Analytics and the New Legal Services*	Edward J. Walters	Taylor & Francis Group
40	2019年	*Law and Autonomous Machines: The Co-evolution of Legal Responsibility and Technology (Elgar Law, Technology and Society Series)*	Mark Chinen	Edward Elgar Pub
41	2019年	*Mind, Machine, and Metaphor: An Essay on Artificial Intelligence and Legal Reasoning*	Alexander E. Silverman	Routledge

（三）出版社分析

从专著的出版社分析，中文图书的出版社如下：高校出版社均有教育资源相当充裕的学校背景，这些高校对于新生事物、新生主题的敏感度较高，能够及时把握时代前沿风向。其他出版社如上海人民出版社、浙江人民出版社等也都敏锐察觉到人工智能法治研究的必要性和紧迫性，相继出版了数量众多、品种多元的人工智能法治研究图书。

值得一提的是，上海人民出版社出版的人工智能法治著作较多。各个出版社作为为数不多的相关专著出版机构，一定程度上也反映出了国内对于“人工智能法治”主题关注的分布状况。同期刊文献趋势一样，专著必然是在关注度达到一

表 2-3　国内“人工智能法治”专著主要出版社

出版社名称	出版社名称
北京大学出版社	社会科学文献出版社
北京航空航天大学出版社	浙江出版集团数字传媒有限公司
中国人民大学出版社	浙江人民出版社
法律出版社	知识产权出版社
清华大学出版社	中国政法大学出版社
上海人民出版社	

定程度的情况下出现的。

国外研究专著的出版分布状况如下：其中出版专著数量较多的为德国斯普林格出版社（Springer）和泰勒弗朗西斯出版集团（Taylor & Francis Group）。两家出版社都是历史悠久的专业出版社，泰勒弗朗西斯出版集团成立于 1798 年，每年出版 540 多种期刊和 1500 多种新书。而斯普林格出版社是德国一家科技出版社，成立于 19 世纪，有 170 多年的发展历史，其以出版专业学术性文献闻名。国外的出版社所属单位很多来自世界级名校，如剑桥大学出版社、哈佛大学出版社等。

表 2-4　国外主要研究人工智能的出版社名称

Cambridge University Press
Create Space Independent Publishing Platform
Edward Elgar Pub
Encounter Books
Harvard University Press
Independently Published
Intellect Books
Law Brief Publishing
Springer
Springer Science & Business Media
Taylor & Francis Group
University Press of New England

（四）出版时间分析

全球人工智能法治领域的中文图书出版时间多为 2018 年、2019 年，最早出版的专著是 2016 年的一本译著《虚拟人》，其作者是美国最高薪酬的女首席执行官，美国天狼星 XM 卫星广播公司创始人玛蒂娜·罗斯布拉特（Martine Rothblatt）。另有 2 本为 2017 年，分别是腾讯研究院所著《人工智能：国家人工智能战略行动抓手》和杨东所著《链金有法：区块链商业实践与法律指南》，前者是国家宏观战略层面的政策分析，后者是偏中观、微观层面的商业与法律实务。上海人民出版社从 2018 年开始大量出版该领域图书，“独角兽法学精品·人工智能”是上海人民出版社出版的一套有关人工智能法治的丛书，2018 年出版的图书主要是国外学者关于人工智能法治方面的三本著作，分别是意大利学者乌戈·帕加罗的《谁为机器人的行为负责？》、美国的约翰·弗兰克·韦弗的《机器人是人吗？》以及由美国的瑞恩·卡洛、迈克尔·弗鲁姆金和加拿大学者伊恩·克尔合编的《人工智能与法律的对话》。

外文图书的出版时间，相对而言要早一点。外文图书最早出版时间甚至可追溯至 20 世纪，如 1998 年 Ajit Narayanan 和 Mervyn Bennun 所著的 *Law，Computer Science，and Artificial Intelligence* 是相当超前的一部著作。同国内出版情况类似，Taylor & Francis Group 也是从近些年才大量出版相关主题的图书著作，从 2016 年起陆续出版了 8 本著作。而另外一家 Springer 则较 Taylor & Francis Group 早涉入该领域，它最早出版的时间在 2010 年。国外研究专著的出版时间平均在 2015 年，而国内平均在 2018 年。

（五）专著作者分析

中文专著当中，除中译本外，作者都是我国著名法学家或者是涉足人工智能领域比较早的法学学者。如刘宪权，是中国刑法学研究会副会长、上海市法学会刑法学研究会会长、华东政法大学刑事法学研究院院长，发表了《人工智能时代刑事责任的演变》《根据不同时代机器人的特征确定涉机器人犯罪的刑事责任承担路径》等二十余篇关于人工智能的论文。其他作者如杨东，是较早涉足人工智能法治领域的学者。再如岳彩申，是西南政法大学教授，也是人工智能法律研究院院长，西南政法大学人工智能法学院是最早直接将人工智能法学作为教学内容的国内高等院系之一。而岳彩申主编的《人工智能法学研究》是一本专门以人工智能法学为主题的集刊，精准契合“人工智能法治”的主题。

另外机构作者方面如腾讯研究院和华宇元典法律人工智能研究院。腾讯研究院是腾讯公司下的内设机构，以社会科学为主要研究内容。腾讯公司作为我国互联网领域的先行者，其优势是高校难以具有的实业经历。所以可以意识到在“人工智能法治”的大主题背景下需要的是技术与伦理、实践与理论的通力合作。腾讯研究院在论文发表数量和图书出版数量方面，同其他作者、机构比较来看，都名列前茅。

国外的专著作者很多也都是国际上知名的“人工智能法治”领域内的专家，如2010年作为主要作者出版专著的弗朗切斯科尼（Enrico Francesconi），拥有国际人工智能与法协会（IAAIL）副主席（2018—2019）、第14届国际法律人工智能与法学术大会（ICAIL-2013）主席、意大利佛罗伦萨大学计算机科学学院教授和国家研究委员会法律信息研究所研究员等众多头衔；凯文·艾希礼（Kevin D. Ashley）作为美国匹兹堡大学法学院教授，对“人工智能法治”领域未来的教育比较关切，其出版的专著也大多指向法学教育领域。

（六）专著内容分析

中文图书专著的关注内容，既有理论又有实务，理论上的如《人工智能与法律的对话》一书，其介绍人工智能中出现的种种问题对现有法律提出的挑战，并汇聚了不同专业背景的学者的探讨。在机器人技术发展的起步时期，他们以各自不同的方式尝试突破机器人法目前遭遇的发展障碍。该书通过阐释充满争议的法律、伦理和哲学问题，以揭示机器人及其调控产生问题的复杂性，且认为尚有大量关于机器人界定和适用的问题等待解决。理论图书通常带有较强的哲理性，而涉及实务的图书通常具有更强的可操作性。

国内出版的中文著作大多数为和我国实然法律规则相接轨的研究结果，华宇元典法律人工智能研究院所著的《让法律人读懂人工智能》即是如此，其梳理了与法律行业密切相关的专项技术，从法律人的角度出发，对这些技术要素重新作出解读，形成了一套法律人可感、可知的人工智能技术底层知识架构，同时也展现了已有的智能技术与法律行业的融合应用实践，构建了一幅多维度的探索图景。既集合和尝试回答法律人对人工智能争议的热门问题，也邀请这个领域的探索者与关注者分享了他们的洞见及展望。崔亚东所著的《人工智能与司法现代化》一书对上海司法实务界运用人工智能推动以审判为中心的诉讼制度改革，研发“上海刑事案件智能辅助办案系统”过程、应用成效，在业务、技术上的重大突破等进行了总结提炼，同时深入探讨了“人工智能法治”的理论问题，对人工智能与司法高度融合应用，促进司法体制改革，构建人工智能法治体系，开展人工智能法治前瞻性研究，促进、规范、保障人工智能安全可靠、可控、可持续发展等方面进行了论述。

国外图书专著总体看来，其技术性要强于国内出版的专著。这里的技术性指的是对于人工智能领域的技术描述。剑桥大学出版社 2017 年出版的 *Artificial Intelligence and Legal Analytics*：*New Tools for Law Practice in the Digital Age* 描述了人工智能和法律领域正处于的一场革命的顶峰，其旨在向非程序员解释计算过程，并描述了文本分析程序如何改变法律实践，特别是将法律推理的计算模型与法律文本直接联系起来。与国内图书相比，这本书在人工智能方面的论述更加详实，也更具有计算机科学和工学色彩。另外一书 *Autonomous Vehicles and the Law Technology*，*Algorithms and Ethics* 描写自动驾驶技术对于法律的冲击和影响，也具有相当强的工学色彩，作者 Hannah YeeFen Lim 提供了对自动驾驶车辆如何运行的无障碍解释，建议对现有和新兴技术采取适当的监管对策。作者在书中具体探讨目前自动驾驶车辆的能力，更重要的是，他强调了其固有的局限性。Lim 提供了自动驾驶车辆背后技术的简明且易于理解的概述，其中包括硬件和软件方面，甚至还包括机器学习算法。还有比特币和区块链技术的相关著作，*Blockchain and the Law*：*The Rule of Code*，这本哈佛大学出版社出版的图书较专业地描述了区块链技术，阐述区块链创建安全、分散、点对点的特点，并在形式和影响上都与互联网本身进行了比较。某种程度上来说，国外图书专著的研究内容在“人工智能法治”这个大主题下，相较于国内观点，其更侧重人工智能角度。

三、科研项目分析报告

科研项目是开展科学技术研究的一系列独特的、复杂的并相互关联的活动，本书选取2010年至2019年国家社科基金的项目立项数据，并以2013年至2018年省部级法学类课题立项数据（司法部、中国法学会）为样本，考察人工智能法治研究在纵向课题的重视程度。

国家社会科学基金是我国在科学研究领域支持基础研究的主渠道，面向全国重点资助具有良好研究条件、研究实力的高等院校和科研机构中的研究人员。国家社会科学基金设立以来，在党中央的高度重视下，在有关方面的大力支持下，基金总量不断增加，覆盖面和影响力不断扩大，学科设置和项目设置不断拓展，项目管理制度日益完善，推出了一大批有深度、有分量的研究成果，培养了一大批功底扎实、锐意进取的学科带头人，国家社科基金项目的导向性、权威性和示范性作用越来越明显。因此国家社科基金作为选取研究样本具有典型的代表意义。同时为了提高研究样本的科学性和准确性，同步跟踪了2013年至2018年省部级法学类课题立项的相关数据。

本书选取相关数据的标准在于，查询项目名称中包含如人工智能、区块链、算法、大数据、无人驾驶等“AI”侧关键词。另外在关键词为“大数据”的项目中，出现相当多的“基于大数据背景下”“大数据时代下”等标题，虽然只是将“大数据”作为研究的方法和角度，但是本书认为在人工智能发展新一轮浪潮中，人工智能从软件时代到互联网，再到如今的大数据时代，数据的量和复杂性都经历了从量到质的改变，可以说大数据促进人工智能发展进入重要战略窗口。基于此，本书也将这一类项目纳入研究中。

（一）人工智能法治领域研究备受重视

根据统计，2010 年至 2019 年，国家社科基金法学类项目累计立项 2812 项，其中属于人工智能法治研究领域有 65 项，项目数占比为 2.31%，具体项目附后。

从逐年立项数量来看，发展趋势是人工智能法治领域立项数从 2014 年开始不仅在总数上逐渐增多，而且在当年国家社科基金立项总数的比重中也逐渐加大，表明这一领域作为新兴领域逐渐为学界和实务界所重视。

需要说明的是，2014—2016 年，这一领域总计立项数为 11 项，但是都是以大数据为主题，具体如表 2-6。而正式以人工智能法治为题的项目始于 2017 年，中南大学何炼红教授的《人工智能知识产权法律问题研究》成功申请了国家社科基金一般项目，从客观上表明在人工智能法治领域，学者们的研究更多是从大数据开始的。而 2017 年之后，人工智能法治研究理论兴起，2017 年 7 月，国务院印发

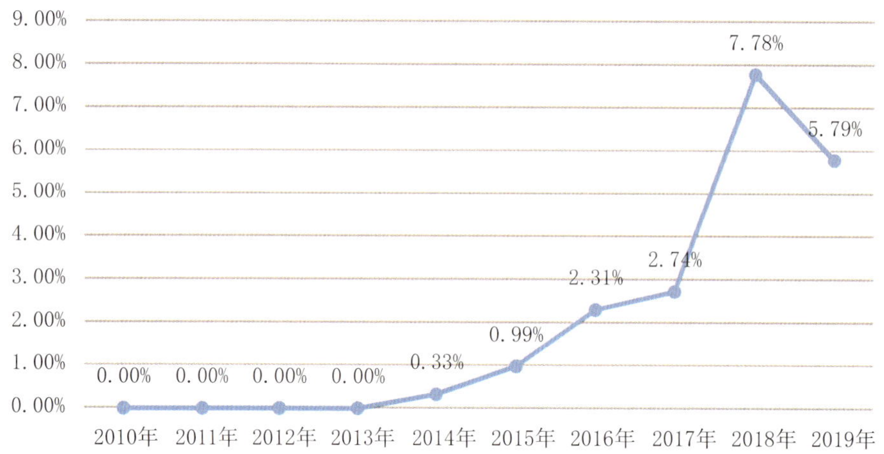

图 2-1　人工智能法治领域立项数目占比

表 2-5　人工智能法治领域立项数目

时间	2010 年	2011 年	2012 年	2013 年	2014 年	2015 年	2016 年	2017 年	2018 年	2019 年	总计
数量（项）	200	247	273	193	302	303	303	329	334	328	2812
符合量（项）	0	0	0	0	1	3	7	9	26	19	65

《新一代人工智能发展规划》，明确我国新一代人工智能发展战略目标、任务、实现路径。人工智能发展进入快车道，成为国家战略，同时推动了相关领域的社科研究发展。

表 2-6　人工智能法治领域立项情况一览

时间	标　　题	作者	机　　构	项目层次
2014 年	大数据背景下电子商务消费者个人信息保护法律问题研究	鞠晔	北京联合大学	青年项目
2015 年	大数据时代网上银行的安全保障义务研究	李晗	北京工商大学	青年项目
2015 年	大数据时代金融消费者信息权保护制度研究	张继红	上海对外经贸大学	一般项目
2015 年	大数据时代金融隐私权保护法律问题研究	胡文涛	上海海事大学	一般项目
2016 年	大数据交易信息安全的刑法保护研究	田刚	中央民族大学	青年项目
2016 年	大数据时代个人信息盗窃的法律问题与对策研究	何培育	重庆理工大学	青年项目
2016 年	大数据时代网络消费者安全权保护研究	廖善康	广西经济管理干部学院	一般项目
2016 年	大数据时代电子文件的证据规则与管理法制建设研究	刘品新	中国人民大学	一般项目
2016 年	大数据时代知识产权保护研究	于志强	浙江理工大学	一般项目
2016 年	智慧城市的数据开放安全风险问题研究	单美静	华东政法大学	一般项目
2016 年	大数据背景下公安情报分析的方法与关联模式研究	朱明	南京森林警察学院	一般项目

全国层面趋势明显，在省部级课题立项中这种趋势更为明显，从 2013 年至 2018 年省部级课题法学项目立项共计 1947 项，而人工智能法治领域的立项 78 项，占比 4.01%，并且从 2013 年开始，不仅在数量上不断增加，在当年项目中所占的比重不断加重，同时关注的领域也越来越聚焦于人工智能的前沿领域。

表 2-7　人工智能法治领域项目数量

年　　份	2013 年	2014 年	2015 年	2016 年	2017 年	2018 年	总计
立项数量（项）	242	192	287	421	412	393	1947
人工智能法治领域立项量（项）	3	5	3	12	22	33	78

与国家社科基金不同的是，在省部级课题中，第一个在名称中出现“人工智能”字眼的项目是在2016年，上海海事大学朱体正教授《人工智能风险治理的法治化问题及我国的对策研究》，体现了省部级法学类项目更容易对本专业的新兴领域给予关注。与全国项目立项类似，省部级课题在早期人工智能方向的关注重点也是基于大数据、云计算等方向的研究（如表2-8）。

表2-8 省部级课题情况

时间	标题	作者	机构	项目层次
2013年	大数据时代中的“大数据”法律保护体系研究	蒋洁	南京信息工程大学	青年项目
2013年	大数据时代中的“大数据”法律保护体系研究	刁胜先	重庆邮电大学	青年项目
2013年	云计算和大数据时代的网络信息安全以及个人电子信息保护相关法律问题研究	唐玲	华东政法大学	自选课题
2014年	大数据时代的个人信息保护问题研究	姚辉	中国人民大学	重点课题
2014年	侦查中的大数据挖掘技术应用与人权保障平衡机制研究	欧阳爱辉	南华大学	青年项目
2014年	大数据背景下侦查模式转型实证研究	白俊华	中国人民公安大学	自选课题
2014年	台湾智慧财产权案件的审理程序及实效研究	张自合	海峡两岸关系法学研究会	自选课题
2014年	大数据挖掘技术发展引发的用户隐私风险及法律规制研究	胡水晶	上海政法学院	自选课题
2015年	大数据时代个人信息立法保护研究	王秀哲	山东工商学院政法学院	自选课题
2015年	大数据共享的安全保障技术与法律问题研究	单美静	华东政法大学	自选课题
2015年	大数据环境中电子取证的障碍分析与对策研究	蒋洁	南京信息工程大学	自选课题

（二）人工智能法治课题研究层次以一般项目为主、青年自选为辅

国家社科基金分为青年项目、一般项目和重点项目，而省部级（法学类项目）主要分为青年项目、一般项目、重点项目、重大项目、自选课题等。不同的类型

项目具有不同的申请标准，其资助的力度、经费配置都有所不同。

通过对不同层次项目的梳理与分析，可以看出对人工智能法治领域科研项目资助力度的变化趋势。据统计，从2010—2019年国家社科基金的青年项目758项，一般项目1815项，重点项目239项。而人工智能法治领域相对应立项数分别为青年项目23项，一般项目41项，重点项目1项，分别占比3.03%、2.26%、0.42%，由此可见，青年学术人才更容易通过青年项目获得资助，但是在总计65项立项中，仅有1项重点项目，为2018年东南大学孟鸿志教授申请的《大数据时代政府信息公开制度变革研究》。可见在国家级层面，人工智能法治领域目前并未发展成熟，获得国家资助的力度较小，一方面可能是因为这一领域发展并未彻底成熟，仍然需要在技术应用于实践中推动理论的发展进步，另一方面从青年科研人员的角度看，人工智能法治属于交叉学科，其内在的研究要求科研人员必须对人工智能的相关技术有所了解，同时具有法学研究能力。青年科研人员鉴于晋升考核等压力，能够不断打破专业界限，寻求创新，但同时由于学术积淀和经验积累方面不足，导致能够申请的资助比较有限。

表2-9　人工智能法治领域立项数目总览

	总　　数（项）				本　领　域　数（项）			
时间	青年项目	一般项目	重点项目	总计	青年项目	一般项目	重点项目	总计
2010年	83	102	15	200				
2011年	80	149	18	247				
2012年	111	144	18	273				
2013年		163	30	193				
2014年	82	193	27	302	1			1
2015年	74	205	24	303	1	2		3
2016年	71	208	24	303	2	5		7
2017年	84	216	29	329	5	4		9
2018年	87	219	28	334	8	17	1	26
2019年	86	216	26	328	6	13		19

另外，从各类型项目中人工智能法治领域立项数在该项目类型占比数中可以得出同样的认识（如图 2-2），在三种项目类型中，人工智能法治课题在青年项目中立项占比高于一般项目，而一般项目占比数又高于重点项目占比数。当然存在各年度青年项目、一般项目、重点项目本身项目数设定差异，但是同样能够认识到，新兴领域研究在青年项目中更容易获得成功，并且青年项目本身对于人工智能法治领域的关注及重视远高于一般项目和重点项目。

由于国家级别的课题本身的关注纬度较广，并且项目数也有限，因此作为法学类专门的课题研究其难度也必然会提高。因此，省部级课题在项目扶持力度上具有很高价值的参考意义。从历年立项数据来看，省部级课题的立项主要集中在一般课题和自选课题上，占比 74.83%，而人工智能领域各课题层次占比同样也是以一般课题和自选课题为主，占比 68%。

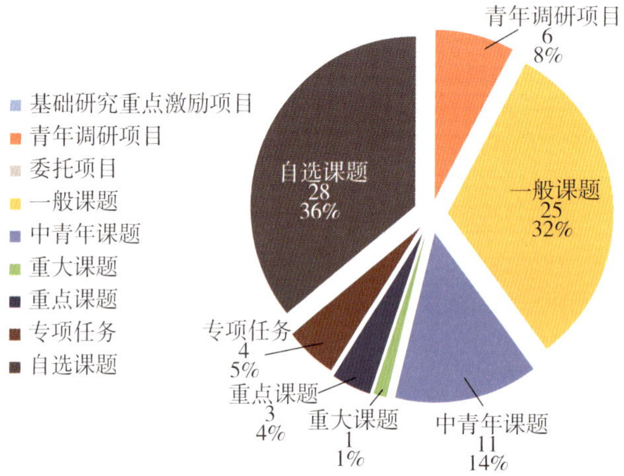

图 2-2　人工智能法治领域各层次立项情况

表 2-10　2010—2019 年人工智能法治领域立项情况总览

	基础研究激励项目	青年调研项目	委托项目	一般课题	中青年课题	重大课题	重点课题	专项任务	自选课题	总计
立项数量	7	92	8	504	146	16	145	76	953	1947
人工智能法治领域立项量	0	6	0	25	11	1	3	4	28	78
比重	0	6.52%	0	4.96%	7.53%	6.25%	2.07%	5.26%	2.94%	4.01%

从图 2-2 我们可以明显感知，历年项目层次分布中，呈现出与国家级立项情况相类似的问题，即以自选课题、一般课题为主体，重点课题比重很少，低于同批次重点课题占比。比如，所有立项项目中重点课题占比为 7.41%，但是在人工智能法治方面的立项占比仅为 3.85%，自选课题的比重为 35.90%，而自选课题历年的总立项数占比为 48.70%，从侧面反映人工智能领域发展实际上存在着项目申请的弊端，重点项目占比过低，不能很好地满足当前人工智能法治领域的跟踪配套发展。值得注意的是，在省部级课题项目中，基础研究激励项目、委托项目中没有人工智能法治领域方面的项目，而差别比较大的在于青年调研项目和中青年课题项目，在总立项数占比青年调研项目和中青年课题项目分别为 4.7%、7.46%，而在人工智能法治立项项目中，这一比例上升至 7.69%、14.10%，这一现象与国家级项目申请具有类似原因，即传统社科研究项目申请，更注重资源和资历，而重点项目、重点项目本身数量有限，必须给予青年科研人员足够的扶持和力度，才能更好地推动人工智能法治领域的发展。

（三）人工智能法治课题研究机构分布

1. 重点地区突出：北上渝均衡发展

特定科研项目的研究始终与科研人员所处的环境有关。良好的学术研究氛围能够为科研工作者提供强劲的动力。人工智能法治科研项目的申请已然呈现出以中心点为辐射，区域化明显的趋势。已然形成了以北京为中心的京津冀地区、以上海为中心的长三角地区、以重庆为中心的华中地区。根据数据显示，北京地区因为高校众多，科研实力雄厚。

2. 典型机构突出：传统法学研究重镇优势依旧明显

华东政法大学人工智能法治方面的课题累计申请国家级课题以及省部级课题 11 项，西南政法大学申请共计 8 项，东南大学申请共计 4 项，中国人民大学、中国政法大学各申请立项 3 项（具体数据如表 2-11）。

表 2-11　各高等院校人工智能法治研究课题立项情况

序号	机　构	项目	序号	机　构	项目
1	华东政法大学	11	11	重庆大学	2
2	西南政法大学	8	12	中央民族大学	2
3	东南大学	4	13	中央财经大学	2
4	重庆邮电大学	3	14	中山大学	2
5	中南大学	3	15	中南财经政法大学	2
6	中国政法大学	3	16	中国应用法学研究所	2
7	中国人民大学	3	17	中国人民公安大学	2
8	湘潭大学	3	18	天津大学	2
9	四川大学	3	19	深圳大学	2
10	上海政法学院	3	20	上海交通大学	2

四、研究论坛分析

学术论坛中有关人工智能在法治研究领域的内容不仅具有影响力，可以说有着一定的权威性。本书通过搜索关键词收集到 91 份相关数据。这些数据是 2017 年至 2019 年 6 月国内相关机构举办的有关“人工智能法治”方面的学术论坛，具体分析如下。

（一）学术论坛举办时间数量

根据数据来看，除去 7 个时间不明的论坛，还有 84 份数据可供分析。通过图 2-3 可以直观看出，2017 年 4 月以前，人工智能法治研究还未登上学术论坛的舞台；2017 年 4 月至 2017 年 11 月，开始出现以人工智能法治为主题的论坛；2017 年 12 月达到最高峰，出现 7 个探讨人工智能法治研究论坛会议。2017 年总共有 11 个有关人工智能法治研究论坛。2018 年总共出现 50 个论坛探讨人工智能法治研究活动。2019 年上半年，总体呈现上升趋势，有 23 次论坛活动。

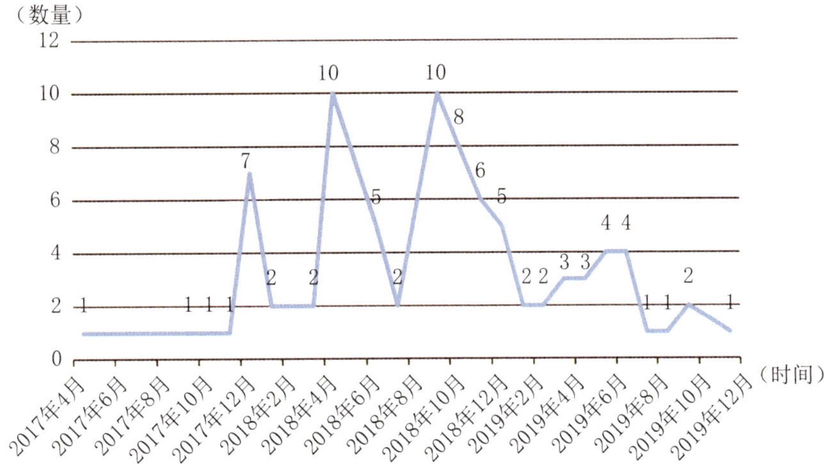

图 2-3　学术论坛举办时间

（二）学术论坛举办地域分布

为了能更快、更准确地发现组织相关论坛的人群集中区域，对组织论坛地域方面进行分析，除了 6 份不明确具体区域的数据和 24 份国外数据外，对 61 份数据分析。

表 2-12　各地区人工智能法治论坛数量

地点	北京	上海	广东	重庆	陕西	天津	浙江	湖南	安徽	湖北	四川	江苏	贵州
数据（份）	16	11	8	5	4	4	4	3	2	1	1	1	1

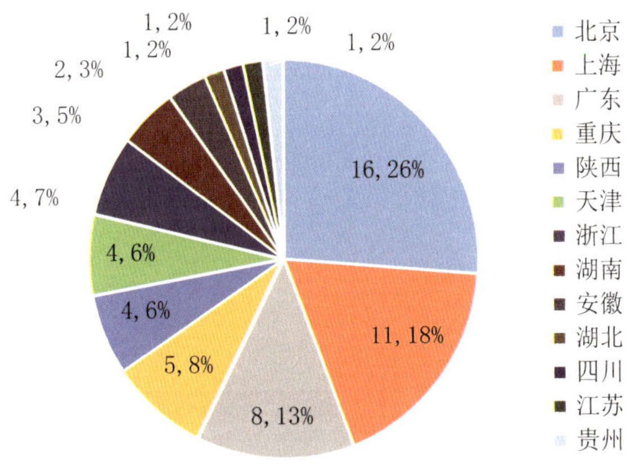

图 2-4　各地区论坛数量

如图 2-4 所示，2017 年至 2019 年 6 月人工智能法治研究论坛多数集中在一线城市，其中北京共组织论坛16场，约占比26%，上海共组织11场，约占18%，接下来是广东13%、重庆8%，其余地区占比则在6%（含）以下，举办论坛数更在4次（含）以下。由此可见，经济水平较好的区域更加重视人工智能法治研究的发展。

用法治促进、规范和保障人工智能的健康持续发展这一主题凸显在人们的面前。尤其是走在时代前端的发达地区，对人工智能的需求更加强烈，法治促进其发展更是必然走向。也就是说，面对扑面而来的科技革命和产业变革浪潮，新技术的良性发展离不开法律的规范和引导，像上海作为“改革开放排头兵、创新发展先行者”，在不断加快推进人工智能深度应用和产业发展的同时，努力推进人工智能在法治研究领域的应用，运用法治思维和法治方式，规范和引导人工智能行业良性发展，各方面也要发挥示范引领作用。通过与会各方的深入探讨，必将有力推动人工智能法治应用发展和法律保障体系的完善，也将为架构未来法治的基本共识，为人类科技发展的未来奠定良好的法治基础。

（三）学术论坛承办单位

本书在对收集的数据库进行分析时发现，参与承办相关论坛的单位主要有高等院校、法学会、研究所、公司、律师事务所，也有政府和媒体参与，但为数不多（见图2-5）。

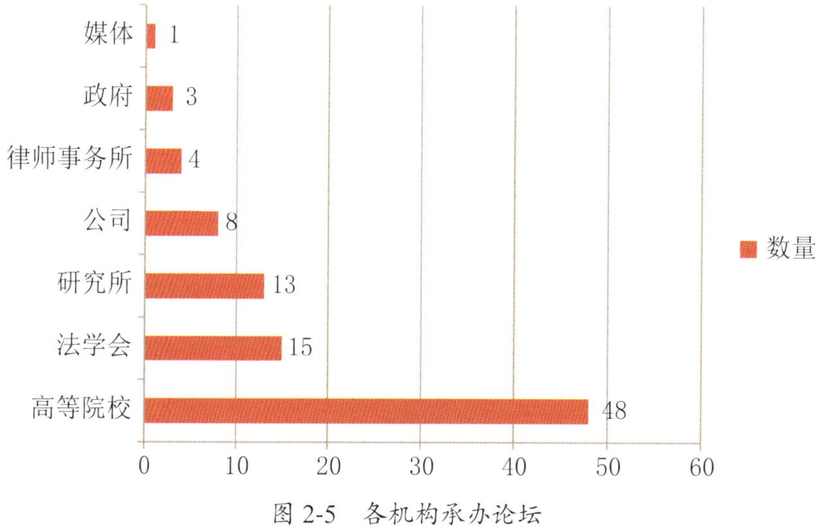

图2-5　各机构承办论坛

从图2-5可以看出，①高校承办会议相对较多。高校参与承办的相关论坛相对其他承办单位多，除了研究者们在高校的集中性原因外，还依托了高校的资源设备，借助高校的研究环境，以及高校领导对人工智能的关注。图 2-5 显示，在本书收集的相关数据中，有 91 个论坛，除去承办单位不明确的 15 个论坛，其中，高等院校参与承办的相关论坛就有 48 个，超一半由高等院校参与承办，遥遥领先于其他承办单位。②法学会积极参与承办会议，法学会包括中国法学会和地方法学会，2017 年以来参与承办了 15 个相关论坛，而研究所和法学会参与承办的论坛数基本旗鼓相当，参与承办了 13 个。③公司或者集团参与承办并不鲜见，有 8 个，律师事务所也参与承办了 4 个相关论坛，地方政府参与承办相关论坛 3 个。智合媒体在 2017 年 12 月参与承办过智合论坛 1 个，智合创办于 2014 年 2 月。智合以法律行业垂直媒体“智合法律新媒体”起家，是中国主流、权威和影响力最大的新法律媒体。

由此可见，高等院校中对人工智能法治研究方面的探讨兴趣者居多，人工智能作为影响越来越深、作用越来越突出的新领域，激起高等院校研究者兴趣不足为奇。同时，法学教育作为社会发展的重要内容，高校须实现教育理念的智能转型，勇敢地拥抱人工智能，密切关注社会对法律服务与依法治理的需求变迁，从而推动法科人才目标与教学内容、教学方式等教学要素与环节的变革，高等院校研究者们对人工智能法治的研究也乐此不疲。

（四）学术论坛主题分析

学术论坛主题呈现多样性，不仅聚焦了人工智能行业发展等前沿问题，而且也积极关注人工智能与部门法的结合，关注领域包括大数据、刑事法、劳动法等。具体情况参见表 2-13。

表 2-13　人工智能法治论坛主题

时　间	名　　　　称	主　　　　题
2017 年 10 月	2017 人工智能法律专题论坛	“大数据情报分析发展新趋势——从人工智能到智慧高峰论坛”
2017 年 12 月	聚焦行业前端共话法治创新——“2017 人工智能与法律的未来高峰论坛”	智合论坛 2017

（续表）

时间	名称	主题
2017 年 12 月	法律人工智能前沿问题学术沙龙	第一届北京大学法律与人工智能论坛
2017 年 12 月	“大数据、人工智能与刑事法治”——2017 互联网刑事法制高峰论坛	第二届明理网络法治论坛
2017 年 12 月	人工智能与法律的未来高峰论坛	“2017 人工智能与模式创新——法律服务业变革之路”论坛
2017 年 12 月	2017 互联网刑事法制高峰论坛“大数据、人工智能与刑事法治”分论坛	
2018 年 9 月	2018 世界人工智能大会“人工智能与法治”高端研讨会	

1. 2017 年论坛主题

表 2-13 显示，2017 年论坛以人工智能、大数据、法律、网络等为主题，由表及里、由浅入深，理论与实践共存，从技术、产业再到社会治理，牢牢把握人工智能发展的机遇，将法律与科技融合，助力社会发展，推动时代潮流。

2. 2018 年论坛主题

2018 年人工智能论坛不仅关注人工智能对法治的影响，同时也关注法治在规范、引领和保障人工智能行业快速发展的基本功能和实施效果。2018 年论坛主题核心关注聚焦体现在表 2-14 中。

表 2-14　2018 年论坛关键词

时间	名称关键词	时间	名称关键词	时间	名称关键词
2018 年 1 月	人工智能（AI）创新法律服务变革	2018 年 6 月	人工智能中国法律	2018 年 10 月	人工智能法学教育
2018 年 1 月	人工智能法律发展	2018 年 6 月	人工智能法律	2018 年 10 月	人工智能法律
2018 年 3 月	法律人工智能	2018 年 7 月	人工智能法律	2018 年 10 月	互联网、大数据、人工智能实体经济法律
2018 年 3 月	人工智能 + 法律智慧律所智慧法院	2018 年 7 月	人工智能法学	2018 年 10 月	创新法治

（续表）

时　间	名称关键词	时　间	名称关键词	时　间	名称关键词
2018 年 4 月	人工智能未来法治	2018 年 9 月	人工智能法律知识产权	2018 年 10 月	大数据、人工智能法律
2018 年 4 月	Artificial Intelligence and Law Conference	2018 年 9 月	人工智能法治	2018 年 11 月	互联网法律
2018 年 4 月	Legal AI Conference	2018 年 9 月	2018BCLTAI Workshop	2018 年 11 月	人工智能发展战略
2018 年 4 月	司法大数据人工智能	2018 年 9 月	人工智能与法治	2018 年 11 月	数字经济未来法治
2018 年 4 月	网络法治	2018 年 9 月	人工智能法律知识产权	2018 年 11 月	互联网法律
2018 年 4 月	人工智能法律规制	2018 年 9 月	人工智能伦理、政策法律	2018 年 11 月	人工智能城市法律、政策道德
2018 年 4 月	人工智能技术伦理法律	2018 年 9 月	大数据、人工智能法律人	2018 年 11 月	民主社会人工智能
2018 年 4 月	法律人工智能工作坊	2018 年 9 月	人工智能大数据	2018 年 12 月	人工智能知识产权
2018 年 4 月	人工智能法律规制	2018 年 9 月	人工智慧未来法治	2018 年 12 月	计算法学
2018 年 4 月	人工智能法律会议	2018 年 9 月	社会、法律、人工智能和机器人	2018 年 12 月	法治发展互联网、人工智能、大数据
2018 年 6 月	人工智能大数据法治	2018 年 10 月	网络信息法人工智能	2018 年 12 月	法治发展互联网、人工智能、大数据
2018 年 6 月	人工智能大数据法治	2018 年 10 月	人工智能法学教育	2018 年 12 月	人工智能知识产权
2018 年 6 月	人工智能大数据法治	2018 年 10 月	人工智能法律		

由表 2-14 可见，2018 年的主题在 2017 年的基础上扩展至很多相关领域，例如知识产权、法治发展、法学教育、智慧法院、机器人、伦理、城市、政策、道德、经济和法律规制等，可见有关人工智能法治研究的其他衍生物也随着时间的推移被深入探究，并不断得到拓宽扩展。

3. 2019 年论坛主题

2019 年在原来的基础之上，更加关注人工智能与教育的发展关联，国内外人工智能法治的比较分析，跨境数据传输过程中如何加强安全监管等领域。

表 2-15　2019 年论坛主题

时　间	名　　称	时　间	名　　称
2019 年 1 月	Data Lawina Global Digital Economy	2019 年 5 月	2019 数博会“人工智能产业与数据跨境业务的法律监管国际论坛”
2019 年 1 月	AAAI/ACM 会议——人工智能：道德和社会	2019 年 5 月	“人工智能产业与数据跨境业务的法律监管国际论坛”
2019 年 2 月	“人工智能与法治”学术研讨会	2019 年 6 月	ICAIL 2019-THE 17TH INTERNATIONAL CONFERENCE ONARTIFICIA LINTELLIGENCE AND LAW
2019 年 2 月	法律与人工智能研究生会议	2019 年 6 月	“2019 北京大学智慧法务论坛”
2019 年 3 月	The British Legal Technology Forum 2019	2019 年 6 月	第 17 届国际人工智能与法律会议
2019 年 3 月	大湾区智能法治创新论坛	2019 年 6 月	法律服务人工智能峰会
2019 年 3 月	2019 中国发展高层论坛	2019 年 7 月	第四届“网络法治 30 人论坛”暨第二届“人工智能法学教育高端论坛”
2019 年 4 月	法律与人工智能研究前沿问题学术研讨会	2019 年 8 月	The Global Legal Forum
2019 年 4 月	未来法律 2019：法律科技革命的重新安排	2019 年 9 月	Solair（社会、法律、人工智能和机器人）：以人类为中心的人工智能
2019 年 4 月	人工智能：思考法律、法律实践和法律教育	2019 年 9 月	人工智能法（里斯本天主教大学）
2019 年 5 月	第三届世界智能大会“人工智能发展与法治保障”高峰论坛	2019 年 11 月	FUTURE LEGALTE CHNOLOGY FORUM
2019 年 5 月	Innovative Legal Services Forum 2019（ILSF）		

2019 年，相关论坛探讨的主题在 2018 年基础上得到了深化，提到法治创新、智慧法务和数据跨境业务等，并对未来的法治提出憧憬，可以说人工智能的发展

牵动着人心。

总体而言，论坛上对于人工智能法治研究的探究从无到有，由少到多，辐射扩展，深入探索，由抽象概念向具体方向发展。当前，人工智能发展成为世界综合科技领域的顶峰，代表着更高级的思维方式、更先进的生产力。在治理领域，法治与人工智能的结合，助推着国家治理和社会治理现代化。而以论坛的形式探索人工智能法治研究更是对人工智能法治发展和人工智能法学构建起到了助推作用。而国际论坛则推动着人工智能法治和法学领域的国际合作，引导科学技术在法治的轨道上造福人类社会。未来的探究之路还会遇到更多的挑战，而论坛形式则能很好地集中问题，集中方式方法，通过论坛形式深入研究交流探讨，加快完善人工智能时代的法治建设理论体系，进一步强化人工智能领域的法治保障，加快人工智能与法治的应用融合，提高国家治理能力和治理体系现代化水平。可见，以论坛形式汇集的智慧对人工智能法治研究的发展作用不可小觑。

（五）人才培养机构

在科学技术快速发展的信息化时代，网络互联、数据挖掘、云计算、区块链、人工智能等新型技术，影响到人们生活的方方面面，时刻影响着社会的生产方式、改变着传统的生活方式，使得社会结构、社会关系和人们的价值观念发生了翻天覆地的变化。一个全新的智慧社会正在逐渐形成，人工智能时代正向我们走来。人工智能法学人才的培养，迫切需要培养一批既懂法学又懂技术的复合型人才，为走出一条具有中国特色的自主创新的法学发展道路，努力打造信息时代全新的法学教育模式，引领智慧社会的法治建设，提供理论指导和人才支撑。

1. 人才培养机构现状

1987 年，首届“人工智能 + 法学”会议在美国的波士顿大学举行，会议还成立了国际人工智能与法协会（IAAIL）。1984 年，美国斯坦福大学法学院保罗 · 布里斯特教授等人开展研讨是否应该开设“人工智能与法律”课程。2012 年，乔治城大学设立法律开发型课程“技术创新 + 法律实践”。

在人工智能法治人才培养领域，2017年7月国务院《新一代人工智能发展规划》中提到，“鼓励高校在原有基础上拓宽人工智能专业教育内容，形成‘人工智能+X’复合专业培养新模式，重视人工智能与数学、计算机科学、物理学、生物学、心理学、社会学、法学等学科专业教育的交叉融合。加强产学研合作，鼓励高校、科研院所与企业等机构合作开展人工智能学科建设”。

2019年3月，在全国教育大会上，习近平总书记提出了“推进产学研协同创新，积极投身实施创新驱动发展战略，着重培养创新型、复合型、应用型人才”的要求。为深入贯彻落实习总书记的讲话精神，法学教育应该实现由实验法学向智能法学的转变，以开拓的视野、崭新的面貌来回应互联网、大数据、人工智能等新技术发展对法律制度的挑战。西南政法大学与科大讯飞等人工智能公司共同组建了我国首批23个人工智能一级学院中的第一个人工智能法学院。从2019年司法、法律服务等领域的人工智能应用情况来看，未来将需要大量人工智能法治相关领域专业人才，因此人才培养单位的建设也将随之加快。

根据官方的统计数据来看，截至2019年8月设有独立人工智能学院的高校至少有36所，全面开展本科阶段的教育和研究生阶段的教育，同时承接产学研的角色定位。浙江大学、上海交通大学、南京大学、西安电子科技大学、北航等高校设立了人工智能专业。与此同时，国内的多所综合类知名院校正在建立或者扩大人工智能学院，逐渐扩展招生规模，以满足相关专业领域的人才需求。上海政法学院于2019年5月成立了人工智能法学院，并于当年招收本科生，是全国第一家招收人工智能法学方向本科生的院校。同时教育部也支持有实力的高校，增强人工智能专业领域的建设。根据“人工智能行动计划”设定的目标，到2020年的时候，我国高校之中至少要建立50所高水平的人工智能学院，或者人工智能研究院与研究中心。据统计，现在以人工智能为招收专业的院校主要包括以下一些：

表 2-16　以人工智能为招收专业的院所统计

序列	院　校	专　业	学位授予门类	修业年限
1	北京科技大学	人工智能	工学	四年
2	北京交通大学	人工智能	工学	四年
3	天津大学	人工智能	工学	四年
4	东北大学	人工智能	工学	四年
5	大连理工大学	人工智能	工学	四年
6	吉林大学	人工智能	工学	四年
7	上海交通大学	人工智能	工学	四年
8	同济大学	人工智能	工学	四年
9	南京大学	人工智能	工学	四年
10	东南大学	人工智能	工学	四年
11	南京农业大学	人工智能	工学	四年
12	浙江大学	人工智能	工学	四年
13	厦门大学	人工智能	工学	四年
14	山东大学	人工智能	工学	四年
15	武汉理工大学	人工智能	工学	四年
16	四川大学	人工智能	工学	四年
17	重庆大学	人工智能	工学	四年
18	电子科技大学	人工智能	工学	四年
19	西南交通大学	人工智能	工学	四年
20	西安交通大学	人工智能	工学	四年
21	西安电子科技大学	人工智能	工学	四年
22	兰州大学	人工智能	工学	四年
23	北京航空航天大学	人工智能	工学	四年
24	北京理工大学	人工智能	工学	四年
25	哈尔滨工业大学	人工智能	工学	四年
26	西北工业大学	人工智能	工学	四年
27	中北大学	人工智能	工学	四年
28	长春师范大学	人工智能	工学	四年
29	南京信息工程大学	人工智能	工学	四年
30	江苏科技大学	人工智能	工学	四年
31	安徽工程大学	人工智能	工学	四年

（续表）

序列	院　校	专　业	学位授予门类	修业年限
32	江西理工大学	人工智能	工学	四年
33	中原工学院	人工智能	工学	四年
34	湖南工程学院	人工智能	工学	四年
35	上海政法学院	人工智能法学	法学	四年
36	西南政法大学	人工智能法学	法学	四年

2. 人才培养教育模式方向

（1）复合人才培养，多元化发展

鉴于大数据、人工智能等新技术快速发展，社会生产关系发生了重大的改变，传统法学理论面临着各个学科的挑战以及与各个学科之间的交叉，从而形成深度的科学整合。例如，信息法学、计算法学、互联网法学等都是人工智能和法学完美融合产生的多元化学科。因此，打造多元化、相互交融的复合性人才培养模式是社会发展的趋势。人才培养模式的改革不单单只是本科层次招收理科生源，学制设置上应该打破“本科＋硕士”的二分培养模式，统一安排，融会贯通本科层次教学和硕士培养方案，而且非法律本科的法学硕士应继续扩大规模，甚至于成立了人工智能法学院，设置了目录外法学二级学科——人工智能法学。在教学内容上，即使是法学专业的课程也应突破单一的法律传授，还应构建体现“人工智能＋法律”的课程体系，课程设置上也应增设计算机原理、数据挖掘、网络社会学、网络信息安全等相关课程，从而让学生具有人工智能方面的知识，避免出现知识盲点，从而打造多元化复合型的人才培养模式。

（2）交叉融合

现代法律知识与规则体系具有专业性和封闭性的特点，传统的法律体系坚信专业完整无瑕的概念范畴和理论逻辑。因此，造成难以与其他的专业进行融合，甚至教义法学和社会法学之间也有理论“鸿沟”，对法学理论研究思想的转型、知识体系内容的更新融合、逻辑思想的重建、思维方式的变革造成很大的阻碍。因此，需要确立与之融合的态度，增加各学科之间的相互交流和融合，在信息革命时代，挑

起时代改革的重担，共同促进新一代复合型法学人才的培养，从而使其更好地适应新时代，更好地融入新时代的发展，打造一个新型法学理论下的新时代。

（3）及时更新法学理论知识

在当今智能互联网时代，新技术知识更新周期很短，速度很快。因此，要求法学理论更新及时，能紧随互联网、物联网、大数据、人工智能、区块链等科技和社会变革同步发展，同时将这些高科技运用到法学课堂和法学人才培养中。例如，将数据挖掘技术运用到高等学校的教学、学习、科研等领域，将促进创新人才培养的各个方面的相关信息和大量数据共享，并深度挖掘分析，交叉使用，从而实现对创新人才培养各种要素和行为实时跟踪、作出动态分析，进而反馈实施的情况；将具有人工智能、神经网络和遗传算法的智能法学机器人教学系统用在教学中，不仅能够得到不可预知行为的数据反馈，还可以丰富法学实验教学资源和手段，从而弥补专业师资不足的困难。

法学教育应该与时俱进，时刻注意学习和研究前沿性的知识，以解决新时代前沿学科所衍生出的新的法律问题，进而适应社会变革发展的需要。在实训课教学中，完成“法学 +VR”仿真系统的标准化构建，将系统完善升级。例如，“法学 +VR”仿真系统储存大量标准化的法律应用场景，可用于教育和测试法学学生的知识应用能力。在交通肇事案例中，可以使用 AR+VR 技术重现事故现场，还原事故发生的经过，引导学生探索潜在的案件线索。学生还可以利用人工智能的实验系统及其机器人来获取相关的数据、证据等资料，通过比对所获得的相关数据资料，处理、分析具体法律实践问题，从而真正实现提高数据分析的能力和质量。

（4）结合实践夯实理论基础

在人工智能等新技术飞速发展的新时代，理论研究和相关制度的设计都时刻在变化着。因此，法学理论研究者高度关注社会现象，如 P2P 模式和自动驾驶的出现，并积极参与社会实践（如平台治理、区块链金融等），总结社会实践经验和相关理论知识，并将其融入法学教育过程中，研究法学教育的实践创新模式，培养法学学生的实践能力，提升法学人才的时代性、前沿性和应用性水平。

国务院《新一代人工智能发展规划》中指出："人工智能 + 法学" 复合型人才培养有以下两种类型。一是以建成人工智能所涉及的法律法规、伦理规范和政策体系为教学目标的人工智能法律人才。这种人才主要是偏向于规范类型的人工智能法学人才。二是建设智慧法学为目标的技术人才。这种人才主要是偏向于人工智能技术类型的人才。无论是哪一种人才培养都不能做到完美。所以，单一的人工智能法学类型培养无法保障 "人工智能 + 法学" 复合型人才培养目标的实现。两者只有完美结合，才能确保上述两类人才培养目标的实现。

五、研究论文分析报告

论文发表是反映某一领域学术研究水平的主要指标，也是社会公众了解相关行业领域最新发展态势的重要渠道。因此，统计和分析人工智能法治研究领域论文发表的数量和质量意义重大。本书关于人工智能法治研究 "论文版块" 的阐析，通过国内和国外两个维度展开。

（一）数据的检索和说明

1. 检索途径

本报告数据库选取的是《中国知识资源总库》及 CNKI 网格资源共享平台的期刊论文数据。

2. 检索日期

检索期限截至 2019 年 6 月。

3. 检索方式

采用的是知网期刊高级检索，"主题词 + 摘要" 双重匹配搜索，具体主题词与摘要词包括但不限于：（1）人工智能领域："人工智能" "大数据" "区块链" "无人驾驶" "智能辅助" "机器人" "信息化" "智慧" "自动识别" "知识融合" "云计算" "算法" "爬虫 /python" "知识图谱" "深度学习" "机器识别" "206 工程" "智慧法院" "智慧检务" "在线服务" 等；（2）法治领域："法治" "法院" "检察院" "司法”“法律”“公安”“刑法”“民商法”“知识产权”“立法”“执法”“行政法”“司法改革”等。由于人工智能和法治领域的检索关键词较多，这里只遴选了一部分。

4. 检索过程

检索过程分为三个阶段：基础数据建库、数据库修正以及数据再次核验。

（1）基础数据建库。通过“关键词＋摘要词”，并通过删除重复项后，筛选出2175条有效基础数据。

（2）数据库修正。基础数据库依据莱普斯定律和综合指数法确定人工智能法治领域核心作者初步人选28人。① 在此基础上，根据核心作者，重新在知网—期刊—高级检索—作者中，搜索相应作者人工智能法治领域的发文情况，对基础数据库进行补充修正。

（3）数据再次核验。经过“面”和“点”上对数据库进行扩充后，通过数据的逐个核验后，将不相关的论文进行剔除，提高论文的纯度和样本的精准度。最后确定数据为2463条。

5. 数据处理说明

（1）作者所在省份的确定。以文章载明的机构所在地的省份确定，如果因时间先后出现前后不同的机构或者省份，为数据分析的统一性，以作者最新文章写明的机构省份为主；如果同一篇文章一位作者注明了多个机构，以第一个注明机构所在地省份确定；如果一篇文章有多位作者，文章省份以第一作者所在机构省份确定；作者所在机构依此办法确定。

（2）作者被引量、下载量分析。同一篇文章可能会出现多位作者，在计算作者被引用量时不区分第一作者、第二作者，例如：曹建峰、祝林华：《人工智能对专利制度的影响初探》，这篇文章截至检索日总被下载量为432次，被引1次，在统计该篇文章数据分析核心作者时，以曹建峰被引1次，下载量432次；祝林华被引1次，下载量432次确定。

（3）核心期刊的界定。以《中文核心期刊要目总览》（2017年第八版）为标

① 依据基础数据库的首次量化分析中，发现某些实际“核心作者”发文未被收录。故修正阶段采“核心作者”名录为索引起点，基础数据库中28人核心作者不在此列出。

准。《中文核心期刊要目总览》由中国知网、中国学术期刊网和北京大学图书馆期刊工作研究会联合发布。

（4）数据可能存在的误差。即数据搜集误差，因相关领域的关键词无法穷尽，对于样本的确定会存在误差。

（5）对于数据可靠性的说明。基础数据通过尽可能穷尽人工智能法治领域的相关词，对其进行无差别检索来搜集，在检索结果中通过人工阅读论文的摘要删除不符合项，尽可能使数据覆盖度足够全面和准确；为避免数据存在遗漏，通过综合指数初步确立核心作者后，再对核心作者发表的论文量进行3次反复核查、校对并补充相关作者的发文。

（二）人工智能法治研究刊物、机构分析

1. 刊物分布与发文量

本书构建的相关人工智能法学文献数据库中，在刊物分布状况方面，选取发文量在10篇以上进行分析，可由图2-6大致一览。其中《法制博览》所载文献最多，为150篇，占总量的6.09%；另外《人民检察》《东方法学》等刊物所载文献也相对较多。总体来看，2463篇文献散见于890种刊物，但载文数多于20篇的仅有8种刊物，该8种刊物发文数占总量的18.19%，且仅《东方法学》《中国法律评论》为中文核心期刊，载文60篇，占总量的2.44%。

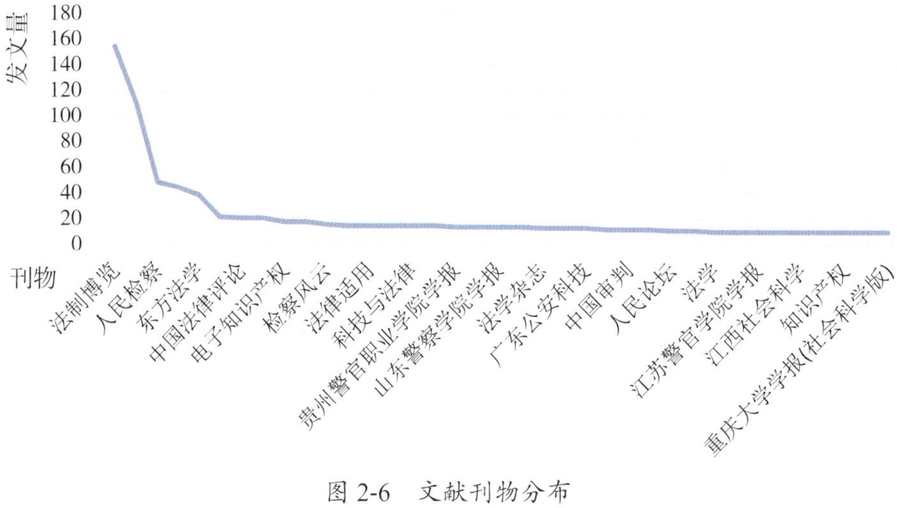

图2-6 文献刊物分布

在数据库2463篇文献中，根据北京大学图书馆2017年发布，中文核心期刊（2018—2021年版）标准，刊载在核心期刊上共计549篇，占比22%，1914篇为非核心期刊，占比78%。这说明国内核心期刊对于人工智能法治研究领域给予了充分的关注。详情见图2-7：

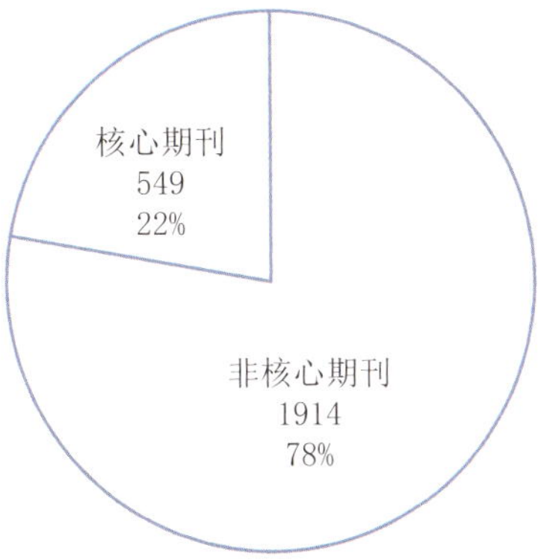

图2-7　人工智能法治领域文章核心期刊与非核心期刊分布占比

如上所述，本样本中共计549篇核心期刊论文，发表的期刊来源共计195种不同的核心期刊，但是依据布拉德福核心区数量计算法，r = 2ln（e^E × Y）。对应本书构建人工智能文献数据库，r为核心数量，E为常数0.5772，Y为最大载文量期刊的载文量39。即r ≈ 9，即发文量达到9为该领域的核心区域期刊。通过这些筛选，我们认定在核心期刊中共有12种期刊处于核心研究区域，分别是《东方法学》《法律科学（西北政法大学学报）》《法律适用》《河北法学》《法学杂志》《中国人民公安大学学报（社会科学版）》《人民论坛》《法学》《江西社会科学》《知识产权》《暨南学报（哲学社会科学版）》《政治与法律》。

表2-17　人工智能法治研究领域核心区域期刊

序号	期刊名	发文量	序号	期刊名	发文量
1	东方法学	39	7	人民论坛	11
2	法律科学（西北政法大学学报）	19	8	法学	10
3	法律适用	15	9	江西社会科学	10
4	河北法学	14	10	知识产权	10
5	法学杂志	13	11	暨南学报（哲学社会科学版）	9
6	中国人民公安大学学报（社会科学版）	12	12	政治与法律	9

2. 研究机构分析

从图 2-8 中我们可以清晰看到当前人工智能法治研究机构分布的现状。研究作者所在的研究机构 70% 为高等院校，数量为 1731 个，占据绝对的主导地位。另外还有 15% 来自国家机关，数量为 371 个，其中国家机关包括法院、检察院、公安、司法局、人大等。其余的机构例如研究所和党校等所占的比重较小，其中研究所占据 5% 的比重，党校只占到了 1% 的比重。其他例如医院、杂志社、报社、公司、银行等归属其他类，总共占比 9%。总体来看，主要的研究机构还是高等院校。

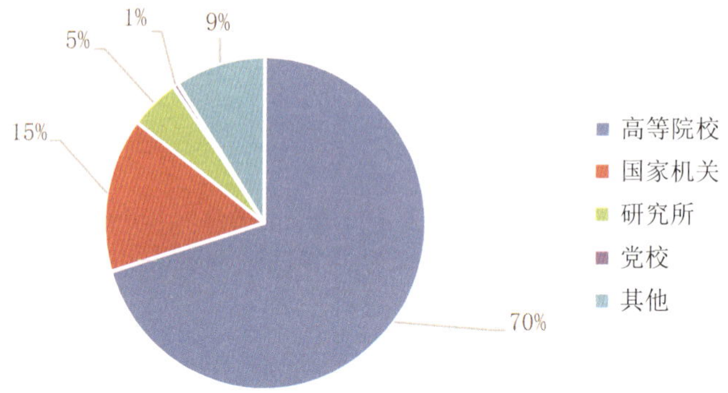

图 2-8　研究机构单位性质分布图

表 2-18　研究机构单位性质分布表

机构	高等院校	国家机关	研究所	党校	其他	总和
数量（个）	1731	371	123	13	225	2463

人工智能领域属于新兴的科技领域，其发展的理论基础和实践基础主要是来自高等院校，因此高等院校占据了三分之二以上，在人工智能的法学研究领域，高等院校仍然是排头兵，起到了带头引领的作用。另外在实践中，人工智能已经开始广泛用于人们的日常生活当中，所以司法实践中就会遇到人工智能领域的新型司法案例，国家机关也会对这些新型司法案例进行研究，所以国家机关研究所占的比重达到了近五分之一。国家机关对于人工智能领域的研究可以为解决众多实践中出现的司法实务的问题提出新的解决思路与方法，同时还可以从理论上进一步指导人工智能领域在法治研究中未来的发展方向。

图 2-9 统计了自 2001 年以来涉及人工智能法治领域研究文章的发表时间和发

表机构，并进行交叉数据分析。可以很直观地看到自2014年开始，各研究机构的发文量开始成倍上升，相较于前几年有强劲的增长态势，2016年、2017年以及2018年这三年同比增长了将近一倍，这说明近几年研究学者越来越关注人工智能法治领域的发展。图中还显示出高等院校是最早进入人工智能法治研究领域的机构，随后是国家机关，接着是研究所，最后是党校。因此，从时间顺序看，高等院校对于人工智能法治领域的研究早于国家机关以及其他研究机构。从整体上看，2015年是人工智能法治研究领域快速发展的起点，在经历了2016年、2017年和2018年三年的快速发展期后，各个研究机构对于人工智能法治研究领域的研究数量随着时间的推移不断增长。2013年之前可以称为"潜伏期"，2014年到2016年为"发展期"，2016年到2018年为"快速上升期"。从总体基数稳步上升的角度来看，人工智能领域凸显的各种问题，需要法律从理论层面上进行引导和规制，法律体系的构建和完善也离不开人工智能实践的影响，法学理论界需要对该领域给予更多的关注。

图2-9　刊发人工智能法治论文的时间和研究机构交叉分析图

我国在2001年之前几乎没有研究机构去关注人工智能法治领域，因为在2001年之前，人工智能的理论基础和科技基础发展不充分，大多数人对于人工智能还是停留在幻想阶段，互联网和大数据在人工智能领域也没有突破性的发展，因此极少有学者去关注人工智能领域相关的法律问题。从 2001 年开始有高等院校发表有关人工智能的研究成果。从 2014 年开始，高等院校首先开始密切关注人工智能法治领域，并且之后的几年发展速度尤为迅猛，从 2015 年的 70 篇上升到 2016 年的 135 篇，之后就成倍数增加，到了 2017 年为 259 篇，2018 年为 811 篇，2018 年比 2017 年增长了两倍多。这也有力证明，从 2014 年开始，人工智能在中国得到了快速的发展，其理论基础和实践基础都有了进一步的夯实。从增长速度来看，高等院校的增长速度远远高于其他研究机构，发展速度十分迅速，这样的发展趋势同现实的人工智能领域的科技发展速度有着密切的联系。随着互联网和大数据的快速发展，人工智能已经逐渐从人们的幻想中走进了现实生活当中，并且对于人们现实的生产生活产生了极大的影响，因此法学理论界需要对新兴人工智能的发展对于法学领域的影响进行理论分析和理论研究，另外由于人工智能的快速发展，其在司法实践中也会产生很多不可预见问题，这些司法实践问题也会指导高等院校等研究机构去进行相应的理论研究和理论创新。

国家机关从 2002 年开始对人工智能法治领域进行研究，但是在图 2-9 中 2003 年、2004 年和 2005 年间没有出现有关研究成果，上升速度远远不如高等院校，其在 2018 年的数量为 146 篇，远远低于同期高等院校的数量。国家机关对于人工智能领域的研究可以促进司法实践在人工智能领域的发展。不同的国家机关对于人工智能领域的研究对于人工智能在法学领域的发展有着不同的作用。法院对于人工智能的研究将有助于对涉及人工智能的案件进行公正的审判；检察院对于人工智能的研究将有助于对涉及人工智能的案件进行公正的公诉；公安对于人工智能的研究将有助于对涉及人工智能的案件进行审慎的立案查案。

研究所对于人工智能法治领域的研究数量的变化趋势比较平稳，没有较大波动，2017 年和 2018 年发展较快，但是绝对数量相对于高等院校和国家机关来说仍然偏少，其 2018 年的数量仅为 47 篇。党校的研究在数量上变化不明显，总体数量也比较少，每年仅为个位数，因此党校并不是研究人工智能法治领域的主要研究机构。

2019 年，国家和政府颁布了多项政策，大力推动人工智能的发展，从目前已知的数据来看，高等院校的研究数量已经达到了331篇，国家机关的研究数量为32篇，远远高于2015年全年的研究数量。按照此发展趋势，2019年高等院校、国家机关等各个研究机构对于人工智能法治领域的研究数量将会超过2018年，达到一个新的研究顶峰，这将会在人工智能法治研究领域创造出新维度，从而以更高水平指导涉及人工智能领域的司法实践。

3. 发文区域分析报告

（1）描述性分析

表2-19 各地区发文成果研究总量表

序号	省份	发文量（篇）	序号	省份	发文量（篇）	序号	省份	发文量（篇）
1	北京	574	12	陕西	71	23	山西	20
2	上海	240	13	四川	61	24	黑龙江	18
3	江苏	143	14	天津	61	25	海南	16
4	重庆	143	15	福建	51	26	云南	15
5	广东	132	16	安徽	50	27	新疆	9
6	浙江	109	17	贵州	46	28	内蒙古	8
7	湖北	105	18	吉林	45	29	宁夏	3
8	山东	79	19	河北	40	30	青海	3
9	河南	77	20	广西	29	31	澳门	2
10	辽宁	77	21	江西	25	32	台湾	2
11	湖南	73	22	甘肃	24	33	西藏	1

为从较为宏观角度分析当前人工智能法治研究现状，对目前搜集的人工智能法治研究文献成果中的2463篇，我们首选从人工智能法治研究者的地域分布作为切入点，在筛除掉未标注地域和国外文件后，我们得到2352篇论文，据此梳理全国范围内对人工智能法治研究情况的地理分布。

目前对人工智能法治的研究主要分布在33个省份和地区。其中北京以574份研究成果在全国遥遥领先，占据文献总量的24.4%。上海文献成果总量为240份，位居第二，占据文献总量的10.2%。随后分别为江苏、重庆、广东、浙江、湖北，研究成果量分别为143份、143份、132份、109份和105份。排名位于中间的省份，在对人工智能法治的研究成果量上缓慢递减，其中澳门和台湾研究成果均为两份，西藏排名最后，研究成果一份。总体来看，去掉研究成果最集中的北京、上海地区和最少的西藏、澳门和台湾等地区，国内大部分地区对于人工智能法治研究的体量情况差别不大。

（2）东中西部区域分析

表 2-20　人工智能法治论文东中西部区域分布

（单位：篇）

东部地区		西部地区		中部地区	
北京	574	重庆	143	湖北	105
上海	240	陕西	71	河南	77
江苏	143	四川	61	湖南	73
广东	132	贵州	46	安徽	50
浙江	109	甘肃	24	吉林	45
山东	79	云南	15	广西	29
辽宁	77	新疆	9	江西	25
天津	61	宁夏	3	山西	20
福建	51	青海	3	黑龙江	18
河北	40	西藏	1	内蒙古	8
海南	16				
合计	1522	合计	376	合计	450
合计 2348					

（三）人工智能法治研究高频热点分析

表 2-21　人工智能法治论文中高频关键词分布情况

高频关键词	频数	高频关键词	频数
人工智能	472	云计算	25
大数据	439	知识产权	23
互联网	43	智慧法院	23
个人信息	40	互联网 +	21
区块链	40	法律	20
大数据时代	38	智能机器人	20

（续表）

高频关键词	频数	高频关键词	频数
无人机	38	法律责任	18
隐私权	29	人工智能创作物	18
著作权	29	独创性	17
法律规制	27	智慧检务	17
信息化	27	机器人	16
无人驾驶	26	网络犯罪	16
无人驾驶汽车	25	自动驾驶	16

通过对于文章关键词的整理和分析，得出了高频关键词的分布情况，在此取出排名前 26 位的关键词。其中频数最多的关键词是人工智能，其频数为 472，其次是大数据，其频数为 439，其之后的关键词的频数大幅下降，均未超过 100。

总体来看，在人工智能领域，关键词主要包括人工智能、大数据、互联网、个人信息、区块链、大数据时代等。在与人工智能相关的司法领域，其关键词主要包括著作权、个人信息、法律责任、隐私权、智慧检务、智慧法院、法律规制等。目前的人工智能与大数据密切相关，主要关注领域是无人驾驶。

在与人工智能领域相关的司法方面，法律工作者主要关注两方面内容，一是人工智能的兴起对于法律界会产生的新兴问题，如著作权、个人信息、法律责任、隐私权等；二是人工智能在法律界的应用，如智能检务、智能法院、智能合约等。

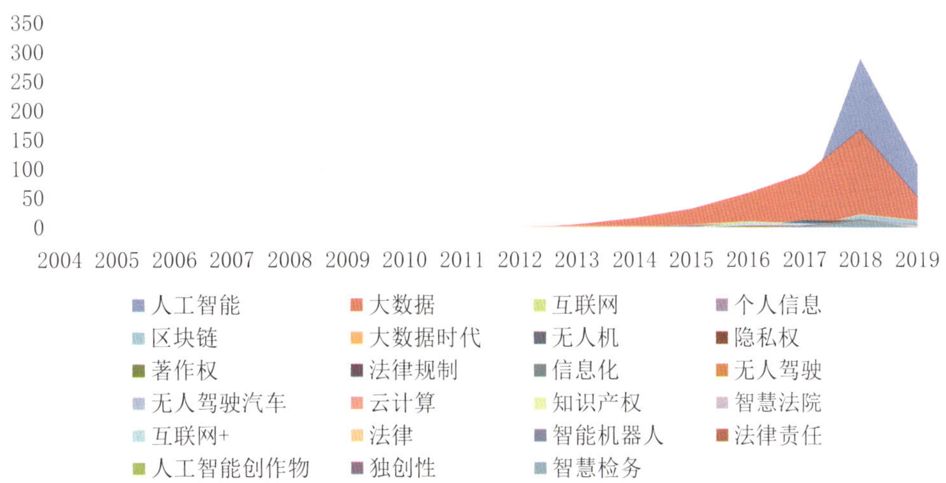

图 2-10　高频关键词堆积面积图

在 2017 年之前，大数据的频数均高于人工智能的频数，但在 2018 年，人工智能的频数超过了大数据的频数，说明人们对于人工智能的关注已经超过了大数据，人工智能是未来的发展方向。2018 年各种新型概念词汇出现的频数均显著增加，如互联网、个人信息、无人驾驶、区块链等，同时与法律概念相关的关键词如著作权、个人信息、法律规制等出现的频数也有显著提升。这说明随着人工智能的快速发展，学界越来越关注法律问题在人工智能领域的发展，越来越关注人工智能的发展对法律理论和法律实践产生的影响。

在 2019 年，人工智能的频数为 110，大数据的频数为 54，这显示出 2019 年人工智能领域的发展依然较为迅速。目前出现的高频关键词还包括著作权、区块链以及法律规制和无人驾驶汽车，体现出 2019 年上半年法律界出现新的研究方向。

六、世界主要国家人工智能法治研究

关于世界主要国家人工智能法治研究，项目组选取了 Web of science 进行相关的数据检索。① 在 Web of science 中以“Robot”和“Law”为并列主题词进行索引，② 截至 2019 年 6 月 12 日共有 12145 篇文献记录。以该项数据源作为外文数据库进行分析，再通过同国内数据的比较，纵横多视域下以期发现更加客观的“人

① Web of science 是一站式科研资源库，跨多学科的、覆盖全球的引文大全，平台将 Web of Science 核心合集与多个区域性引文索引、专利数据、专业领域的索引以及研究数据引文索引连接起来，总计拥有超过 33000 种学术期刊。因此这一数据库所提供的相关数据具有一定的代表意义。

② 关于西方主要国家人工智能法治研究，项目组选取了 Web of science 进行相关的数据检索。在 Web of science 专业学术检索数据库的检索时间跨度：1995 年 1 月至 2019 年 6 月。采用的检索方式是：图书简介中法治领域涵盖：“Rule of Law”“Ethical”“Criminal law”“Civil and Commercial Law”“Judicial reform”“Administrative Law”“Legislation”“Judicial”“Law Enforcement”“Law-abiding”等关键词；人工智能领域涵盖：“Artificial Intelligence”“Big Data/Megadata”“Blockcha-in”“Driverless Technology”“Intelligent Auxiliary”“Robot”“Informatization”“Smart”“Automatic Identification”“Knowledge fusion”“Cloud computing”“Algorithm”“Python”“Knowledge graph”“Deep Learning”“Machine Recognition”“Online Service”等关键词。通过大数据检索搜索之后，再通过人工检索的方式加以修正，最后形成分析数据库。

工智能法治”的研究进路及现状。

（一）研究方向分析

国外对于人工智能相关的交叉研究起点较我国早，国外在“人工智能法治”方面研究方向大多侧重于人工智能的具体应用角度。

国外人工智能法治研究具有以下一些特点：

（1）国外相关研究均是以人工智能的技术内涵为侧重而不是以法学为出发点进行域内探讨。前四位发文量的主题为“Automation Control System”“Robotics”“Computer Science”“Engineering”，在非严格分类方法下，四个主题下的发文量均几乎达到了10000篇，即在本书所搜索的12145篇文献当中可分别以自动化控制系统、机器人技术、计算机学、工程学作为统计口径的文章都达到了10000篇。这四个主题都是经典的自然科学或者工程科学。

（2）国外人工智能领域研究的发展是从自然科学向社会科学的转型。“Business Economic”的出现显现出国外的研究开始涉及社会科学领域。本书认为这种现象通常情况下是外国法治程度较高造成的。如果认为“法制”变为“法治”代表国家法治化程度提升，2011年3月吴邦国委员长宣布中国特色社会主义法律体系基本建成则代表我国正处于“法制”到“法治”的制度形塑阶段。如果说“法治”是“法制”深入人心、娴熟运用的结果，那么深入和娴熟度我国也要稍逊色于国外。所以本书认为当前中外对于“人工智能法治”主题研究进路的差异，其中一

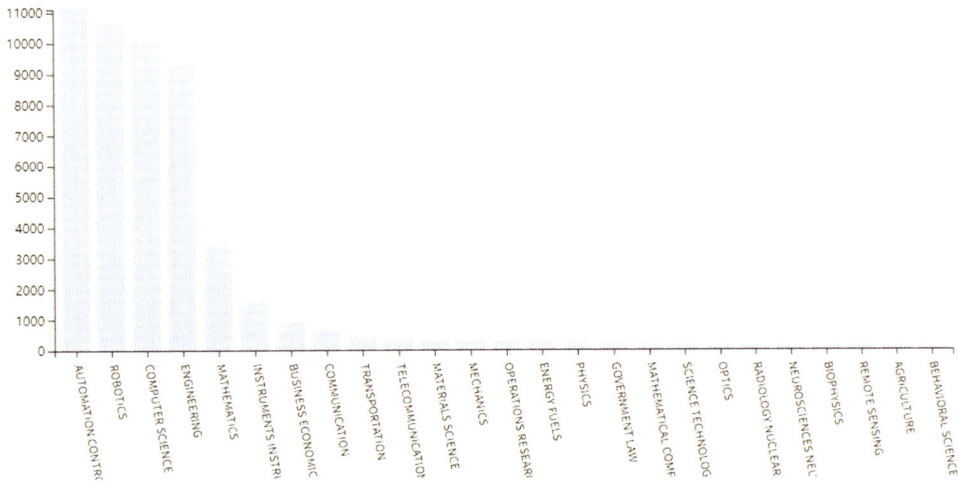

图2-11 国外人工智能法治研究方向直方图

个原因是社会法治程度不同。

（二）发表时间分析

从发表时间上来看，国外研究进入 21 世纪以来初露稳步增长的态势。单纯从发展态势上看，国外研究似乎更加理性、健康。而国内发文量“指数式”增长方式难免有蹭热点流量之嫌。

从中外对比中可发现，2017 年是世界范围内“人工智能法治”热度最高的时间节点；但在纵向比较视角，国外的研究开始起点要较国内更早，国内最早文章为 2001 年发表，但国外的索引结果显示，最早文章可追溯至 21 世纪之前。这体现出科技对于上层建筑讨论的影响，人工智能技术方面，我国为后来居上者，所以在以往时候，人工智能的基础研究领域与其相交叉的其他科学领域优势均在国外得以体现。横向比较视角下，我国在 21 世纪前相关研究为空白状态，国外研究的历史更久一些，整体发文体量上比较，国外年均发文量基数较大，可以较好地反映群体作者的研究动态，而国内的研究进展则对某些核心作者的依赖程度较高。

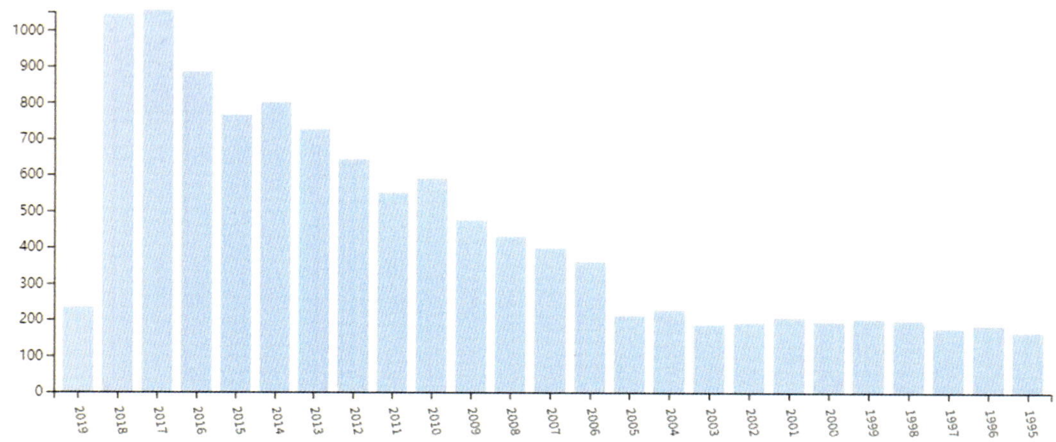

图 2-12　国外人工智能法治研究时间分布图

（三）作者分析

从作者的层面分析，能够更好地确定全球对于人工智能法治领域比较关注，并且持续跟踪的作者群体。数据库中这一主题文章共计 12145 篇，累计 31054 位作者都有关注过这一领域，人均发文数为 0.39 篇，说明这一领域的大部分文章都是相关作者合作完成。这一现象也是由这一领域特点决定，人工智能是研究、开发用于模拟、延伸和扩展人的智能的理论、方法、技术及应用系统的一门新的技术科学。人工智能是计算机科学的一个分支，它企图了解智能的实质，并生产出一种新的能以人类智能相似的方式作出反应的智能机器，该领域的研究包括机器人、语言识别、图像识别、自然语言处理和专家系统等。对人工智能法治领域的研究必须建立在对人工智能本身有所了解的基础上，这样才能更深入探讨人工智能对于现在或者未来法治领域的影响，极大体现了交叉学科研究的优势。

从图 2-13 可见，截至 2019 年，在世界范围内人工智能法治研究领域关注最多，并且有相关成果呈现的是法国的 CHAUMETTEF，它累计发文 59 篇。

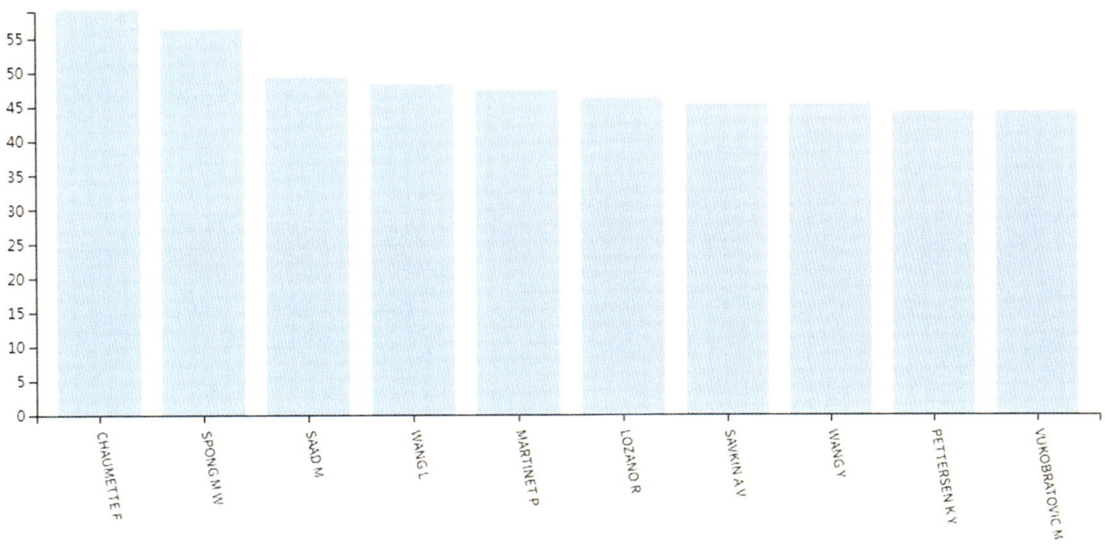

图 2-13　发文前十的作者排名

如图 2-13 所示，CHAUMETTEF，59 篇，占总数的 0.485%；SpongMW，56 篇，占总数的 0.461%；SAADM，49 篇，占总数的 0.403%；WANGL 48 篇，占总数的 0.395%；MARTINETP，47 篇，占总数的 0.387%；LOZANOR，46 篇，占总数的 0.378%；SAVKINAV，45 篇，占总数的 0.370%；WANGY，45 篇，占总数的 0.370%；PETTERSENKY，44 篇，占总数的 0.362 %；VUKOBRATOVICM，

44 篇，占总数的 0.362%。

（四）国家 / 地区分析

当今社会，人工智能研究方兴未艾，作为核心技术的一部分，各个国家、地区在这一领域的研究更是热火朝天。美国、中国、法国、日本、加拿大、意大利、韩国、中国台湾地区、德国等位居人工智能法治领域发文前列。但是鉴于人工智能本身的发展特点，一方面人工智能技术是基于计算机、脑神经技术发展之上，对于基础技术的发展要求比较高；另一方面必须具有人工智能现实运用的市

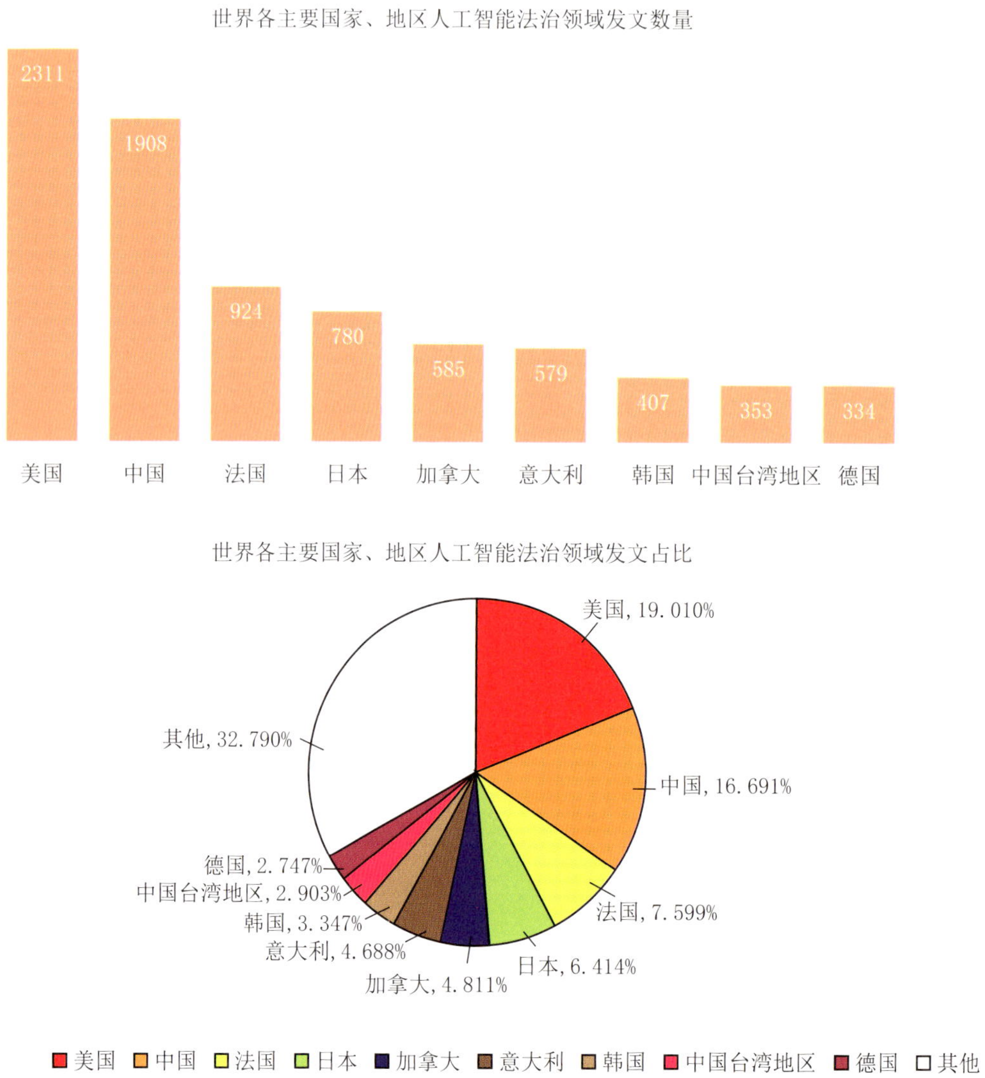

图 2-14　人工智能法治领域发文量靠前的国家和地区

场和场景，人工智能只有运用到实际生活中，才能产生实际的效果。在人工智能法治领域，人工智能发展的本身是科技的进步，然而科技的进步不仅仅是技术的革新，更多的科技运用会对日常生活的方方面面产生根本性的影响。特别是人工智能的发展在社会科学领域产生了对于机器人法律地位的思考等问题。因此基于国家 / 地区的分析能够让人更清晰地了解各国家和地区在人工智能领域发展的具体态势，以期将人工智能的视角从国内区域延伸至更广阔的世界视角。

总体而言，人工智能法治领域排名靠前的国家和地区基本为发达国家和地区。中国基于较大的市场和人口，并且近年来经济取得飞速发展，人工智能发展特别是人工智能的实际运用非常迅猛，为人工智能法治发展提供现实的可能。这一规律与国内人工智能法治发展相同，经济发展为这一领域的研究提供了现实需求和资源基础。

第三部分　人工智能的法治应用

概　述

随着人工智能新技术的快速发展，人工智能渗透到人类社会的方方面面，“AI + X”已成为人工智能社会经济发展的重要途径。法治当然也在其中。将科技与法治结合，让法治插上科技的翅膀，是法律人不懈追求的梦想。人工智能在法治领域的应用从最初的法律咨询服务，已经渗透到立法、司法与执法等多方面，① 并取得了可喜的成果，且呈现出广阔的应用前景。本部分以中国为主兼放眼世界，对人工智能法治应用的现状进行分析，梳理存在的不足并预测其发展趋势，以期推动人工智能法治应用的健康发展。

一、人工智能在立法领域的应用

立法是法治的核心环节。立法机关利用人工智能、大数据等新兴技术手段来辅助立法，有助于提高立法工作的效能，但在应用的广度和深度上仍然存在局限。

---

① 需要指出的是，人工智能法治应用的范围极其广泛，除了立法、司法和执法外，还包括守法和法律服务领域。本部分对司法应用的分析主要围绕法院系统展开，兼及检察院系统；对于执法应用的考察则主要围绕警察进行。法律服务领域多呈现出商业化运用的特点，具有独特意义，但并非本书分析重点。由于守法的独特性，本部分不涉及守法内容。

（一）人工智能立法应用的区域分析

1. 中国人工智能立法应用集中于中央及部分较发达省市

当前，中国人工智能的立法应用主要集中于中央及部分较发达省市，如全国人大常委会建立起全国电子报备系统、上海建立政府立法信息平台、天津建立备案审查智能平台等。而中西部地区受经济、技术等方面的限制，较少能实现这些技术的立法应用。贵州省一直走在中国大数据应用的前列，例如运用大数据制定精准扶贫标准并运用到立法工作等。

上述人工智能立法应用是人大机关长期信息化建设的具体成果。2016 年印发的《"十三五"国家信息化规划》特别指出，支持各级人大机关信息化建设，有效满足立法和监督等工作需求，为人民代表大会及其常委会履职提供信息技术支撑。在此之前，2012 年全国人大常委会发布了《2012—2017 年人大机关信息化建设规划》。在上述顶层设计的指引下，上海市、江苏省、湖南省也都纷纷出台信息规划办法。比如，江苏省出台《中共江苏省人大常委会党组关于加快推进全省人大机关信息化建设的意见》，运用大数据等新技术，深化人大信息资源开发利用，为人大及其常委会科学民主决策提供辅助支持。

2. 世界人工智能立法运用集中于经济较发达的国家和地区

国外人工智能的立法运用多集中于经济较发达的国家和地区，如欧盟、北约等。北约作为主要由北美和西欧发达国家参与的国际组织，人工智能技术发展已较为成熟，其应用自然可先于其他国家和地区提上日程，并付诸实践。此外，一些机械制造业发展较好的国家，如伊朗，亦具有发展人工智能的先进技术条件，也可达到将人工智能应用到立法中的技术要求。早在 2018 年伊朗议会即着手研发人工智能，收集、处理数据，解决问题，辅助立法。① 而大多数发展中国家虽可能具有人工智能技术参与立法的需求，但多受制于自身科技发展水平而无法实现。

---

① Iran to use artificial intelligence in legislation，https://www.tehrantimes.com/news/428826/Iran-to-use-artificial-intelligence-in-legislation，最后访问：2019 年 6 月 7 日。

（二）人工智能立法应用的时点分析

1. 中国人工智能立法应用的时点分析

从应用时点来看，人工智能及其相关技术的立法运用是一个逐步深入、逐步完善的过程。

（1）以大数据处理修改意见阶段

已有资料显示，2011 年是国内人工智能立法应用的最早时间。在这一年，全国人大常委会修订《个人所得税法》时运用大数据技术广泛征求意见，立法机关采用计算机软件处理 8 万多人次提出的 23 万多条意见。① 人工智能技术有利于立法意见收集、整理的智能化。这一应用还体现在立法对必需的社情民意的整理上。

（2）以备案、审查为中心的平台开发阶段

2017 年全国人大常委会建立全国电子报备系统，要求各地人大在报备纸质文档的同时，按统一格式报备电子文档。在此基础上，全国人大常委会不断推动省级人大常委会建设备案审查信息平台，以实现所有规范性文件都能够及时有效报备。各地也开展了形式多样的探索。如 2014 年天津开始使用备案审查智能平台，借助人工智能进行备案审查，从而更好地开展立法工作。

（3）综合性平台的开发阶段

人工智能辅助立法的细分领域已经从最初的针对法律文件的备案审查逐步扩展到地方性法规、行政规章的立法审查。2018 年以来，结合大数据和人工智能探索建立的综合立法信息平台具备了文件处理的功能，初步掌握了学习能力。例如，2018 年 2 月上海建成政府立法信息平台，一方面实现智能管理，确保立法的程序性，另一方面衔接大数据，希望借此实现智慧立法。2018 年 9 月，上海市人大常委会启用了规范性文件备案审查系统。该备案审查信息系统由“1 + 3”组成：“1”是指备案审查信息系统主页面；“3”是指涵盖“文件报备”“文件审查”和“文件处理”三个工作阶段。

① 李飞：《充分运用大数据助力立法决策》，http://news.jcrb.com/jszx/201811/t20181126_1932091.html。

2. 世界其他国家人工智能立法应用较少

目前，关于世界其他国家人工智能立法应用仅有少量的报道。如2018年英国议会邀请机器人Pepper作为特别委员会的证人回答有关人工智能对劳动力市场影响的问题，伊朗正在研发用于立法的人工智能等。我们仅可以谨慎推断，与中国立法机关信息化建设平台开发不同，世界其他国家并未形成如此宏大的规划和实践。这可能是由于不同的法治环境和财政支持力度所致。

综上，人工智能立法应用是世界各国共同面对的新问题，目前各国基本处于同一发展起点。由于国家性质与国家结构形式的不同，各国的立法体制各异，①对于人工智能立法应用的应对态度和实践呈现不同态势。随着人工智能技术整体水平的提高，各国人工智能立法应用的数量和质量必然逐步提高，这将有助于精准发现法律供给的盲区和痛点，最终实现智慧辅助立法。

（三）人工智能立法应用的技术侧重分析

1. 以大数据技术为依托智能化程度有限

目前，人工智能技术在立法中的应用主要以大数据技术为依托，智能程度有限。人工智能相关立法应用仅能够进行法律法规的备案和清理、法律意见的收集和整理等常态化工作，为启动修改、废止法规提供辅助。近期，升级后的天津市人大备案审查智能平台和上海市政府立法信息平台智能化水平才有所提高，尤其是后者已经具备一定的深度学习能力。

2. 立法知识图谱尚处于萌芽状态

当前，立法知识图谱还处于萌芽状态。相较于人工智能的司法、执法应用，人工智能立法应用仍然滞后。这是由于立法是一个从无到有、分配利益、创立规则的过程，需要具有真正理解现实社会的能力、权衡各方利益和处理复杂立法问题的智慧。立法知识图谱技术障碍的突破需要立法专家与计算机专家、逻辑专家展开深度合作，构建出立法领域的知识图谱，转化为计算机能够理解和深度学习

① 参见张文显主编：《法理学》，法律出版社2007年版，第209—227页。

的语言。①

二、人工智能在司法领域的应用

人工智能为司法现代化提供了重大历史机遇。② 司法机关如何应用人工智能已经成为当下世界各国司法改革的热点。就中国而言，人工智能技术的勃兴恰与新一轮的司法改革叠加在一起。在决策推动下，司法实践与人工智能对接的成果相继问世。

（一）人工智能司法应用的区域分析

1. 中国人工智能司法应用的区域分析

在区域上，人工智能司法应用具有体制创新和技术开发多维特征，且呈现出“顶层”规划 + “项目”带动的点面结合的特征。

（1）“上海刑事案件智能辅助办案系统”的研发与应用

2017 年 2 月 6 日，上海高院承担了中央政法委交办的关于研发“以审判为中心的诉讼制度改革软件”的重大任务。由上海高院牵头，协同上海政治多部门、科大讯飞合作，代号“206”的上海刑事案件智能辅助办案系统，历经 154 天如火如荼的研发后，正式亮相。③

这是一项立科技前沿、与时代同步，具有历史性、战略性的伟大工程。其目的是充分运用人工智能等现代科技手段，促使以审判为中心的诉讼制度改革落地见效，减少司法任意性，防范冤假错案发生，确保公正司法。

“206 系统”于 2017 年 5 月 3 日上线试运行。经过两年多的努力攻坚，系统研发工作取得了突破性进展，先后攻克了 5 大类技术难关（证据标准及规则指引、

---

① 参见高绍林等：《人工智能在立法领域的应用与展望》，《地方立法研究》2019 年第 1 期。

② 崔亚东：《科技筑梦：上海刑事案件智能辅助办案系统的实践与思考》，2018 世界人工智能大会“人工智能与法治”高端研讨会会议材料。

③ http://xmwb.xinmin.cn/html/2018-03/11/content_8_1.htm.

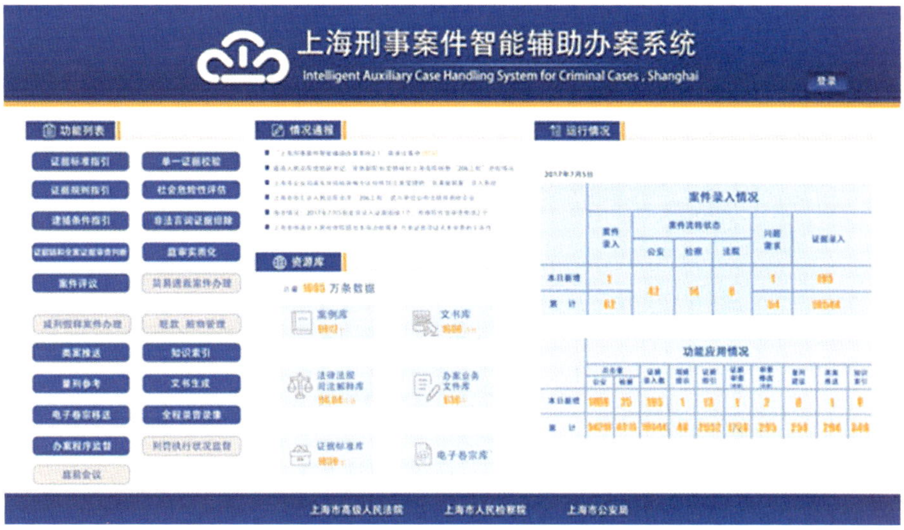

图 3-1 上海刑事案件智能辅助办案系统的显示页面

证据校验、网络、庭审、电子卷宗），突破了 4 类技术瓶颈（OCR 手写体检出、案情要素自动抽取、证据审查校验、公检法网络联通），解决了 800 多个具体问题，获得国家 6 项知识产权（专利 5 项，著作权 1 项），较好地完成了研发任务，也取得了较好的应用成效。

一是推动了办案人员树立科学的办案理念，确保推进以审判为中心的诉讼制度改革落地见效。“206 系统”为办案人员收集、固定证据提供了“看得见、摸得着、可操作”的证据标准、规则指引。“206 系统”在研发过程中，在世界上首创了证据标准、证据规则指引功能，制定出刑事案件证据标准、证据规则指引（102 个罪名），并嵌入大数据系统，设置校验点 19404 项，为办案人员收集、固定证据提供统一、适用的标准化、规范化、数据化、清单式办案指引，丰富完善了刑事诉讼理论体系和刑事证据体系，为刑事诉讼制度改革作出了历史性的贡献。

证据标准、规则指引功能倒逼办案人员从案件一接手，就按照法律规定的证据标准和证据规则收集、固定证据，减少了司法任意性，解决了公检法三机关证据标准适用不统一、办案行为不规范等突出问题。

二是推动了人工智能司法应用的创新发展，迈向了刑事办案智能化的新阶段。“206 系统”的研发与应用，建立了统一网络运行平台，实现了公检法办理刑事案件网上运行、互联互通、数据共享，打破了政法各单位的信息壁垒，并实现了办案流程再造。较好地贯彻了“分工负责、互相配合、互相制约”的刑事诉讼原则，促进司法责任制的落实。

三是系统的证据校验、提示、把关、监督等功能，有效防范了冤假错案发生，确保了公正司法。“206 系统”的应用，可以对办案流程中的证据进行实时校验、提示、把关、监督，提高了对证据审查判断的及时、精准、全面、科学程度，防止了“起点错、跟着错、错到底”；同时，“206 系统”的应用，使得整个刑事诉讼活动全程可视、全程可控、全程留痕、全程监督，防止了司法任意性，有效防范了冤假错案发生，保证公正司法。

四是系统的多项功能集成，节约了司法资源、成本，提升了司法办案质效。“206 系统”设计有 26 项功能（88 项子功能）。如法律文书自动生成、电子卷宗移送（一键传输）、辅助庭审、类案推送、量刑参考等多项功能的结合应用，大大地提高了办案质量和效率，成为办案人员离不开的智能助手（AI 助手）。

截至 2018 年年底，上海刑事案件办理已经实现了立案、侦查、批捕、审查、起诉、庭审、判决等均在“206 系统”中运行，效果良好。

2018 年 3 月，中央政法委决定在全国部分地区推广试应用“206 系统”。

2019 年 5 月，中共中央办公厅印发《关于政法领域全面深化改革的实施意见》(中办发〔2019〕32 号）中明确要求，“完善并逐步推广刑事案件智能辅助办案系统，探索把刑事案件基本证据标准嵌入数据化办案程序中，深化以审判为中心的刑事诉讼制度改革”。

截至 2019 年，“206 系统”已经在安徽、山西、云南、新疆生产建设兵团、贵州等地推广应用，取得较好成效。

（2）杭州互联网法院

为了应对互联网技术和电子商务的迅猛发展，探索网络空间法治化，中国在国际上率先探索互联网司法新模式。2017 年 8 月 18 日，中国积极设立了全球首家互联网法院杭州互联网法院。之后北京、广州互联网法院也相继成立。① 此外，各

① 周强：《最高人民法院工作报告——2019 年 3 月 12 日在第十三届全国人民代表大会第二次会议上》。

地也纷纷设立互联网法庭，比如上海长宁法院设立全市首个互联网审判庭。互联网法院和法庭的设立，是中国司法体制因应时代需求主动作出的重要变革。

人工智能技术在互联网法院运作中起到了支撑作用。[①] 比如，杭州互联网法院推出了电子数据平台，第三方存证平台的电子数据可以同步备份到该平台。当案件进入诉讼程序后，已保存在电子证据平台的"数据身份证"还会与电子数据原文进行自动比对，判断电子证据后期是否有过篡改，确保电子证据的真实性。[②]

（二）人工智能司法应用的时点分析

1. 中国人工智能司法应用的时点分析

在应用时点上，人工智能司法应用是中国法院与检察院信息化建设的一个新阶段——智慧法院、智慧检务阶段。其中，"智慧法院建设"以人工智能司法应用、电子诉讼、司法大数据为核心，具有代表性，本书仅以"智慧法院"为例，进行时点分析。历时观察可以发现，法院信息化建设可大致分为三个阶段：

（1）以"数字化"为核心的法院信息化 1.0

1996 年开始的法院信息化 1.0 以"数字化"为核心，关注的是纸质文档向电子文档的转换。

（2）以"网络化"为核心的法院信息化 2.0

之后开启的法院信息化 2.0 以"网络化"为核心，关注的是法院工作方式由线下向线上转换。

（3）以"智能化"为核心的法院信息化 3.0

2015 年开始的法院信息化 3.0 则以"智能化"为核心，是在数字化与网络化基础之上，通过大数据与人工智能技术应用实现审判的智能化。

最高人民法院于 2015 年 7 月首次提出"智慧法院"这一概念，并于 2017 年 4

① 余建华、周凌云、吴巍：《公正 & 效率，在网络互联互通——写在杭州互联网法院挂牌成立一周年之际》，https://www.chinacourt.org/article/detail/2018/08/id/3462515.shtml。

② 《"区块链第一案"：网络游戏行业维权的新选择？》，https://finance.sina.com.cn/blockchain/roll/2018-07-06/doc-ihexfcvk3686085.shtml。

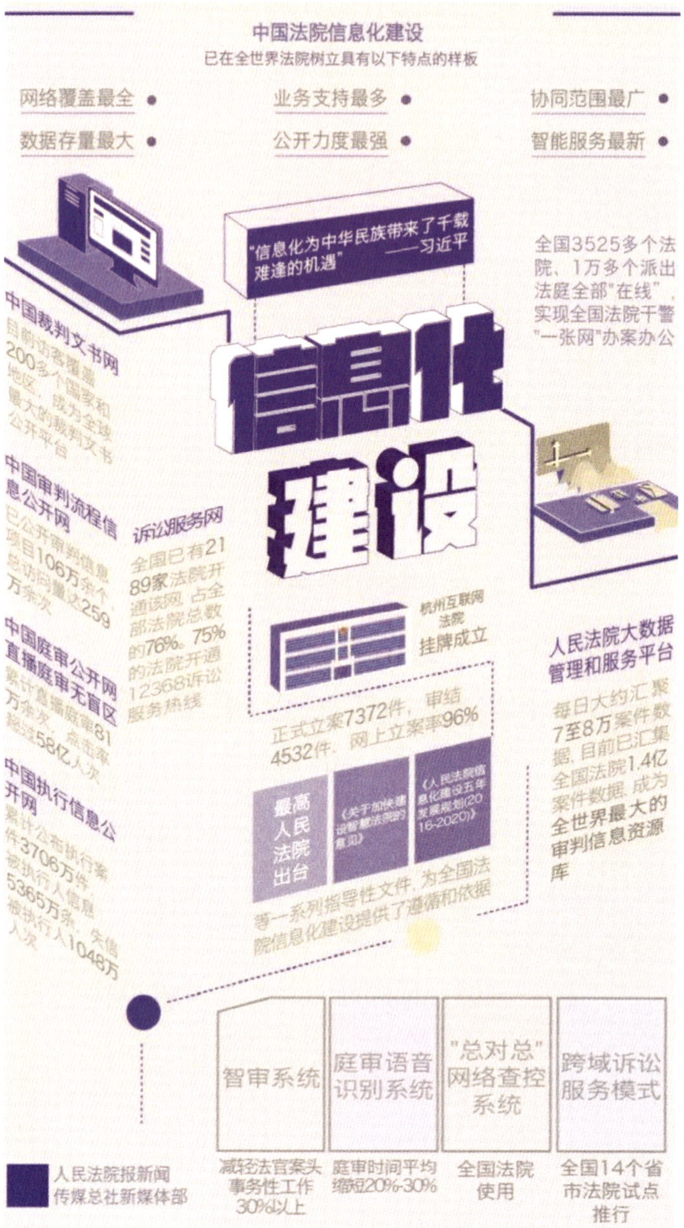

图 3-2　人民法院信息化建设蓝图[①]

月印发《最高人民法院关于加快建设智慧法院的意见》，智慧法院建设于当年即取得显著成效，2018 年人工智能的司法应用建设持续发力，在人工智能辅助审判执行和司法管理、智能化助力司法公开和智能化推动网络纠纷化解等领域，智慧法院由初步形成向全面建设迈进。2018 年 6 月，全国第一家智慧法院实践基地在上

① http://baijiahao.baidu.com/s?id=1598875510233488826&wfr=spider&for=pc.

海海事法院正式挂牌成立。

2. 世界其他国家人工智能司法应用的时点分析

(1)以逻辑推理为核心的法律人工智能阶段

就世界其他国家的情况来看，司法人工智能技术虽然是在司法大数据技术之后被提出的，但早在20世纪80年代末90年代初，即出现了人工智能技术的诸多司法应用，如诉讼策略辅助、案件结果预测等。这一阶段人工智能辅助系统的开发重点在逻辑推理，例如，20世纪90年代研发的案件推理系统就可以从案件中提取事实，然后为双方当事人形成辩论要点与反驳观点。①

(2)电子法院和司法大数据平台阶段

20世纪末，随着网络技术的发展，美国开发了CM/ECF网上立案系统，州高级法院也已经探索建立了电子法院（eCourtroom）。其他国家，如澳大利亚联邦法院在电子法院等方面制定了相应规划。② 在同一时期，美国联邦法院系统着手建设PACER系统，进行司法数据公开。③

(3)智能辅助审判软件和在线法院开发阶段

美国已经开发了COMPAS、PSA和LSI-R三种主要的风险评估软件，辅助法官量刑。④ 司法实践中也已经产生众多案例，比如美国法院引用COMPAS评分作为判刑的考量因素，⑤ 澳大利亚联邦法院通过人工智能预测家庭关系崩溃后的资产分割⑥ 等。除了单一软件的开发，“在线法院”是堪与中国“智慧法院”建设媲美的综合规划。2016年，英国《民事法院结构审查：最终报告》提出“在线法院”设想。英国政府拟投入10亿英镑使其法院系统现代化、数字化，计划到2020年完成这一司法改革。⑦

---

① 参见王禄生：《司法大数据与人工智能技术应用的风险及伦理规制》，《法商研究》2019年第2期。

② http://www.fedcourt.gov.au/online-services/ecourtroom.

③ 参见杨微波：《论美国的网上立案及其启示》，《网络法律评论》2011年第1期。

④ 李本：《美国司法实践中的人工智能：问题与挑战》，《中国法律评论》2018年第2期。

⑤ Wisconsin v. Loomis.

⑥ https://www.itnews.com.au/news/fed-court-turns-to-ai-to-predict-asset-split-after-relationship-breakdown-525587.

⑦ [英]布里格斯：《生产正义方式以及实现正义途径之变革——英国在线法院的设计理念、受理范围以及基本程序》，赵蕾编译，《中国应用法学》2017年第2期。

（三）人工智能司法应用的技术侧重分析

1. 司法大数据突破知识获取瓶颈

在技术方面，与前一阶段司法人工智能技术围绕“逻辑”展开有所不同。这一轮司法人工智能技术取得飞速发展得益于大数据技术知识获取瓶颈的突破。建立在大数据基础上的司法人工智能技术以“概率”为中心，包括面向预测与预警的各种算法和模型，如美国法院所采用的COMPAS犯罪风险智能评估系统，即是基于海量数据挖掘的认知范式。①

2. 深度学习算法在实践中不断优化

目前，中国司法机关开发的审判辅助系统所采取的主要算法还是知识图谱与深度学习，本质上仍是一种监督学习算法。② 在推理能力、可解释性、适用领域和打标签效率等方面的局限还需要在实践中进一步完善提升。“上海刑事案件智能辅助办案系统”运用深度学习构建司法知识图谱，有效提升了系统功能的可信度和可解释性，为深度学习算法的优化作出了有益探索。

三、人工智能在执法领域的典型应用

执法是彰显法治权威的重要一环。信息化时代执法领域警力不足、警务效率低下、组织协调能力差等现实问题凸显，警务智能化是大势所趋。执法领域对人工智能的客观需求催生了人工智能技术在执法领域的大规模应用。

（一）人工智能执法应用的时点分析

1. 世界其他国家部署较早

人工智能执法应用在世界范围内是近期才出现的事情。不过比较来看，世界主要国家在人工智能技术执法应用的研发、论证和部署较早。2009年美国司法部

① 参见王禄生：《司法大数据与人工智能技术应用的风险及伦理规制》，《法商研究》2019年第2期。

② 参见崔亚东：《人工智能与司法现代化》，上海人民出版社2019年版。

下属的司法协助局推出了“智慧警务倡议”；①2010 年，洛杉矶和圣克鲁斯警方与技术人员创建预测犯罪的算法，并开发出犯罪预测软件。②纽约市警察局也早在 2012 年就对一套人脸识别软件进行了测试。但社会舆论对于个人隐私、信息保护的担忧，使得相关技术投入使用受阻，美国旧金山、萨默维尔等地已经禁止使用人脸识别技术。

2. 中国智慧警务发展势头迅猛

中国人工智能执法应用发展迅猛，在一些领域后来居上。这得益于中国语音识别和图像识别技术的既有优势，加速积累的技术能力与海量的数据资源、巨大的应用需求、开放的市场环境有机结合，形成了中国人工智能执法应用的独特优势。中国独特的文化传统和较为宽松的法治环境，也在一定程度上减少了数据收集、技术研发和执法应用的社会阻力。中国警务信息化的长期建设，天网工程、雪亮工程等基础平台的打造，为智能执法的深入发展提供了无与伦比的坚实基础。

（二）人工智能执法应用的地域分析

1. 世界其他国家人工智能执法应用较为普遍

据统计，有 30 多个国家或地区投入机器人警察，如美国、英国、日本③、德国④等国家均进行了人工智能执法应用的探索。但经济发达国家或者地区在技术开发和实际运用的深度和广度上具有优势，这主要是因为数据的感知和采集、在线专家系统、智能识别、计算机视觉等方面技术开发以及大数据平台的搭建要求长期的技术积累和大量经费投入。

2. 中国人工智能执法应用较为活跃

中国公安部先后出台《关于大力推进基础信息化建设的意见》《公安科技创新

---

① See Andy Johnson，Cory Schnell，Smart Policing Review，The Police Journal 2015（3）.

② 《外国是如何发展“智慧警务”的？》，https://www.sohu.com/a/217938354_117916。

③ 《日本 2019 年开始测试人工智能破案，AI 警察能否成为神探》，http://dy.163.com/v2/article/detail/DRGDQAVD0511K9CL.html。

④ 德国警方将使用人工智能（算法）打击儿童色情，https://www.morgenpost.de/politik/article226695187/Die-Polizei-will-Kinderpornografie-mit-Algorithmen-bekaempfen.html。

“十三五”专项规划》等一系列文件，不断健全完善公安科技信息化政策体系，为深入推进科技强警战略提供了基本遵循和有力保障。经过持续的信息化—智慧警务建设，各地普遍进行了有益探索，比如河北、① 安徽、② 湖南、③ 山西 ④ 等在信息化、公安大数据战略和人工智能技术的援用方面，均有不错表现。

（三）人工智能执法应用的技术侧重分析

1. 以大数据为执法应用的技术支撑

大数据是智慧警务的前提和核心，人工智能技术的运用后于大数据技术。在大数据技术上，中国和世界其他国家面临着不同的问题。中国执法数据管理比较粗放，数据共享、开放应用程度差，“信息孤岛”现象仍然存在。世界其他国家则限于对数据收集的伦理担忧，而使得后期智能技术的研发遭遇数据困境。

2. 处理数据的智能技术日趋完善

应用于执法的人工智能技术，无论前端各类识别与比对以及视频结构化的实时处理，还是基于多维数据的深度分析研判，均离不开人工智能技术（算法和算力）融合作用。随着智能技术处理数据能力的逐步增加，通过对海量多维数据进行分析和建模，挖掘出各类数据背后逻辑关系，实现对海量数据的深度分析和综合应用。⑤ 中国语音识别、视觉识别技术世界领先，⑥ 以至于多个国家均引进该技术。

---

① “机器人交警”8月7日在中国河北邯郸正式“上岗”。这批交管人工智能机器人是由中国邯郸市公安局主导研发、经过公安部认证并列装的。http://www.zaobao.com/realtime/china/story20190808-979308。

② 《智慧公安人脸识别监控系统集成，安徽智慧公安系统开发》，https://www.baidu.com/link?url=rau1zCay5Drk2z6kzIQoPDtDW3ieeng_Q5JJdJPe_Mwz_dArRFRPlnNA2pmO1UXx&wd=&eqid=932d1d8f0001126f000000045d4d26a4。

③ 《AI 警察看见过吗？邵阳有！》，http://hunan.sina.com.cn/fazhi/2018-10-17/detail-ifxeuwws5138934.shtml。

④ 《机器人协助执法办案克服主观因素带来的误差　政法机关迎来人工智能“好帮手”》，http://news.gscn.com.cn/system/2017/12/06/011862753.shtml。

⑤ 《人工智能为智慧警务助力赋能》，http://www.qianjia.com/html/2019-02/19_324847.html。

⑥ 《新一代人工智能发展规划》。

四、人工智能法治应用的主要特点

（一）人工智能法治应用发展不均衡

1. 人工智能法治应用场域上的不平衡

由人工智能法治应用场域来看，执法、司法领域探索和实际运用较多，而立法应用较为滞后。在世界范围内，执法与司法存在应用人工智能技术的客观需求。执法领域人工智能技术的适用深刻改变公安机关的工作质态，侦查办案更加高效化、智慧化。司法领域利用人工智能辅助法院审判，提升审判质效，保证公平司法，促进司法进步。相较于司法、执法领域的应用，人工智能的立法应用较少，智能化不足。人工智能立法应用的典型事例较少。

2. 人工智能法治应用区域上的不平衡

世界主要国家人工智能法治应用在平台建设、数据处理、核心算法设计上积累了较为成熟的经验，应用场景也较为广泛。中国人工智能法治应用及相关研究起步较晚，但发展势头迅猛，实际应用活跃。中国各地人工智能法治应用在深度、广度及对前沿科技的跟进程度上亦存在一定的区域差异。这是因为各地经济、科技发展水平不平衡和各地法治信息化建设上存在差距。此外，对人工智能法治应用的认识和评价上的差异，也是不容忽视的原因之一。其他国家则由于人工智能通用技术上的差距，一般不具备人工智能法治应用的实际能力。这一不平衡主要是由于技术积累、法治环境、经济投入等方面综合影响所致。①

（二）人工智能法治应用主要依赖政府财政支持

1. 政府财政支持是现阶段人工智能法治应用主要动力

人工智能法治应用需要针对不同领域的特殊需求进行针对性的研发，技术侧重不同，前期投入极为巨大。世界主要国家多呈现政府财政购买服务的特点，比

① 不过，区域上的不平衡具有一定的积极意义，一国之内经济欠发达地区可以借助整体布局的人工智能法治应用受益，提高法治效能。

如英国议会使用日本软银研发的机器人做咨询证人，美国警察向亚马逊购买人脸识别服务等。中国人工智能法治应用略有不同，呈现政府财政支持、业务部门主导开发、科技企业参与合作研发和相关业务机关购买服务的特点。上海刑事案件智能辅助办案系统就是典型例子，上海市高级人民法院充当了主要设计者、研发者和使用者多重角色。①

2. 人工智能法治应用商业化运作倾向初步显现

截至2018年，人工智能法治应用出现了一定的市场化倾向。法律平台“无讼”已于2015年4月获得IDG资本的2700万元人民币A轮融资。2016年又完成1.2亿元人民币B轮融资。②2017年，深圳悦律天成科技有限公司（“法狗狗”）完成千万级Pre-A轮融资。③不过，相较于人工智能其他领域，如金融、汽车、互联网等的资金投入，法治领域融资能力吸引力明显不足，这要求政府在一段时期内仍是人工智能法治应用产品的主要开发者和服务购买者。

（三）人工智能法治应用核心技术日趋成熟

虽然，自20世纪50年代以来，世界主要国家即着手研发人工智能技术。但由于人工智能核心算法以及芯片硬件的限制，直至2010年左右人工智能技术才出现较大突破。法治人工智能的研发随着这一轮人工智能通用技术的突破出现了转向。

正是在这一时期，中国开始关注世界进展，陆续发布顶层设计，制定科学规划，法治人工智能相关研发开始大规模展开并陆续投入应用。但中国在核心技术、产业生态圈、人才教育等方面尚有欠缺。算法是人工智能技术的核心，如何提高算法的准确性，保证算法的透明性和可解释，防范算法歧视的潜在危害，探索与使用更为契合中国实践需要的新的算法，使人工智能技术服务于司法实践，仍需要理论界与实务界不断探索。④上海刑事案件智能辅助办案系统紧抓司法知识图谱

---

① 参见崔亚东：《人工智能与司法现代化》，上海人民出版社2019年版，第93—100页。

② 《“无讼”获1.2亿元B轮融资，人工智能可以颠覆法律界？》，https://36kr.com/p/5058205。

③ 《人工智能赋能法律行业，法狗狗获千万级别Pre-A轮融资》，https://www.iyiou.com/p/58987.html。

④ 参见左卫民：《关于法律人工智能在中国运用前景的若干思考》，《清华法学》2019年第1期。

建构这一核心问题，在司法层面作出了有益探索。

（四）人工智能法治应用亟待跨学科研究

从世界范围看，人工智能作为新兴技术，要求围绕其具体应用场域多学科互动、合作，形成跨学科研究新模式。人工智能的法治应用更是体现了这一点。这种客观需求催生了综合性研究组织。为了支持、发展和推动国际层面的人工智能与法领域的研究，1991 年，国际人工智能与法协会成立。中国也出现不同专业的学科专家共同组建相应的研究中心，比如，2017 年 12 月 29 日，北京大学法学院联合最高人民法院、最高人民检察院，以及业内顶尖的法律人工智能创业公司、法律人工智能研究机构等，成立法律人工智能实验室和研究中心。

五、中国人工智能法治应用的发展趋势

（一）落实顶层规划，寻求重点突破

持续推进人工智能的法治应用需要顶层设计。中国人工智能法治应用是在国家信息化战略的顶层设计下展开的。以人工智能的司法应用为例，《国家信息化发展战略纲要》《“十三五”国家信息化规划》等文件就法院信息化建设专门作出部署，为“智慧法院”“智慧检务”建设指明总体方向。[①] 顶层设计的功能即在于统筹规划，协调人工智能法治应用的全盘发展，保证系统间的互联互通。在顶层设计整体视野中，有利于凸显人工智能法治应用的核心难点和症结所在。

在制定和落实顶层设计的同时，应该注意寻求重点问题的突破。大数据的堆积并不能直接产生法治人工智能。如何让机器认知个案是人工智能开发和应用的前提，[②] 如何针对法治领域的特点和需求，开发出更为“服贴”的智能系统，是困

① 还包括国务院《新一代人工智能发展规划的通知》、最高人民法院《人民法院信息化建设五年发展规划（2016—2020）》等多个指导性文件。

② 参见高翔：《人工智能民事司法应用的法律知识图谱构建——以要件事实型民事裁判论为基础》，《法制与社会发展》2018 年第 6 期。

扰人工智能法治应用的重要问题。

（二）深化法律与技术的融合，避免“两张皮”

法治是人工智能的一个独特应用场景，法治的特性决定了人工智能法治应用并非通用技术在法治场景中的平移运用。需要法律人与技术人秉持开放协作的原则进行深入融合。以智能审判辅助系统为例，一方面技术部门和一线法官应对现有审判执行系统进行反复研讨。① 另一方面，应进一步打通法院外部系统，促进不同平台的数据连接。② 如此方可保证符合法治特征与法治运转规律的人工智能技术开发与运用。

此外，为了保证人工智能法治应用的持续健康发展，需要在更为广泛的意义上，推动法治运行多主体、多要素的协调互动，鼓励法律与技术跨学科、跨领域的交流合作，重视探索法学教育和人才培养的新方案。

（三）完善规则建构，确保有效规制

人工智能法治应用离不开法律的规制。2018 年世界人工智能大会“人工智能与法治”高端研讨会发布的《人工智能法治上海倡议》强调：建立与人工智能创新发展相适应的立法规范、法律体系、政策体系和伦理体系，形成人工智能安全评估、风险防控法律机制，提升技术规则、应用规则的管控能力。目前，对人工智能法治应用的法律规制重点是对于法治领域人工智能开发和应用。首先，重视对作为法治人工智能基础的数据及其上主体信息、隐私的保护。其次，算法不可解释性（黑箱）掩盖了自动化决策所导致的数据歧视，可能造成权利侵害。

（四）协调伦理发展，由善法到善治

《人工智能法治上海倡议》提出，人工智能的法治应用，应坚持以人为本、向善安全、可靠可控的基本理念。制定技术设计阶段的法律规范，通过规则设定促

① 陈甦、田禾主编：《中国法院信息化发展报告（2019）》，社会科学文献出版社 2019 年版。

② 《中国法院信息化发展报告（2019）》。

进人工智能算法的公正、透明、安全，避免算法歧视，杜绝有悖伦理价值及公序良俗的技术应用。2019 年 4 月，欧盟委员会发布人工智能（AI）伦理准则；2019 年 6 月，中国国家新一代人工智能治理专业委员会发布《新一代人工智能治理原则——发展负责任的人工智能》均强调这一理念。

协调人类伦理，避免人工智能偏见，促进人工智能向善、促善，逐渐成为人工智能法治应用的焦点问题。剑桥大学犯罪学研究所发起的一项调查研究显示，可穿戴摄像头的使用提升了警察公信力，使警局的投诉率下降 87%，警察暴力执法减少 59%。[①] 给人工智能喂养“善”的养料，保证人工智能及其法治应用具备“善”的属性，符合善的要求，协调效率性与公平性，保障公民的隐私、数据权利与言论自由，经由“善”的算法，实现“善治”。

小　结

我们必须看到，世界范围内人工智能法治在取得显著进展的同时，也面临一定问题。首先，人工智能应用于法治领域存在一些不容忽视的问题，数据质量不高、自然语言理解困难、算法模型建构复杂等。其次，技术与法治的深度融合，需要秉持开放的态度，进行对话交流，避免技术与业务“两层皮”。最后，人工智能自身的可解释性问题，以及其应用可能导致的伦理问题、信息、权利侵害问题，都给人工智能法治应用的进一步发展带来了阻力。

目前，中国人工智能法治应用呈现出：起步较晚，发展迅速；注重基础，多有创举；偶有突出，整体同步的特点。中国人工智能法治应用主要集中在执法与司法领域，少量涉及立法和司法管理。政府财政支持推动作用较大，体制优势明显。中国重视整体规划，持续推进基础建设。如建成世界最大的司法数据储备，[②] 推动雪亮工程、天网工程等基础平台建设。上海市高级人民法院研发的上海刑事

① 《外国是如何发展“智慧警务”的？》，https://www.sohu.com/a/217938354_117916。

② 周强：《最高人民法院工作报告——2018 年 3 月 9 日在第十三届全国人民代表大会第一次会议上》，http://www.npopss-cn.gov.cn/n1/2018/0402/c219468—29902325.html。

案件智能辅助办案系统，综合运用大数据、人工智能等技术，在一个云平台内打通了公检法等法治运行的绝大多数环节，是法律人工智能的标杆。[①] 这一系统的实际应用，使得整个刑事诉讼活动全程可视、全程可控、全程留痕、全程监督，防止了司法任意性，有效防范了冤假错案发生，保证公正司法。

中国政府、社会整体对人工智能法治应用持支持态度，较为宽松的法治环境，以及加速积累的技术能力与海量的数据资源、巨大的应用需求、开放的市场环境有机结合，形成了中国人工智能发展的独特优势，为中国人工智能的法治应用及其在世界上的卓越表现奠定了坚实基础。

我们正站在法治建设的新起点上，人工智能法治仅是法治中国长远规划中的最新发展阶段，人工智能的法治应用仅是中国法治信息化整体图景的一个新的组成部分。人工智能的法治应用对中国立法、司法与执法的进步，乃至法治中国的整体建设的促进作用正在显现。

① 参见熊明辉：《法律人工智能的十大前沿问题》，《光明日报》2019 年 8 月 6 日第 11 版。

第四部分　人工智能典型案件分析

概　述

随着人工智能技术社会应用的不断扩展，涉及人工智能等新技术案件纠纷也逐步增多。本部分选取相关典型案件进行统计分析，以期发现我国涉人工智能法律纠纷的现实状况，检视现行法律的因应情势，为下一步科学立法、严格司法提供借鉴。

本次分析报告以人工智能与司法为中心，分别以人工智能及其相关技术为关键词对国内案件进行检索，在初步确定样本范围后，根据涉案法律关系是否涉及人工智能相关技术作进一步筛选，最终选取 134 篇司法裁判文书，主要依时点、地域、当事人类型、纠纷类型进行研究。

需要说明的是，数据在人工智能法治应用中具有重要地位，理应是分析的重点。但由于涉数据案件数量极大，[①] 为限缩研究样本的范围，本部分仅以"个人数据"为关键词进行检索。

一、时点分析

近年来，随着人工智能技术水平的提高，人工智能产品开始真正走进人们的

① 在中国裁判文书网中，以"数据"作为关键词进行全文检索，共计检索到 17612 个结果。

生活。依所选案件裁判发生时间进行研究，分析人工智能及其相关技术与司法产生交点的时间规律。

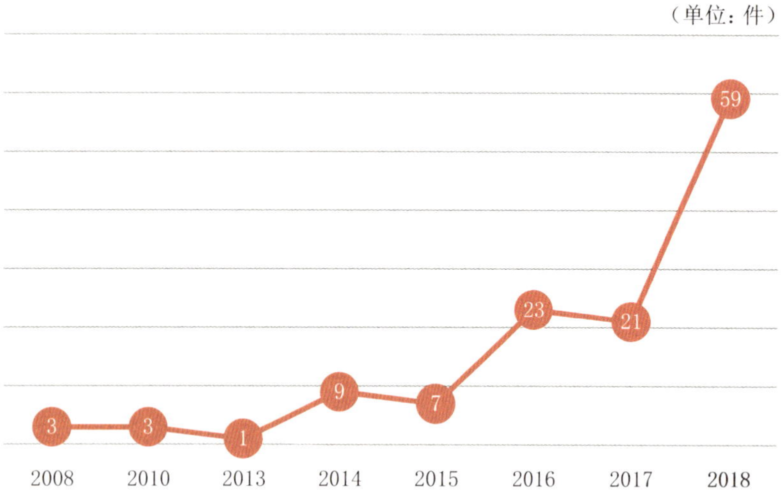

图 4-1　裁判发生时间[①]

（一）2008 年已出现涉人工智能案件

由图 4-1 可见，在本次所收集案件范围内，最早在 2008 年便有涉及人工智能及其相关技术的案件出现，如“上海步升大风音乐文化传播有限公司诉北京友播世纪信息技术有限公司侵犯录音制作者权纠纷案”。该案中，原告上海步升大风音乐文化传播有限公司诉称，被告北京友播世纪信息技术有限公司未经其许可，即在经营的 YOBO 网站向网络用户提供 37 首涉案歌曲的在线播放服务，损害了其对涉案歌曲所享有的录音制作者权。[②] 本案涉及音乐作品的信息网络传播、“信息存储空间提供者”与“网络内容服务提供者”的定性，以及网络重新定向技术对于证据保全的干扰等诸多问题，体现了人工智能这一技术早已渗透到民众的社会生活中。

（二）涉人工智能案件至 2018 年达到高峰

自 2008 年以来，相关案件总体呈逐年增多之势。其中 2015 年及之后上升最快，至 2018 年达到高峰。

① 案例收集时间截至 2019 年 8 月 17 日。由于 2019 年案例数据尚不完整，此次统计暂不涉及。

② 北京市海淀区人民法院（2008）海民初字第 6939 号民事判决书。

显而易见，这与我国中央政府及各地方政府越来越重视人工智能等新科技发展，出台了一系列政策以引导、保障其进一步发展有关。尤其是 2017 年国务院出台了《新一代人工智能发展规划》，将人工智能技术列入国家战略，对我国人工智能的发展起到了强有力的引领和推动作用。可以说，人工智能案件纠纷伴随着人工智能技术的发展应用而产生，并随着其应用的扩展而增加。

（三）涉人工智能案件仍将处于增长态势

可以预见，因人工智能及其相关技术仍处于不断进步之中，随着人工智能及其相关技术应用领域的不断拓宽，其所涉及的法律问题会更多地显现出来，涉人工智能的相关司法案件也将呈现不断增加之态势。

二、地域分析

科技水平具有明显的地域特征，本部分对 134 件案件裁判法院所在地域进行分析（见图 4-2），以期得出涉人工智能案件数量的地域差异特点。

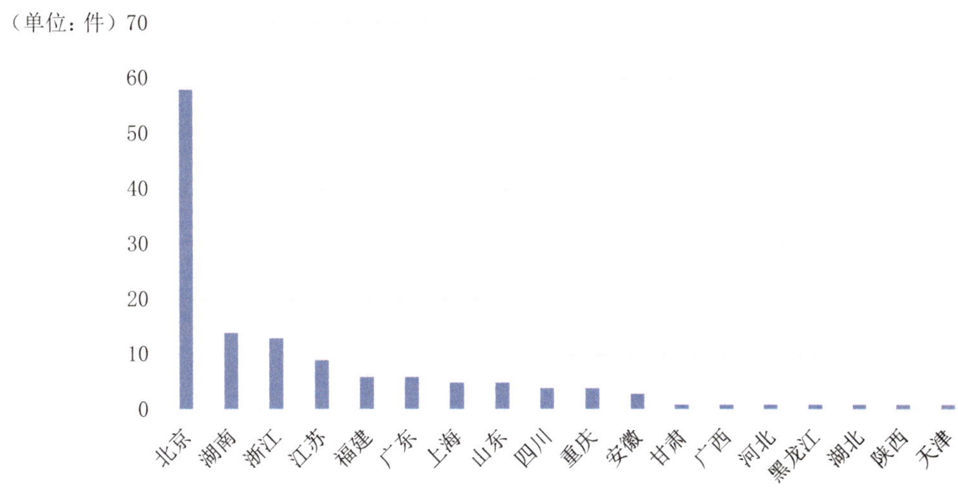

图 4-2　裁判发生地点

（一）涉人工智能案件集中于东、中部经济较发达地区

由图 4-2 可以看出，涉人工智能相关技术案件大多集中在北京、湖南、浙江、

江苏、福建、广东、上海、山东等地区。这些地区同时也正是我国经济发展水平较高的地区，尤其北京、广东、上海更可说是我国经济重心所在，经济发展水平越高就越能为科技发展提供必要的物质条件，并吸引国内外优秀人才，从而也能带动教育水平的提高，为科研工作源源不断地输送人才。可见高经济水平和高教育水平造就高技术水平的概率高于中低经济和教育水平的地区，其科研成果转化效率必然高于这些地区。东、中部地区人工智能产品应用较为普遍，故我国人工智能相关案件多集中于这类区域。

（二）涉人工智能案件有向中西部扩展态势

由图 4-2 还可看出，陕西、广西、甘肃等亦已出现涉人工智能案件，目前数量较之东部地区虽然不多，但已经可以说明目前人工智能案件开始逐步向中西部扩展，而且日后随着中西部经济科技水平的发展，此类案件很有可能会继续增加。

由此，我们应对北京、湖南、浙江、江苏、福建、广东、上海等地涉人工智能的司法实践进行研究分析，总结裁判经验，积累典型案件，为其他地区此类案件纠纷提供借鉴，亦可在北京、上海、浙江、广东、湖南这类案件纠纷高发地区，率先进行地方立法尝试，总结经验、梳理问题、发现规律，以提高立法的针对性、适用性，为人工智能领域立法积累充足的资料。从而使法律更好地适应现实需求，做到处理人工智能等新型案件有法可依。

三、当事人类型分析

本部分将分析所选案件中各方当事人类型，为司法实践有针对性地保护不同类型当事人提供实践智慧。

（一）涉人工智能案件当事人以营利法人与自然人为主

从图 4-3 我们可以看到，营利法人参与的涉人工智能案件占比 76%。可见人工智能及其相关技术目前多存在于公司日常运作之中。公司业务复杂，人工智能

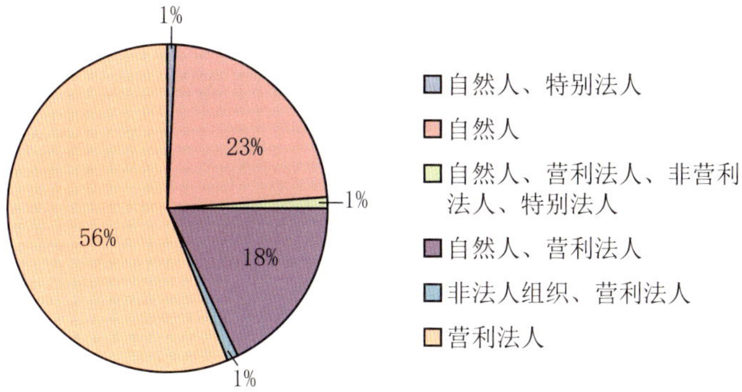

图 4-3　案件当事人类型①

及其技术的使用能提升公司运转效率。而且在大环境鼓励人工智能及其相关技术发展的今天，各种发展高新技术的企业层出不穷，故在此方面，涉案企业占比较大不足为奇。

从图 4-3 还可看出的是，涉及自然人的案件占比 43%。自然人是人工智能技术的主要使用者，实践中产生了大量利用人工智能的侵权案件，如利用人工智能技术侵害个人数据隐私，人工智能产品致害责任等。因此，自然人亦为涉人工智能案件的主要主体之一。

（二）涉人工智能案件主体类型仍在不断增加

目前，涉人工智能案件主体类型虽以营利法人和自然人为主，但也有案件涉及特别法人、非营利法人和非法人组织。主体类型的多样性，反映出人工智能相关技术适用范围逐步扩展，已经融入社会生活的各个层面。因此，人工智能相关司法裁判，除需重视企业及自然人这两大主体的不同诉求之外，还要注意保障其他各类主体的合法权益。

四、案件所涉技术类型分析

人工智能技术适用范围较广，涉及门类众多，大数据、算法、区块链、智能

① 刑事案例均为公诉案件，故列入“自然人”类。

合约等一系列技术均可涵盖在内。本部分对相关案件所涉技术类型进行分析，以期得出人工智能相关技术在所涉纠纷中的占比，并为后续案件的裁判提供指导。

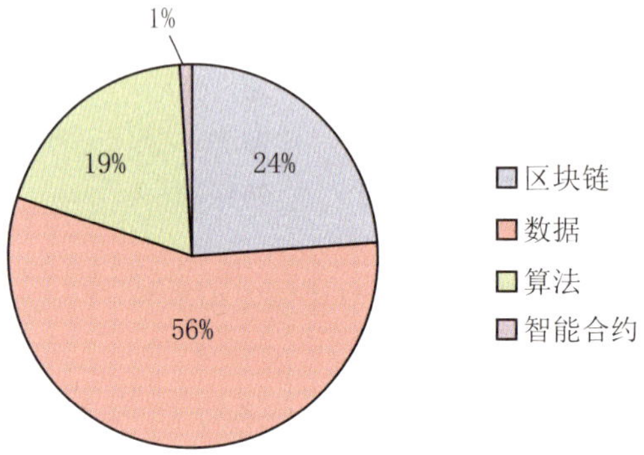

图 4-4　案件所涉技术领域类型

（一）涉个人数据案件占比过半

由图 4-4 可看出，涉个人数据案件在所收集的 134 个案件中占 56%，超过半数，处于第一位。“数据”是信息时代的石油。个人数据是个人隐私的一部分，关乎人格尊严与人身安全；商业数据大多属于商业机密，是商事主体市场竞争力的重要来源。在“北京淘友天下技术有限公司等与北京微梦创科网络技术有限公司不正当竞争纠纷案”中，上诉人所经营之脉脉未经用户允许和被上诉人所经营之微博平台授权，非法抓取、使用新浪微博用户信息，构成了不正当竞争。这是我国首例大数据不正当竞争纠纷案，① 此案提醒互联网平台及个人均应重视数据保护。

（二）涉区块链案件比重次之

区块链相关案件占比 24%，处于第二位。区块链技术是人工智能项下新兴技术的一种，其不可篡改性、去中心化和去信任化的时间戳技术，使其中所有的权利信息更具连贯性和真实性，可完整记录作品创作和其后转让的全过程，在保护知识产权方面具有着独特的作用。在“中文在线数字出版集团股份有限公司与广州市动景计算机科技有限公司侵害作品信息网络传播权纠纷案”中，原告中文在线数字出版集团股份有限公司便采取了区块链存证的方法，确认了自身所享有的

① 参见北京知识产权法院（2016）京 73 民终 588 号民事判决书。

权利，证明了被告侵权。①

（三）涉算法案件比重居于第三位

涉算法的案件占比 19%，处于第三位。算法是人工智能的核心。随着计算机算力的不断提高，各种算法的复杂度和精细度也在不断地提升，但也带来一定风险，需要及时规制。典型案件如“伊世顿操纵期货市场案”。② 该案是中国首例因高频交易操纵被提起公诉的案件，伊世顿公司通过预先设定的程序化算法软件制造虚假买卖信息，误导投资者跟风投资，并从中渔利，构成新型操纵行为。这一案件为今后此类案件的审理起到了良好的示范指导作用，该案也提醒我们，司法机关应正确认识算法在此类新型犯罪行为中的作用，作出科学裁判。

（四）涉智能合约案件数量较少

涉智能合约的案件最少，排在第四位。这一比例显示，智能合约虽然是法学研究的热点，但由于实际应用有限，③ 故相关司法案件较少。由于智能合约具有低成本、高效率、高安全等特点，可以预见随着区块链技术的逐渐进步，未来智能合约的应用亦会随之增加。

五、案件类型分析

本部分统计分析案件所涉纠纷类型，以期发现案发规律，总结案件特点，为后续相关司法裁判正确适用法律规范提供指导。

由图 4-5 可以看出示，目前所收集的案件多集中于知识产权权属、侵权纠纷（46%），侵犯公民人身权利、民主权利罪（14%），合同纠纷（12%），不正当竞争纠纷（10%）及扰乱公共秩序罪（4%）五个方面，其中知识产权权属、侵权纠纷，

---

① 参见北京市东城区人民法院（2018）京 0101 民初 3835 号民事判决书。

② 参见上海市高级人民法院（2017）沪刑终 59 号刑事裁定书。

③ 陈吉栋：《智能合约的法律构造》，《东方法学》2019 年第 3 期。

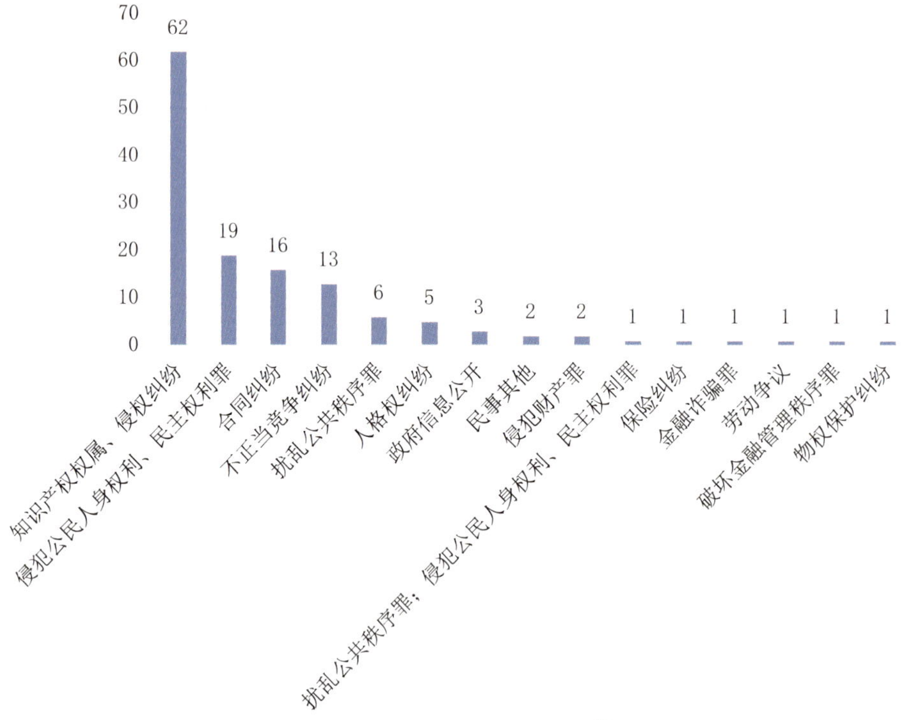

图 4-5　案件所涉纠纷类型[1]

合同纠纷，不正当竞争纠纷为民事案件，侵犯公民人身权利、民主权利罪及扰乱公共秩序罪为刑事案件。

（一）涉人工智能类案件以民事案件为主

知识产权权属、侵权纠纷案件数在案件总量中处于第一位。这一比例说明，人工智能相关专利逐步增多；利用相关技术侵权更加简单，方式更加多样，也更加隐蔽。

合同纠纷在案件总量中的占比居于第三位。涉案合同种类多种多样，多涉及人工智能及其相关技术产品，如在“深圳市恒丰行投资发展有限公司与深圳市数心科技有限公司服务合同纠纷案”就涉及了电话机器人这一人工智能产品，[2] 此类

① 纠纷类型所依案由根据《最高人民法院关于修改〈民事案件案由规定〉的决定》（法〔2011〕41 号）进行分类统计，刑事案件案由根据案件涉及罪名在刑法各章节位置划分，分节的按各节标题，未分节的按章标题。

② 参见广东省深圳市龙华区人民法院（2018）粤 0309 民初 6762 号民事判决书。

案件所涉争议大多处于现有法律框架之内，可适用现有法律进行解决。

不正当竞争纠纷在案件总量中处于第四位，如“浙江核新同花顺网络信息股份有限公司、灯塔财经信息有限公司侵害计算机软件著作权纠纷案”[①]即涉及不正当竞争纠纷。虽此类案件可通过司法解释手段予以调整，但相关法律论证成本巨大，不如以立法予以调整。

（二）涉人工智能刑事案件占有较大比重

侵犯公民人身权利、民主权利罪案件在样本总量中占比第二位，所涉及罪名主要为侵犯公民个人信息罪，如在“王某某、冉某侵犯公民个人信息案”中，两被告通过 QQ、微信等方式大量倒卖公民个人信息非法获利，[②]严重侵害了公民个人信息安全。大数据时代中，利用公民个人信息进行精准推销，或倒卖个人信息牟利等行为，对当下的司法实践提出了新的要求，故合理界定信息侵害行为，保护公民的个人信息，是司法机关必须正视的问题。

扰乱公共秩序罪案件占比居于第五位。如被最高人民法院列为指导案件的“付某某、黄某某破坏计算机信息系统案”，被告付某某、黄某某等人租赁多台服务器，使用恶意代码修改互联网用户路由器的 DNS 设置，盗取互联网用户流量，从而达到非法获利的目的。[③]此类利用人工智能技术犯罪的案件，涉及面较广，影响了不特定人的工作与生活，对公共秩序也造成了一定程度的破坏，需引起司法机关的重视。

（三）纠纷类型呈增加趋势

此处所述仅为五类出现频次较多的纠纷类型，其他案型如人格权纠纷、侵害财产罪类案件等也应引起我们的重视，而且涉人工智能案件也有向劳动争议、物权保护纠纷等领域拓展的趋势。

---

① 参见浙江省高级人民法院（2018）浙民终 1072 号民事判决书。

② 参见安徽省淮北市相山区人民法院（2018）皖 0603 刑初 40 号民事判决书。

③ 参见上海市浦东新区人民法院（2015）浦刑初字第 1460 号刑事判决书。

小结：加快人工智能相关立法势在必行

（一）涉人工智能案件纠纷数量增多，要求司法机关树立智能法治思维，增强智能法治意识，提升智能办案质量

在科技高速发展的今天，人工智能及其相关新技术与司法实践的交集越来越多，相关案件纠纷数量增多。人工智能相关案件多涉及公司、自然人，且更多集中于知识产权权属、侵权纠纷方面，但新型的区块链、数据相关案件也纷纷出现。涉案主体与纠纷类型的多样性，反映出人工智能相关技术适用范围逐步扩展，已经融入社会生活的各个层面。这要求司法机关树立智能法治思维，增强智能法治意识，提升智能办案质量，提升司法效能。

（二）注重积累典型案例，总结实践经验，研究释法路径，为后续司法提供借鉴

现阶段，司法机关应对涉人工智能的司法实践进行研究分析，总结裁判经验，积累典型案件，提高释法能力，为其他地区此类案件纠纷提供借鉴，亦可率先在相关地方总结提炼相关规则，为将来全国性立法准备充足的资料。

（三）人工智能立法势在必行，加快推进

以人工智能发展看，加快对涉人工智能等新技术的立法已为大势所趋。唯有如此，才能更好地引导、保障人工智能新技术在合法框架下健康发展，同时也为法治插上智能的翅膀，增加智能维度，真正实现人工智能法治。

附录一　人工智能重点政策法规摘要

中　国

1. 国家发改委、科技部、工信部、中央网信办等《"互联网+"人工智能三年行动实施方案》（2016.5）（发改高技〔2016〕1078号）

http：//www.gov.cn/xinwen/2016-05/23/content_5075944.htm

为贯彻落实《国务院关于积极推进"互联网+"行动的指导意见》（国发〔2015〕40号），充分发挥人工智能技术创新的引领作用，支撑各行业领域"互联网+"创业创新，培育经济发展新动能，特制定本实施方案。

一、总体思路与目标

总体思路。贯彻落实创新、协调、绿色、开放、共享发展理念，以提升国家经济社会智能化水平为主线，着力突破若干人工智能关键核心技术，增强智能硬件供给能力。着力加强产业链协同和产业生态培育，提升公共创新平台服务能力。着力加强人工智能应用创新，引导产业集聚发展，促进人工智能在国民经济社会重点领域的推广。加快发展"互联网"新模式新业态，培育壮大人工智能产业，为打造大众创业、万众创新和增加公共产品、公共服务"双引擎"提供有力支撑。

实施目标。到2018年，打造人工智能基础资源与创新平台，人工智能产业体系、创新服务体系、标准化体系基本建立，基础核心技术有所突破，总体技术和产业发展与国际同步，应用及系统级技术局部领先。在重点领域培育若干全球领先的人工智能骨干企业，初步建成基础坚实、创新活跃、开放协作、绿色安全的人工智能产业生态，形成千亿级的人工智能市场应用规模。

二、培育发展人工智能新兴产业

主要任务：加快建设文献、语音、图像、视频、地图等多种类数据的海量训练资源库和基础资源服务公共平台，建设支撑超大规模深度学习的新型计算集群，建立完善产业公共服务平台。研究网络安全全周期服务，提供云网端一体化、综合性安全服务。进一步推进计算机视觉、智能语音处理、生物特征识别、自然语言理解、智能决策控制以及新型人机交互等关键技术的研发和产业化，为产业智能化升级夯实基础。

重点工程：

（一）核心技术研发与产业化工程

加强产学研用合作，支持国家工程实验室、国家工程（技术）研究中心等创新平台建设，布局国家级创新中心，共同推动人工智能基础理论、共性技术、应用技术研究。推动基于感知数据、多媒体、自然语言等大数据的深度学习技术研发，开展类脑神经计算系统、类脑信息处理等类脑智能领域的前沿理论和技术研究。支持人工智能领域的芯片、传感器、操作系统、存储系统、高端服务器、关键网络设备、网络安全技术设备、中间件等基础软硬件技术开发，支持开源软硬件平台及生态建设。加快基于人工智能的计算机视听觉、生物特征识别、复杂环境识别、新型人机交互、自然语言理解、机器翻译、智能决策控制、网络安全等应用技术研发和产业化。加强前沿技术布局，构造未来融合创新技术基础。

（二）基础资源公共服务平台工程

建设面向社会开放的文献、语音、图像、视频、地图及行业应用数据等多类型人工智能海量训练资源库和标准测试数据集。建设满足深度学习等智能计算需求的新型计算集群共享平台、云端智能分析处理服务平台、算法与技术开放平台、智能系统安全公共服务平台、多种生物特征识别的基础身份认证平台等基础资源服务平台，降低人工智能创新成本。支持建设类脑基础服务平台，模拟真实脑神经系统的认知信息处理过程，通过类脑智能研究推动人工智能发展。整合政产学研用等资源，建立产业公共服务平台。推动公共服务平台、领军企业和创新型企业加强合作，汇聚人工智能创新创业资源，提供相关研发工具、检验评测、安全、标准、知识产权、创业咨询等专业化的创新创业服务。

三、推进重点领域智能产品创新

主要任务：推动互联网与传统行业融合创新，加快人工智能技术在家居、汽车、无人系统、安防等领域的推广应用，提升重点领域网络安全保障能力，提高生产生活的智能化服务水平。支持在制造、教育、环境、交通、商业、健康医疗、网络安全、社会治理等重要领域开展人工智能应用试点示范，推动人工智能的规模化应用，全面提升我国人工智能的集群式创新创业能力。

重点工程：

（一）智能家居示范工程

鼓励家居企业整合产业链资源，提升家电、耐用品等家居产品的智能化水平和服务能力，创造新的消费市场空间。支持智能家居企业创新服务模式，在健康医疗、智慧娱乐、家庭安全、环境监测、能源管理等领域开展应用服务创新示范，提供互联共享解决方案。面向酒店、办公楼、商场、社区、家庭等，开展智能家居产品定制设计，提供大数据应用服务。

（二）智能汽车研发与产业化工程

支持骨干汽车企业与互联网企业开展深度合作，设立跨界交叉融合创新平台。加快智能辅助驾驶、复杂环境感知、车载智能设备等软硬件产品的研发与应用，支持自适应巡航、自动泊车、安全驾驶等技术研发。推进无人驾驶汽车的技术研发、应用与生态建设，发展智能汽车芯片和车载智能操作系统、高精度地图及定位、智能感知、智能决策与控制等重点技术，实现无人驾驶汽车技术和产品的逐步成熟。在有条件的地方实施智能汽车试点工程，建设安全、泛在、智能的云网端一体化车联网体系，推动智能汽车典型应用。

（三）智能无人系统应用工程

推动人工智能技术在无人系统领域的融合应用，发展无人飞行器、无人船等多种形态的无人设备。加快消费级和行业级无人系统的商用化进程，完善无人飞行器等无人系统的适航管理、安全管理和运营机制。支持微型和轻小型智能无人系统的研发与应用，突破高性能无人系统的结构设计、智能材料、自动巡航、远程遥控、图像回传等技术。以需求为导向推进智能无人系统的应用示范，提升无人系统的智能化水平，推动在物流、农业、测绘、电力巡线、安全巡逻、应急救援等重要行业领域的创新应用。

（四）智能安防推广工程

鼓励安防企业与互联网企业开展合作，研发集成图像与视频精准识别、生物特征识别、编码识别等多种技术的智能安防产品，推动安防产品的智能化、集约化、网络化。支持面向社会治安、工业安全以及火灾、有害气体、地震、疫情等自然灾害智能感知技术的研发和成果转化，推进智能安防解决方案的应用部署。支持部分有条件的社区或城市开展基于人工智能的公共安防区域示范，加快重点公共区域安防设备的智能化改造升级。

四、提升终端产品智能化水平

主要任务：加快智能终端核心技术研发及产业化，丰富移动智能终端、可穿戴设备、虚拟现实等产品的服务及形态，

提升高端产品供给水平。制定智能硬件产业创新发展专项行动方案，引导智能硬件产业健康有序发展。推动人工智能与机器人技术的深度融合，提升工业机器人、特种机器人、服务机器人等智能机器人的技术与应用水平。

2. 国务院《新一代人工智能发展规划》(2017.7)(国发〔2017〕35号)

http：//www.gov.cn/zhengce/content/2017-07/20/content_5211996.htm

人工智能的迅速发展将深刻改变人类社会生活、改变世界。为抢抓人工智能发展的重大战略机遇，构筑我国人工智能发展的先发优势，加快建设创新型国家和世界科技强国，按照党中央、国务院部署要求，制定本规划。

一、战略态势

人工智能发展进入新阶段。经过六十多年的演进，特别是在移动互联网、大数据、超级计算、传感网、脑科学等新理论新技术以及经济社会发展强烈需求的共同驱动下，人工智能加速发展，呈现出深度学习、跨界融合、人机协同、群智开放、自主操控等新特征。大数据驱动知识学习、跨媒体协同处理、人机协同增强智能、群体集成智能、自主智能系统成为人工智能的发展重点，受脑科学研究成果启发的类脑智能蓄势待发，芯片化硬件化平台化趋势更加明显，人工智能发展进入新阶段。当前，新一代人工智能相关学科发展、理论建模、技术创新、软硬件升级等整体推进，正在引发链式突破，推动经济社会各领域从数字化、网络化向智能化加速跃升。

人工智能成为国际竞争的新焦点。人工智能是引领未来的战略性技术，世界主要发达国家把发展人工智能作为提升国家竞争力、维护国家安全的重大战略，加紧出台规划和政策，围绕核心技术、顶尖人才、标准规范等强化部署，力图在新一轮国际科技竞争中掌握主导权。当前，我国国家安全和国际竞争形势更加复杂，必须放眼全球，把人工智能发展放在国家战略层面系统布局、主动谋划，牢牢把握人工智能发展新阶段国际竞争的战略主动，打造竞争新优势、开拓发展新空间，有效保障国家安全。

人工智能成为经济发展的新引擎。人工智能作为新一轮产业变革的核心驱动力，将进一步释放历次科技革命和产业变革积蓄的巨大能量，并创造新的强大引擎，重构生产、分配、交换、消费等经济活动各环节，形成从宏观到微观各领域的智能化新需求，催生新技术、新产品、新产业、新业态、新模式，引发经济结构重大变革，深刻改变人类生产生活方式和思维模式，实现社会生产力的整体跃升。我国经济发展进入新常态，深化供给侧结构性改革任务非常艰巨，必须加快人工智能深度应用，培育壮大人工智能产业，为我国经济发展注入新动能。

人工智能带来社会建设的新机遇。我国正处于全面建成小康社会的决胜阶段，人口老龄化、资源环境约束等挑战依然严峻，人工智能在教育、医疗、养老、环境保护、城市运行、司法服务等领域广泛应用，将极大提高公共服务精准化水平，全面提升人民生活品质。人工智能技术可准确感知、预测、预警基础设施和社会安全运行的重大态势，及时把握群体认知及心理变化，主动决策反应，将显著提高社会治理的能力和水平，对有效维护社会稳定具有不可替代的作用。

人工智能发展的不确定性带来新挑战。人工智能是影响面广的颠覆性技术，可能带来改变就业结构、冲击法律与社会伦理、侵犯个人隐私、挑战国际关系准则等问题，将对政府管理、经济安全和社会稳定乃至全球治理产生深远影响。在大力发展人工智能的同时，必须高度重视可能带来的安全风险挑战，加强前瞻预防与约束引导，最大限度降低风险，确保人工智能安全、可靠、可控发展。

我国发展人工智能具有良好基础。国家部署了智能制造等国家重点研发计划重点专项，印发实施了“互联网＋”人工智能三年行动实施方案，从科技研发、应用推广和产业发展等方面提出了一系列措施。经过多年的持续积累，我国在人工智能领域取得重要进展，国际科技论文发表量和发明专利授权量已居世界第二，部分领域核心关键技术实现重要突破。语音识别、视觉识别技术世界领先，自适应自主学习、直觉感知、综合推理、混合智能和群体智能等初步具备跨越发展的能力，中文信息处理、智能监控、生物特征识别、工业机器人、服务机器人、无人驾驶逐步进入实际应用，人工智能创新创业日益活跃，一批龙头骨干企业加速成长，在国际上获得广泛关注和认可。加速积累的技术能力与海量的数据资源、巨大的应用需求、开放的市场环境有机结合，形成了我国人工智能发展的独特优势。

同时，也要清醒地看到，我国人工智能整体发展水平与发达国家相比仍存在差距，缺少重大原创成果，在基础理论、核心算法以及关键设备、高端芯片、重大产品与系统、基础材料、元器件、软件与接口等方面差距较大；科研机构和企业尚未形成具有国际影响力的生态圈和产业链，缺乏系统的超前研发布局；人工智能尖端人才远远不能满足需求；适应人工智能发展的基础设施、政策法规、标准体系亟待完善。

面对新形势新需求，必须主动求变应变，牢牢把握人工智能发展的重大历史机遇，紧扣发展、研判大势、主动谋划、把握方向、抢占先机，引领世界人工智能发展新潮流，服务经济社会发展和支撑国家安全，带动国家竞争力整体跃升和跨越式发展。

二、总体要求

（一）指导思想

全面贯彻党的十八大和十八届三中、四中、五中、六中全会精神，深入学习贯彻习近平总书记系列重要讲话精神和治国理政新理念新思想新战略，按照“五位一体”总体布局和“四个全面”战略布局，认真落实党中央、国务院决策部署，深入实施创新驱动发展战略，以加快人工智能与经济、社会、国防深度融合为主线，以提升新一代人工智能科技创新能力为主攻方向，发展智能经济，建设智能社会，维护国家安全，构筑知识群、技术群、产业群互动融合和人才、制度、文化相互支撑的生态系统，前瞻应对风险挑战，推动以人类可持续发展为中心的智能化，全面提升社会生产力、综合国力和国家竞争力，为加快建设创新型国家和世界科技强国、实现“两个一百年”奋斗目标和中华民族伟大复兴中国梦提供强大支撑。

（二）基本原则

科技引领。把握世界人工智能发展趋势，突出研发部署前瞻性，在重点前沿领域探索布局、长期支持，力争在理论、方法、工具、系统等方面取得变革性、颠覆性突破，全面增强人工智能原始创新能力，加速构筑先发优势，实现高端引领发展。

系统布局。根据基础研究、技术研发、产业发展和行业应用的不同特点，制定有针对性的系统发展策略。充分发挥社会主义制度集中力量办大事的优势，推进项目、基地、人才统筹布局，已部署的重大项目与新任务有机衔接，当前急需与长远发展梯次接续，创新能力建设、体制机制改革和政策环境营造协同发力。

市场主导。遵循市场规律，坚持应用导向，突出企业在技术路线选择和行业产品标准制定中的主体作用，加快人工智能科技成果商业化应用，形成竞争优势。把握好政府和市场分工，更好发挥政府在规划引导、政策支持、安全防范、市场监管、环境营造、伦理法规制定等方面的重要作用。

开源开放。倡导开源共享理念，促进产学研用各创新主体共创共享。遵循经济建设和国防建设协调发展规律，促进军民科技成果双向转化应用、军民创新资源共建共享，形成全要素、多领域、高效益的军民深度融合发展新格局。积极参与人工智能全球研发和治理，在全球范围内优化配置创新资源。

（三）战略目标

分三步走：

第一步，到2020年人工智能总体技术和应用与世界先进水平同步，人工智能产业成为新的重要经济增长点，人工智能技术应用成为改善民生的新途径，有力支撑进入创新型国家行列和实现全面建成小康社会的奋斗目标。

——新一代人工智能理论和技术取得重要进展。大数据智能、跨媒体智能、群体智能、混合增强智能、自主智能系统等基础理论和核心技术实现重要进展，人工智能模型方法、核心器件、高端设备和基础软件等方面取得标志性成果。

——人工智能产业竞争力进入国际第一方阵。初步建成人工智能技术标准、服务体系和产业生态链，培育若干全球领先的人工智能骨干企业，人工智能核心产业规模超过1500亿元，带动相关产业规模超过1万亿元。

——人工智能发展环境进一步优化，在重点领域全面展开创新应用，聚集起一批高水平的人才队伍和创新团队，部分领域的人工智能伦理规范和政策法规初步建立。

第二步，到2025年人工智能基础理论实现重大突破，部分技术与应用达到世界领先水平，人工智能成为带动我国产业升级和经济转型的主要动力，智能社会建设取得积极进展。

——新一代人工智能理论与技术体系初步建立，具有自主学习能力的人工智能取得突破，在多领域取得引领性研究成果。

——人工智能产业进入全球价值链高端。新一代人工智能在智能制造、智能医疗、智慧城市、智能农业、国防建设等领域得到广泛应用，人工智能核心产业规模超过 4000 亿元，带动相关产业规模超过 5 万亿元。

——初步建立人工智能法律法规、伦理规范和政策体系，形成人工智能安全评估和管控能力。

第三步，到 2030 年人工智能理论、技术与应用总体达到世界领先水平，成为世界主要人工智能创新中心，智能经济、智能社会取得明显成效，为跻身创新型国家前列和经济强国奠定重要基础。

——形成较为成熟的新一代人工智能理论与技术体系。在类脑智能、自主智能、混合智能和群体智能等领域取得重大突破，在国际人工智能研究领域具有重要影响，占据人工智能科技制高点。

——人工智能产业竞争力达到国际领先水平。人工智能在生产生活、社会治理、国防建设各方面应用的广度深度极大拓展，形成涵盖核心技术、关键系统、支撑平台和智能应用的完备产业链和高端产业群，人工智能核心产业规模超过 1 万亿元，带动相关产业规模超过 10 万亿元。

——形成一批全球领先的人工智能科技创新和人才培养基地，建成更加完善的人工智能法律法规、伦理规范和政策体系。

（四）总体部署

发展人工智能是一项事关全局的复杂系统工程，要按照“构建一个体系、把握双重属性、坚持三位一体、强化四大支撑”进行布局，形成人工智能健康持续发展的战略路径。

构建开放协同的人工智能科技创新体系。针对原创性理论基础薄弱、重大产品和系统缺失等重点难点问题，建立新一代人工智能基础理论和关键共性技术体系，布局建设重大科技创新基地，壮大人工智能高端人才队伍，促进创新主体协同互动，形成人工智能持续创新能力。

把握人工智能技术属性和社会属性高度融合的特征。既要加大人工智能研发和应用力度，最大程度发挥人工智能潜力；又要预判人工智能的挑战，协调产业政策、创新政策与社会政策，实现激励发展与合理规制的协调，最大限度防范风险。

坚持人工智能研发攻关、产品应用和产业培育“三位一体”推进。适应人工智能发展特点和趋势，强化创新链和产业链深度融合、技术供给和市场需求互动演进，以技术突破推动领域应用和产业升级，以应用示范推动技术和系统优化。在当前大规模推动技术应用和产业发展的同时，加强面向中长期的研发布局和攻关，实现滚动发展和持续提升，确保理论上走在前面、技术上占领制高点、应用上安全可控。

全面支撑科技、经济、社会发展和国家安全。以人工智能技术突破带动国家创新能力全面提升，引领建设世界科技强国进程；通过壮大智能产业、培育智能经济，为我国未来十几年乃至几十年经济繁荣创造一个新的增长周期；以建设智能社会促进民生福祉改善，落实以人民为中心的发展思想；以人工智能提升国防实力，保障和维护国家安全。

三、重点任务

立足国家发展全局，准确把握全球人工智能发展态势，找准突破口和主攻方向，全面增强科技创新基础能力，全面拓展重点领域应用深度广度，全面提升经济社会发展和国防应用智能化水平。

（一）构建开放协同的人工智能科技创新体系

围绕增加人工智能创新的源头供给，从前沿基础理论、关键共性技术、基础平台、人才队伍等方面强化部署，促进开源共享，系统提升持续创新能力，确保我国人工智能科技水平跻身世界前列，为世界人工智能发展作出更多贡献。

1. 建立新一代人工智能基础理论体系

聚焦人工智能重大科学前沿问题，兼顾当前需求与长远发展，以突破人工智能应用基础理论瓶颈为重点，超前布局可能引发人工智能范式变革的基础研究，促进学科交叉融合，为人工智能持续发展与深度应用提供强大科学储备。

突破应用基础理论瓶颈。瞄准应用目标明确、有望引领人工智能技术升级的基础理论方向，加强大数据智能、跨媒体感知计算、人机混合智能、群体智能、自主协同与决策等基础理论研究。大数据智能理论重点突破无监督学习、综合深度推理等难点问题，建立数据驱动、以自然语言理解为核心的认知计算模型，形成从大数据到知识、从知识到决策的能力。跨媒体感知计算理论重点突破低成本低能耗智能感知、复杂场景主动感知、自然环境听觉与言语感知、多媒体自主学习等理论方法，实现超人感知和高动态、高维度、多模式分布式大场景感知。混合增强智能理论重点突破人机协同共融的情境理解与决策学习、直觉推理与因果模型、记忆与知识演化等理论，实现学习与思考接近或超过人类智能水平的混合增强智能。群体智能理论重点突破群体智能的组织、涌现、学习的理论与方法，建立可表达、可计算的群智激励算法和模型，形成基于互联网的群体智能理论体系。自主协同控制与优化决策理论重点突破面向自主无人系统的协同感知与交互、自主协同控制与优化决策、知识驱动的人机物三元协同与互操作等理论，形成自主智能无人系统创新性理论体系架构。

布局前沿基础理论研究。针对可能引发人工智能范式变革的方向，前瞻布局高级机器学习、类脑智能计算、量子智能计算等跨领域基础理论研究。高级机器学习理论重点突破自适应学习、自主学习等理论方法，实现具备高可解释性、强泛化能力的人工智能。类脑智能计算理论重点突破类脑的信息编码、处理、记忆、学习与推理理论，形成类脑复杂系统及类脑控制等理论与方法，建立大规模类脑智能计算的新模型和脑启发的认知计算模型。量子智能计算理论重点突破量子加速的机器学习方法，建立高性能计算与量子算法混合模型，形成高效精确自主的量子人工智能系统架构。

开展跨学科探索性研究。推动人工智能与神经科学、认知科学、量子科学、心理学、数学、经济学、社会学等相关基础学科的交叉融合，加强引领人工智能算法、模型发展的数学基础理论研究，重视人工智能法律伦理的基础理论问题研究，支持原创性强、非共识的探索性研究，鼓励科学家自由探索，勇于攻克人工智能前沿科学难题，提出更多原创理论，作出更多原创发现。

专栏 1　基础理论
1. 大数据智能理论。研究数据驱动与知识引导相结合的人工智能新方法、以自然语言理解和图像图形为核心的认知计算理论和方法、综合深度推理与创意人工智能理论与方法、非完全信息下智能决策基础理论与框架、数据驱动的通用人工智能数学模型与理论等。 2. 跨媒体感知计算理论。研究超越人类视觉能力的感知获取、面向真实世界的主动视觉感知及计算、自然声学场景的听知觉感知及计算、自然交互环境的言语感知及计算、面向异步序列的类人感知及计算、面向媒体智能感知的自主学习、城市全维度智能感知推理引擎。 3. 混合增强智能理论。研究“人在回路”的混合增强智能、人机智能共生的行为增强与脑机协同、机器直觉推理与因果模型、联想记忆模型与知识演化方法、复杂数据和任务的混合增强智能学习方法、云机器人协同计算方法、真实世界环境下的情境理解及人机群组协同。 4. 群体智能理论。研究群体智能结构理论与组织方法、群体智能激励机制与涌现机理、群体智能学习理论与方法、群体智能通用计算范式与模型。 5. 自主协同控制与优化决策理论。研究面向自主无人系统的协同感知与交互，面向自主无人系统的协同控制与优化决策，知识驱动的人机物三元协同与互操作等理论。 6. 高级机器学习理论。研究统计学习基础理论、不确定性推理与决策、分布式学习与交互、隐私保护学习、小样本学习、深度强化学习、无监督学习、半监督学习、主动学习等学习理论和高效模型。 7. 类脑智能计算理论。研究类脑感知、类脑学习、类脑记忆机制与计算融合、类脑复杂系统、类脑控制等理论与方法。 8. 量子智能计算理论。探索脑认知的量子模式与内在机制，研究高效的量子智能模型和算法、高性能高比特的量子人工智能处理器、可与外界环境交互信息的实时量子人工智能系统等。

2. 建立新一代人工智能关键共性技术体系

围绕提升我国人工智能国际竞争力的迫切需求，新一代人工智能关键共性技术的研发部署要以算法为核心，以数据和硬件为基础，以提升感知识别、知识计算、认知推理、运动执行、人机交互能力为重点，形成开放兼容、稳定成熟的技术体系。

知识计算引擎与知识服务技术。重点突破知识加工、深度搜索和可视交互核心技术，实现对知识持续增量的自动获取，具备概念识别、实体发现、属性预测、知识演化建模和关系挖掘能力，形成涵盖数十亿实体规模的多源、多学科和多数据类型的跨媒体知识图谱。

跨媒体分析推理技术。重点突破跨媒体统一表征、关联理解与知识挖掘、知识图谱构建与学习、知识演化与推理、智能描述与生成等技术，实现跨媒体知识表征、分析、挖掘、推理、演化和利用，构建分析推理引擎。

群体智能关键技术。重点突破基于互联网的大众化协同、大规模协作的知识资源管理与开放式共享等技术，建立群智知识表示框架，实现基于群智感知的知识获取和开放动态环境下的群智融合与增强，支撑覆盖全国的千万级规模群体感知、协同与演化。

混合增强智能新架构与新技术。重点突破人机协同的感知与执行一体化模型、智能计算前移的新型传感器件、通用混合计算架构等核心技术，构建自主适应环境的混合增强智能系统、人机群组混合增强智能系统及支撑环境。

自主无人系统的智能技术。重点突破自主无人系统计算架构、复杂动态场景感知与理解、实时精准定位、面向复杂环境的适应性智能导航等共性技术，无人机自主控制以及汽车、船舶和轨道交通自动驾驶等智能技术，服务机器人、特种机器人等核心技术，支撑无人系统应用和产业发展。

虚拟现实智能建模技术。重点突破虚拟对象智能行为建模技术，提升虚拟现实中智能对象行为的社会性、多样性和交互逼真性，实现虚拟现实、增强现实等技术与人工智能的有机结合和高效互动。

智能计算芯片与系统。重点突破高能效、可重构类脑计算芯片和具有计算成像功能的类脑视觉传感器技术，研发具有自主学习能力的高效能类脑神经网络架构和硬件系统，实现具有多媒体感知信息理解和智能增长、常识推理能力的类脑智能系统。

自然语言处理技术。重点突破自然语言的语法逻辑、字符概念表征和深度语义分析的核心技术，推进人类与机器的有效沟通和自由交互，实现多风格多语言多领域的自然语言智能理解和自动生成。

<table>
<tr><th>专栏 2　关键共性技术</th></tr>
<tr><td>1. 知识计算引擎与知识服务技术。研究知识计算和可视交互引擎，研究创新设计、数字创意和以可视媒体为核心的商业智能等知识服务技术，开展大规模生物数据的知识发现。
2. 跨媒体分析推理技术。研究跨媒体统一表征、关联理解与知识挖掘、知识图谱构建与学习、知识演化与推理、智能描述与生成等技术，开发跨媒体分析推理引擎与验证系统。
3. 群体智能关键技术。开展群体智能的主动感知与发现、知识获取与生成、协同与共享、评估与演化、人机整合与增强、自我维持与安全交互等关键技术研究，构建群智空间的服务体系结构，研究移动群体智能的协同决策与控制技术。
4. 混合增强智能新架构和新技术。研究混合增强智能核心技术、认知计算框架，新型混合计算架构，人机共驾、在线智能学习技术，平行管理与控制的混合增强智能框架。
5. 自主无人系统的智能技术。研究无人机自主控制和汽车、船舶、轨道交通自动驾驶等智能技术，服务机器人、空间机器人、海洋机器人、极地机器人技术，无人车间 / 智能工厂智能技术，高端智能控制技术和自主无人操作系统。研究复杂环境下基于计算机视觉的定位、导航、识别等机器人及机械手臂自主控制技术。
6. 虚拟现实智能建模技术。研究虚拟对象智能行为的数学表达与建模方法，虚拟对象与虚拟环境和用户之间进行自然、持续、深入交互等问题，智能对象建模的技术与方法体系。
7. 智能计算芯片与系统。研发神经网络处理器以及高能效、可重构类脑计算芯片等，新型感知芯片与系统、智能计算体系结构与系统，人工智能操作系统。研究适合人工智能的混合计算架构等。
8. 自然语言处理技术。研究短文本的计算与分析技术，跨语言文本挖掘技术和面向机器认知智能的语义理解技术，多媒体信息理解的人机对话系统。</td></tr>
</table>

3. 统筹布局人工智能创新平台

建设布局人工智能创新平台，强化对人工智能研发应用的基础支撑。人工智能开源软硬件基础平台重点建设支持知识推理、概率统计、深度学习等人工智能范式的统一计算框架平台，形成促进人工智能软件、硬件和智能云之间相互协同的生态链。群体智能服务平台重点建设基于互联网大规模协作的知识资源管理与开放式共享工具，形成面向产学研用创新环节的群智众创平台和服务环境。混合增强智能支撑平台重点建设支持大规模训练的异构实时计算引擎和新型计算集群，为复杂智能计算提供服务化、系统化平台和解决方案。自主无人系统支撑平台重点建设面向自主无人系统复杂环境下环境感知、自主协同控制、智能决策等人工智能共性核心技术的支撑系统，形成开放式、模块化、可重构的自主无人系统开发与试验环境。人工智能基础数据与安全检测平台重点建设面向人工智能的公共数据资源库、标准测试数据集、云服务平台等，形成人工智能算法与平台安全性测试评估的方法、技术、规范和工具集。促进各类通用软件和技术平台的开源开放。各类平台要按照军民深度融合的要求和相关规定，推进军民共享共用。

专栏 3　基础支撑平台
1. 人工智能开源软硬件基础平台。建立大数据人工智能开源软件基础平台、终端与云端协同的人工智能云服务平台、新型多元智能传感器件与集成平台、基于人工智能硬件的新产品设计平台、未来网络中的大数据智能化服务平台等。 2. 群体智能服务平台。建立群智众创计算支撑平台、科技众创服务系统、群智软件开发与验证自动化系统、群智软件学习与创新系统、开放环境的群智决策系统、群智共享经济服务系统。 3. 混合增强智能支撑平台。建立人工智能超级计算中心、大规模超级智能计算支撑环境、在线智能教育平台、"人在回路"驾驶脑、产业发展复杂性分析与风险评估的智能平台、支撑核电安全运营的智能保障平台、人机共驾技术研发与测试平台等。 4. 自主无人系统支撑平台。建立自主无人系统共性核心技术支撑平台，无人机自主控制以及汽车、船舶和轨道交通自动驾驶支撑平台，服务机器人、空间机器人、海洋机器人、极地机器人支撑平台，智能工厂与智能控制装备技术支撑平台等。 5. 人工智能基础数据与安全检测平台。建设面向人工智能的公共数据资源库、标准测试数据集、云服务平台，建立人工智能算法与平台安全性测试模型及评估模型，研发人工智能算法与平台安全性测评工具集。

4. 加快培养聚集人工智能高端人才

把高端人才队伍建设作为人工智能发展的重中之重，坚持培养和引进相结合，完善人工智能教育体系，加强人才储备和梯队建设，特别是加快引进全球顶尖人才和青年人才，形成我国人工智能人才高地。

培育高水平人工智能创新人才和团队。支持和培养具有发展潜力的人工智能领军人才，加强人工智能基础研究、应用研究、运行维护等方面专业技术人才培养。重视复合型人才培养，重点培养贯通人工智能理论、方法、技术、产品与应用等的纵向复合型人才，以及掌握"人工智能 +"经济、社会、管理、标准、法律等的横向复合型人才。通过重大研发任务和基地平台建设，汇聚人工智能高端人才，在若干人工智能重点领域形成一批高水平创新团队。鼓励和引导国内创新人才、团队加强与全球顶尖人工智能研究机构合作互动。

加大高端人工智能人才引进力度。开辟专门渠道，实行特殊政策，实现人工智能高端人才精准引进。重点引进神经认知、机器学习、自动驾驶、智能机器人等国际顶尖科学家和高水平创新团队。鼓励采取项目合作、技术咨询等方式柔性引进人工智能人才。统筹利用“千人计划”等现有人才计划，加强人工智能领域优秀人才特别是优秀青年人才引进工作。完善企业人力资本成本核算相关政策，激励企业、科研机构引进人工智能人才。

建设人工智能学科。完善人工智能领域学科布局，设立人工智能专业，推动人工智能领域一级学科建设，尽快在试点院校建立人工智能学院，增加人工智能相关学科方向的博士、硕士招生名额。鼓励高校在原有基础上拓宽人工智能专业教育内容，形成“人工智能 +X”复合专业培养新模式，重视人工智能与数学、计算机科学、物理学、生物学、心理学、社会学、法学等学科专业教育的交叉融合。加强产学研合作，鼓励高校、科研院所与企业等机构合作开展人工智能学科建设。

（二）培育高端高效的智能经济

加快培育具有重大引领带动作用的人工智能产业，促进人工智能与各产业领域深度融合，形成数据驱动、人机协同、跨界融合、共创分享的智能经济形态。数据和知识成为经济增长的第一要素，人机协同成为主流生产和服务方式，跨界融合成为重要经济模式，共创分享成为经济生态基本特征，个性化需求与定制成为消费新潮流，生产率大幅提升，引领产业向价值链高端迈进，有力支撑实体经济发展，全面提升经济发展质量和效益。

1. 大力发展人工智能新兴产业

加快人工智能关键技术转化应用，促进技术集成与商业模式创新，推动重点领域智能产品创新，积极培育人工智能新兴业态，布局产业链高端，打造具有国际竞争力的人工智能产业集群。

智能软硬件。开发面向人工智能的操作系统、数据库、中间件、开发工具等关键基础软件，突破图形处理器等核心硬件，研究图像识别、语音识别、机器翻译、智能交互、知识处理、控制决策等智能系统解决方案，培育壮大面向人工智能应用的基础软硬件产业。

智能机器人。攻克智能机器人核心零部件、专用传感器，完善智能机器人硬件接口标准、软件接口协议标准以及安全使用标准。研制智能工业机器人、智能服务机器人，实现大规模应用并进入国际市场。研制和推广空间机器人、海洋机器人、极地机器人等特种智能机器人。建立智能机器人标准体系和安全规则。

智能运载工具。发展自动驾驶汽车和轨道交通系统，加强车载感知、自动驾驶、车联网、物联网等技术集成和配套，开发交通智能感知系统，形成我国自主的自动驾驶平台技术体系和产品总成能力，探索自动驾驶汽车共享模式。发展消费类和商用类无人机、无人船，建立试验鉴定、测试、竞技等专业化服务体系，完善空域、水域管理措施。

虚拟现实与增强现实。突破高性能软件建模、内容拍摄生成、增强现实与人机交互、集成环境与工具等关键技术，研制虚拟显示器件、光学器件、高性能真三维显示器、开发引擎等产品，建立虚拟现实与增强现实的技术、产品、服务标准和评价体系，推动重点行业融合应用。

智能终端。加快智能终端核心技术和产品研发，发展新一代智能手机、车载智能终端等移动智能终端产品和设备，鼓励开发智能手表、智能耳机、智能眼镜等可穿戴终端产品，拓展产品形态和应用服务。

物联网基础器件。发展支撑新一代物联网的高灵敏度、高可靠性智能传感器件和芯片，攻克射频识别、近距离机器通信等物联网核心技术和低功耗处理器等关键器件。

2. 加快推进产业智能化升级

推动人工智能与各行业融合创新，在制造、农业、物流、金融、商务、家居等重点行业和领域开展人工智能应用试点示范，推动人工智能规模化应用，全面提升产业发展智能化水平。

智能制造。围绕制造强国重大需求，推进智能制造关键技术装备、核心支撑软件、工业互联网等系统集成应用，研发智能产品及智能互联产品、智能制造使能工具与系统、智能制造云服务平台，推广流程智能制造、离散智能制造、网络化协同制造、远程诊断与运维服务等新型制造模式，建立智能制造标准体系，推进制造全生命周期活动智能化。

智能农业。研制农业智能传感与控制系统、智能化农业装备、农机田间作业自主系统等。建立完善天空地一体化的智能农业信息遥感监测网络。建立典型农业大数据智能决策分析系统，开展智能农场、智能化植物工厂、智能牧场、智能渔场、智能果园、农产品加工智能车间、农产品绿色智能供应链等集成应用示范。

智能物流。加强智能化装卸搬运、分拣包装、加工配送等智能物流装备研发和推广应用，建设深度感知智能仓储系统，提升仓储运营管理水平和效率。完善智能物流公共信息平台和指挥系统、产品质量认证及追溯系统、智能配货调度体系等。

智能金融。建立金融大数据系统，提升金融多媒体数据处理与理解能力。创新智能金融产品和服务，发展金融新业态。鼓励金融行业应用智能客服、智能监控等技术和装备。建立金融风险智能预警与防控系统。

智能商务。鼓励跨媒体分析与推理、知识计算引擎与知识服务等新技术在商务领域应用，推广基于人工智能的新型商务服务与决策系统。建设涵盖地理位置、网络媒体和城市基础数据等跨媒体大数据平台，支撑企业开展智能商务。鼓励围绕个人需求、企业管理提供定制化商务智能决策服务。

智能家居。加强人工智能技术与家居建筑系统的融合应用，提升建筑设备及家居产品的智能化水平。研发适应不同应用场景的家庭互联互通协议、接口标准，提升家电、耐用品等家居产品感知和联通能力。支持智能家居企业创新服务模式，提供互联共享解决方案。

3. 大力发展智能企业

大规模推动企业智能化升级。支持和引导企业在设计、生产、管理、物流和营销等核心业务环节应用人工智能新技术，构建新型企业组织结构和运营方式，形成制造与服务、金融智能化融合的业态模式，发展个性化定制，扩大智能产品供给。鼓励大型互联网企业建设云制造平台和服务平台，面向制造企业在线提供关键工业软件和模型库，开展制造能力外包服务，推动中小企业智能化发展。

推广应用智能工厂。加强智能工厂关键技术和体系方法的应用示范，重点推广生产线重构与动态智能调度、生产装备智能物联与云化数据采集、多维人机物协同与互操作等技术，鼓励和引导企业建设工厂大数据系统、网络化分布式生产设施等，实现生产设备网络化、生产数据可视化、生产过程透明化、生产现场无人化，提升工厂运营管理智能化水平。

加快培育人工智能产业领军企业。在无人机、语音识别、图像识别等优势领域加快打造人工智能全球领军企业和品牌。在智能机器人、智能汽车、可穿戴设备、虚拟现实等新兴领域加快培育一批龙头企业。支持人工智能企业加强专利布局，牵头或参与国际标准制定。推动国内优势企业、行业组织、科研机构、高校等联合组建中国人工智能产业技术创新联盟。支持龙头骨干企业构建开源硬件工厂、开源软件平台，形成集聚各类资源的创新生态，促进人工智能中小微企业发展和各领域应用。支持各类机构和平台面向人工智能企业提供专业化服务。

4. 打造人工智能创新高地

结合各地区基础和优势，按人工智能应用领域分门别类进行相关产业布局。鼓励地方围绕人工智能产业链和创新链，集聚高端要素、高端企业、高端人才，打造人工智能产业集群和创新高地。

开展人工智能创新应用试点示范。在人工智能基础较好、发展潜力较大的地区，组织开展国家人工智能创新试验，探索体制机制、政策法规、人才培育等方面的重大改革，推动人工智能成果转化、重大产品集成创新和示范应用，形成可复制、可推广的经验，引领带动智能经济和智能社会发展。

建设国家人工智能产业园。依托国家自主创新示范区和国家高新技术产业开发区等创新载体，加强科技、人才、金融、政策等要素的优化配置和组合，加快培育建设人工智能产业创新集群。

建设国家人工智能众创基地。依托从事人工智能研究的高校、科研院所集中地区，搭建人工智能领域专业化创新平台等新型创业服务机构，建设一批低成本、便利化、全要素、开放式的人工智能众创空间，完善孵化服务体系，推进人工智能科技成果转移转化，支持人工智能创新创业。

（三）建设安全便捷的智能社会

围绕提高人民生活水平和质量的目标，加快人工智能深度应用，形成无时不有、无处不在的智能化环境，全社会的智能化水平大幅提升。越来越多的简单性、重复性、危险性任务由人工智能完成，个体创造力得到极大发挥，形成更多高质量和高舒适度的就业岗位；精准化智能服务更加丰富多样，人们能够最大限度享受高质量服务和便捷生活；社会治理智能化水平大幅提升，社会运行更加安全高效。

1. 发展便捷高效的智能服务

围绕教育、医疗、养老等迫切民生需求，加快人工智能创新应用，为公众提供个性化、多元化、高品质服务。

智能教育。利用智能技术加快推动人才培养模式、教学方法改革，构建包含智能学习、交互式学习的新型教育体系。开展智能校园建设，推动人工智能在教学、管理、资源建设等全流程应用。开发立体综合教学场、基于大数据智能的在线学习教育平台。开发智能教育助理，建立智能、快速、全面的教育分析系统。建立以学习者为中心的教育环境，提供精准推送的教育服务，实现日常教育和终身教育定制化。

智能医疗。推广应用人工智能治疗新模式新手段，建立快速精准的智能医疗体系。探索智慧医院建设，开发人机协同的手术机器人、智能诊疗助手，研发柔性可穿戴、生物兼容的生理监测系统，研发人机协同临床智能诊疗方案，实现智能影像识别、病理分型和智能多学科会诊。基于人工智能开展大规模基因组识别、蛋白组学、代谢组学等研究和新药研发，推进医药监管智能化。加强流行病智能监测和防控。

智能健康和养老。加强群体智能健康管理，突破健康大数据分析、物联网等关键技术，研发健康管理可穿戴设备和家庭智能健康检测监测设备，推动健康管理实现从点状监测向连续监测、从短流程管理向长流程管理转变。建设智能养老社区和机构，构建安全便捷的智能化养老基础设施体系。加强老年人产品智能化和智能产品适老化，开发视听辅助设备、物理辅助设备等智能家居养老设备，拓展老年人活动空间。开发面向老年人的移动社交和服务平台、情感陪护助手，提升老年人生活质量。

2. 推进社会治理智能化

围绕行政管理、司法管理、城市管理、环境保护等社会治理的热点难点问题，促进人工智能技术应用，推动社会治理现代化。

智能政务。开发适于政府服务与决策的人工智能平台，研制面向开放环境的决策引擎，在复杂社会问题研判、政策评估、风险预警、应急处置等重大战略决策方面推广应用。加强政务信息资源整合和公共需求精准预测，畅通政府与公众的交互渠道。

智慧法庭。建设集审判、人员、数据应用、司法公开和动态监控于一体的智慧法庭数据平台，促进人工智能在证据收集、案例分析、法律文件阅读与分析中的应用，实现法院审判体系和审判能力智能化。

智慧城市。构建城市智能化基础设施，发展智能建筑，推动地下管廊等市政基础设施智能化改造升级；建设城市大数据平台，构建多元异构数据融合的城市运行管理体系，实现对城市基础设施和城市绿地、湿地等重要生态要素的全面感知以及对城市复杂系统运行的深度认知；研发构建社区公共服务信息系统，促进社区服务系统与居民智能家庭系统协同；推进城市规划、建设、管理、运营全生命周期智能化。

智能交通。研究建立营运车辆自动驾驶与车路协同的技术体系。研发复杂场景下的多维交通信息综合大数据应用平台，实现智能化交通疏导和综合运行协调指挥，建成覆盖地面、轨道、低空和海上的智能交通监控、管理和服务系统。

智能环保。建立涵盖大气、水、土壤等环境领域的智能监控大数据平台体系，建成陆海统筹、天地一体、上下协同、信息共享的智能环境监测网络和服务平台。研发资源能源消耗、环境污染物排放智能预测模型方法和预警方案。加强京津冀、长江经济带等国家重大战略区域环境保护和突发环境事件智能防控体系建设。

3. 利用人工智能提升公共安全保障能力

促进人工智能在公共安全领域的深度应用，推动构建公共安全智能化监测预警与控制体系。围绕社会综合治理、新型犯罪侦查、反恐等迫切需求，研发集成多种探测传感技术、视频图像信息分析识别技术、生物特征识别技术的智能安防与警用产品，建立智能化监测平台。加强对重点公共区域安防设备的智能化改造升级，支持有条件的社区或城市开展基于人工智能的公共安防区域示范。强化人工智能对食品安全的保障，围绕食品分类、预警等级、食品安全隐患及评估等，建立智能化食品安全预警系统。加强人工智能对自然灾害的有效监测，围绕地震灾害、地质灾害、气象灾害、水旱灾害和海洋灾害等重大自然灾害，构建智能化监测预警与综合应对平台。

4. 促进社会交往共享互信

充分发挥人工智能技术在增强社会互动、促进可信交流中的作用。加强下一代社交网络研发，加快增强现实、虚拟现实等技术推广应用，促进虚拟环境和实体环境协同融合，满足个人感知、分析、判断与决策等实时信息需求，实现在工作、学习、生活、娱乐等不同场景下的流畅切换。针对改善人际沟通障碍的需求，开发具有情感交互功能、能准确理解人的需求的智能助理产品，实现情感交流和需求满足的良性循环。促进区块链技术与人工智能的融合，建立新型社会信用体系，最大限度降低人际交往成本和风险。

（四）加强人工智能领域军民融合

深入贯彻落实军民融合发展战略，推动形成全要素、多领域、高效益的人工智能军民融合格局。以军民共享共用为导向部署新一代人工智能基础理论和关键共性技术研发，建立科研院所、高校、企业和军工单位的常态化沟通协调机制。促进人工智能技术军民双向转化，强化新一代人工智能技术对指挥决策、军事推演、国防装备等的有力支撑，引导国防领域人工智能科技成果向民用领域转化应用。鼓励优势民口科研力量参与国防领域人工智能重大科技创新任务，推动各类人工智能技术快速嵌入国防创新领域。加强军民人工智能技术通用标准体系建设，推进科技创新平台基地的统筹布局和开放共享。

（五）构建泛在安全高效的智能化基础设施体系

大力推动智能化信息基础设施建设，提升传统基础设施的智能化水平，形成适应智能经济、智能社会和国防建设需要的基础设施体系。加快推动以信息传输为核心的数字化、网络化信息基础设施，向集融合感知、传输、存储、计算、处理于一体的智能化信息基础设施转变。优化升级网络基础设施，研发布局第五代移动通信（5G）系统，完善物联网基础设施，加快天地一体化信息网络建设，提高低时延、高通量的传输能力。统筹利用大数据基础设施，强化数据安全与隐私保护，为人工智能研发和广泛应用提供海量数据支撑。建设高效能计算基础设施，提升超级计算中心对人工智能应用的服务支撑能力。建设分布式高效能源互联网，形成支撑多能源协调互补、及时有效接入的新型能源网络，推广智能储能设施、智能用电设施，实现能源供需信息的实时匹配和智能化响应。

> **专栏 4　智能化基础设施**
>
> 1. 网络基础设施。加快布局实时协同人工智能的 5G 增强技术研发及应用，建设面向空间协同人工智能的高精度导航定位网络，加强智能感知物联网核心技术攻关和关键设施建设，发展支撑智能化的工业互联网、面向无人驾驶的车联网等，研究智能化网络安全架构。加快建设天地一体化信息网络，推进天基信息网、未来互联网、移动通信网的全面融合。
> 2. 大数据基础设施。依托国家数据共享交换平台、数据开放平台等公共基础设施，建设政府治理、公共服务、产业发展、技术研发等领域大数据基础信息数据库，支撑开展国家治理大数据应用。整合社会各类数据平台和数据中心资源，形成覆盖全国、布局合理、链接畅通的一体化服务能力。
> 3. 高效能计算基础设施。继续加强超级计算基础设施、分布式计算基础设施和云计算中心建设，构建可持续发展的高性能计算应用生态环境。推进下一代超级计算机研发应用。

（六）前瞻布局新一代人工智能重大科技项目

针对我国人工智能发展的迫切需求和薄弱环节，设立新一代人工智能重大科技项目。加强整体统筹，明确任务边界和研发重点，形成以新一代人工智能重大科技项目为核心、现有研发布局为支撑的“1+N”人工智能项目群。

“1”是指新一代人工智能重大科技项目，聚焦基础理论和关键共性技术的前瞻布局，包括研究大数据智能、跨媒体感知计算、混合增强智能、群体智能、自主协同控制与决策等理论，研究知识计算引擎与知识服务技术、跨媒体分析推理技术、群体智能关键技术、混合增强智能新架构与新技术、自主无人控制技术等，开源共享人工智能基础理论和共性技术。持续开展人工智能发展的预测和研判，加强人工智能对经济社会综合影响及对策研究。

“N”是指国家相关规划计划中部署的人工智能研发项目，重点是加强与新一代人工智能重大科技项目的衔接，协同推进人工智能的理论研究、技术突破和产品研发应用。加强与国家科技重大专项的衔接，在“核高基”（核心电子器件、高端通用芯片、基础软件）、集成电路装备等国家科技重大专项中支持人工智能软硬件发展。加强与其他“科技创新2030—重大项目”的相互支撑，加快脑科学与类脑计算、量子信息与量子计算、智能制造与机器人、大数据等研究，为人工智能重大技术突破提供支撑。国家重点研发计划继续推进高性能计算等重点专项实施，加大对人工智能相关技术研发和应用的支持；国家自然科学基金加强对人工智能前沿领域交叉学科研究和自由探索的支持。在深海空间站、健康保障等重大项目，以及智慧城市、智能农机装备等国家重点研发计划重点专项部署中，加强人工智能技术的应用示范。其他各类科技计划支持的人工智能相关基础理论和共性技术研究成果应开放共享。

创新新一代人工智能重大科技项目组织实施模式，坚持集中力量办大事、重点突破的原则，充分发挥市场机制作用，调动部门、地方、企业和社会各方面力量共同推进实施。明确管理责任，定期开展评估，加强动态调整，提高管理效率。

四、资源配置

充分利用已有资金、基地等存量资源，统筹配置国际国内创新资源，发挥好财政投入、政策激励的引导作用和市场配置资源的主导作用，撬动企业、社会加大投入，形成财政资金、金融资本、社会资本多方支持的新格局。

（一）建立财政引导、市场主导的资金支持机制

统筹政府和市场多渠道资金投入，加大财政资金支持力度，盘活现有资源，对人工智能基础前沿研究、关键共性技术攻关、成果转移转化、基地平台建设、创新应用示范等提供支持。利用现有政府投资基金支持符合条件的人工智能项目，鼓励龙头骨干企业、产业创新联盟牵头成立市场化的人工智能发展基金。利用天使投资、风险投资、创业投资基金及资本市场融资等多种渠道，引导社会资本支持人工智能发展。积极运用政府和社会资本合作等模式，引导社会资本参与人工

智能重大项目实施和科技成果转化应用。

（二）优化布局建设人工智能创新基地

按照国家级科技创新基地布局和框架，统筹推进人工智能领域建设若干国际领先的创新基地。引导现有与人工智能相关的国家重点实验室、企业国家重点实验室、国家工程实验室等基地，聚焦新一代人工智能的前沿方向开展研究。按规定程序，以企业为主体、产学研合作组建人工智能领域的相关技术和产业创新基地，发挥龙头骨干企业技术创新示范带动作用。发展人工智能领域的专业化众创空间，促进最新技术成果和资源、服务的精准对接。充分发挥各类创新基地聚集人才、资金等创新资源的作用，突破人工智能基础前沿理论和关键共性技术，开展应用示范。

（三）统筹国际国内创新资源

支持国内人工智能企业与国际人工智能领先高校、科研院所、团队合作。鼓励国内人工智能企业“走出去”，为有实力的人工智能企业开展海外并购、股权投资、创业投资和建立海外研发中心等提供便利和服务。鼓励国外人工智能企业、科研机构在华设立研发中心。依托“一带一路”战略，推动建设人工智能国际科技合作基地、联合研究中心等，加快人工智能技术在“一带一路”沿线国家推广应用。推动成立人工智能国际组织，共同制定相关国际标准。支持相关行业协会、联盟及服务机构搭建面向人工智能企业的全球化服务平台。

五、保障措施

围绕推动我国人工智能健康快速发展的现实要求，妥善应对人工智能可能带来的挑战，形成适应人工智能发展的制度安排，构建开放包容的国际化环境，夯实人工智能发展的社会基础。

（一）制定促进人工智能发展的法律法规和伦理规范

加强人工智能相关法律、伦理和社会问题研究，建立保障人工智能健康发展的法律法规和伦理道德框架。开展与人工智能应用相关的民事与刑事责任确认、隐私和产权保护、信息安全利用等法律问题研究，建立追溯和问责制度，明确人工智能法律主体以及相关权利、义务和责任等。重点围绕自动驾驶、服务机器人等应用基础较好的细分领域，加快研究制定相关安全管理法规，为新技术的快速应用奠定法律基础。开展人工智能行为科学和伦理等问题研究，建立伦理道德多层次判断结构及人机协作的伦理框架。制定人工智能产品研发设计人员的道德规范和行为守则，加强对人工智能潜在危害与收益的评估，构建人工智能复杂场景下突发事件的解决方案。积极参与人工智能全球治理，加强机器人异化和安全监管等人工智能重大国际共性问题研究，深化在人工智能法律法规、国际规则等方面的国际合作，共同应对全球性挑战。

（二）完善支持人工智能发展的重点政策

落实对人工智能中小企业和初创企业的财税优惠政策，通过高新技术企业税收优惠和研发费用加计扣除等政策支持人工智能企业发展。完善落实数据开放与保护相关政策，开展公共数据开放利用改革试点，支持公众和企业充分挖掘公共数据的商业价值，促进人工智能应用创新。研究完善适应人工智能的教育、医疗、保险、社会救助等政策体系，有效应对人工智能带来的社会问题。

（三）建立人工智能技术标准和知识产权体系

加强人工智能标准框架体系研究。坚持安全性、可用性、互操作性、可追溯性原则，逐步建立并完善人工智能基础共性、互联互通、行业应用、网络安全、隐私保护等技术标准。加快推动无人驾驶、服务机器人等细分应用领域的行业协会和联盟制定相关标准。鼓励人工智能企业参与或主导制定国际标准，以技术标准“走出去”带动人工智能产品和服务在海外推广应用。加强人工智能领域的知识产权保护，健全人工智能领域技术创新、专利保护与标准化互动支撑机制，促进人工智能创新成果的知识产权化。建立人工智能公共专利池，促进人工智能新技术的利用与扩散。

（四）建立人工智能安全监管和评估体系

加强人工智能对国家安全和保密领域影响的研究与评估，完善人、技、物、管配套的安全防护体系，构建人工智能安全监测预警机制。加强对人工智能技术发展的预测、研判和跟踪研究，坚持问题导向，准确把握技术和产业发展趋势。增强风险意识，重视风险评估和防控，强化前瞻预防和约束引导，近期重点关注对就业的影响，远期重点考虑对社会伦理的影响，确保把人工智能发展规制在安全可控范围内。建立健全公开透明的人工智能监管体系，实行设计问责和应用监督并重的双层监管结构，实现对人工智能算法设计、产品开发和成果应用等的全流程监管。促进人工智能行业和企业自律，切实加强管理，加大对数据滥用、侵犯个人隐私、违背道德伦理等行为的惩戒力度。加强人工智能网络安全技术研发，强化人工智能产品和系统网络安全防护。构建动态的人工智能研发应用评估评价机制，围绕人工智能设计、产品和系统的复杂性、风险性、不确定性、可解释性、潜在经济影响等问题，开发系统性的测试方法和指标体系，建设跨领域的人工智能测试平台，推动人工智能安全认证，评估人工智能产品和系统的关键性能。

（五）大力加强人工智能劳动力培训

加快研究人工智能带来的就业结构、就业方式转变以及新型职业和工作岗位的技能需求，建立适应智能经济和智能社会需要的终身学习和就业培训体系，支持高等院校、职业学校和社会化培训机构等开展人工智能技能培训，大幅提升就业人员专业技能，满足我国人工智能发展带来的高技能高质量就业岗位需要。鼓励企业和各类机构为员工提供人工智能技能培训。加强职工再就业培训和指导，确保从事简单重复性工作的劳动力和因人工智能失业的人员顺利转岗。

（六）广泛开展人工智能科普活动

支持开展形式多样的人工智能科普活动，鼓励广大科技工作者投身人工智能的科普与推广，全面提高全社会对人工智能的整体认知和应用水平。实施全民智能教育项目，在中小学阶段设置人工智能相关课程，逐步推广编程教育，鼓励社会力量参与寓教于乐的编程教学软件、游戏的开发和推广。建设和完善人工智能科普基础设施，充分发挥各类人工智能创新基地平台等的科普作用，鼓励人工智能企业、科研机构搭建开源平台，面向公众开放人工智能研发平台、生产设施或展馆等。支持开展人工智能竞赛，鼓励进行形式多样的人工智能科普创作。鼓励科学家参与人工智能科普。

六、组织实施

新一代人工智能发展规划是关系全局和长远的前瞻谋划。必须加强组织领导，健全机制，瞄准目标，紧盯任务，以钉钉子的精神切实抓好落实，一张蓝图干到底。

（一）组织领导

按照党中央、国务院统一部署，由国家科技体制改革和创新体系建设领导小组牵头统筹协调，审议重大任务、重大政策、重大问题和重点工作安排，推动人工智能相关法律法规建设，指导、协调和督促有关部门做好规划任务的部署实施。依托国家科技计划（专项、基金等）管理部际联席会议，科技部会同有关部门负责推进新一代人工智能重大科技项目实施，加强与其他计划任务的衔接协调。成立人工智能规划推进办公室，办公室设在科技部，具体负责推进规划实施。成立人工智能战略咨询委员会，研究人工智能前瞻性、战略性重大问题，对人工智能重大决策提供咨询评估。推进人工智能智库建设，支持各类智库开展人工智能重大问题研究，为人工智能发展提供强大智力支持。

（二）保障落实

加强规划任务分解，明确责任单位和进度安排，制定年度和阶段性实施计划。建立年度评估、中期评估等规划实施情况的监测评估机制。适应人工智能快速发展的特点，根据任务进展情况、阶段目标完成情况、技术发展新动向等，加强对规划和项目的动态调整。

（三）试点示范

对人工智能重大任务和重点政策措施，要制定具体方案，开展试点示范。加强对各部门、各地方试点示范的统筹指导，及时总结推广可复制的经验和做法。通过试点先行、示范引领，推进人工智能健康有序发展。

（四）舆论引导

充分利用各种传统媒体和新兴媒体，及时宣传人工智能新进展、新成效，让人工智能健康发展成为全社会共识，调动全社会参与支持人工智能发展的积极性。及时做好舆论引导，更好应对人工智能发展可能带来的社会、伦理和法律等挑战。

3. 工信部《促进新一代人工智能产业发展三年行动计划（2018—2020 年）》（2017.12）（工信部科〔2017〕315 号）

http：//www.miit.gov.cn/n1146295/n1652858/n1652930/n3757016/c5960820/content.html

当前，新一轮科技革命和产业变革正在萌发，大数据的形成、理论算法的革新、计算能力的提升及网络设施的演进驱动人工智能发展进入新阶段，智能化成为技术和产业发展的重要方向。人工智能具有显著的溢出效应，将进一步带动其他技术的进步，推动战略性新兴产业总体突破，正在成为推进供给侧结构性改革的新动能、振兴实体经济的新机遇、建设制造强国和网络强国的新引擎。为落实《新一代人工智能发展规划》，深入实施“中国制造 2025”，抓住历史机遇，突破重点领域，促进人工智能产业发展，提升制造业智能化水平，推动人工智能和实体经济深度融合，制订本行动计划。

一、总体要求

（一）指导思想

全面贯彻落实党的十九大精神，以习近平新时代中国特色社会主义思想为指导，按照“五位一体”总体布局和“四个全面”战略布局，认真落实党中央、国务院决策部署，以信息技术与制造技术深度融合为主线，推动新一代人工智能技术的产业化与集成应用，发展高端智能产品，夯实核心基础，提升智能制造水平，完善公共支撑体系，促进新一代人工智能产业发展，推动制造强国和网络强国建设，助力实体经济转型升级。

（二）基本原则

系统布局。把握人工智能发展趋势，立足国情和各地区的产业现实基础，顶层引导和区域协作相结合，加强体系化部署，做好分阶段实施，构建完善新一代人工智能产业体系。

重点突破。针对产业发展的关键薄弱环节，集中优势力量和创新资源，支持重点领域人工智能产品研发，加快产业化与应用部署，带动产业整体提升。

协同创新。发挥政策引导作用，促进产学研用相结合，支持龙头企业与上下游中小企业加强协作，构建良好的产业生态。

开放有序。加强国际合作，推动人工智能共性技术、资源和服务的开放共享。完善发展环境，提升安全保障能力，实现产业健康有序发展。

（三）行动目标

通过实施四项重点任务，力争到2020年，一系列人工智能标志性产品取得重要突破，在若干重点领域形成国际竞争优势，人工智能和实体经济融合进一步深化，产业发展环境进一步优化。

——人工智能重点产品规模化发展，智能网联汽车技术水平大幅提升，智能服务机器人实现规模化应用，智能无人机等产品具有较强全球竞争力，医疗影像辅助诊断系统等扩大临床应用，视频图像识别、智能语音、智能翻译等产品达到国际先进水平。

——人工智能整体核心基础能力显著增强，智能传感器技术产品实现突破，设计、代工、封测技术达到国际水平，神经网络芯片实现量产并在重点领域实现规模化应用，开源开发平台初步具备支撑产业快速发展的能力。

——智能制造深化发展，复杂环境识别、新型人机交互等人工智能技术在关键技术装备中加快集成应用，智能化生产、大规模个性化定制、预测性维护等新模式的应用水平明显提升。重点工业领域智能化水平显著提高。

——人工智能产业支撑体系基本建立，具备一定规模的高质量标注数据资源库、标准测试数据集建成并开放，人工智能标准体系、测试评估体系及安全保障体系框架初步建立，智能化网络基础设施体系逐步形成，产业发展环境更加完善。

二、培育智能产品

以市场需求为牵引，积极培育人工智能创新产品和服务，促进人工智能技术的产业化，推动智能产品在工业、医疗、交通、农业、金融、物流、教育、文化、旅游等领域的集成应用。发展智能控制产品，加快突破关键技术，研发并应用一批具备复杂环境感知、智能人机交互、灵活精准控制、群体实时协同等特征的智能化设备，满足高可用、高可靠、安全等要求，提升设备处理复杂、突发、极端情况的能力。培育智能理解产品，加快模式识别、智能语义理解、智能分析决策等核心技术研发和产业化，支持设计一批智能化水平和可靠性较高的智能理解产品或模块，优化智能系统与服务的供给结构。推动智能硬件普及，深化人工智能技术在智能家居、健康管理、移动智能终端和车载产品等领域的应用，丰富终端产品的智能化功能，推动信息消费升级。着重在以下领域率先取得突破：

（一）智能网联汽车

支持车辆智能计算平台体系架构、车载智能芯片、自动驾驶操作系统、车辆智能算法等关键技术、产品研发，构建软件、硬件、算法一体化的车辆智能化平台。到 2020 年，建立可靠、安全、实时性强的智能网联汽车智能化平台，形成平台相关标准，支撑高度自动驾驶（HA 级）。

（二）智能服务机器人

支持智能交互、智能操作、多机协作等关键技术研发，提升清洁、老年陪护、康复、助残、儿童教育等家庭服务机器人的智能化水平，推动巡检、导览等公共服务机器人以及消防救援机器人等的创新应用。发展三维成像定位、智能精准安全操控、人机协作接口等关键技术，支持手术机器人操作系统研发，推动手术机器人在临床医疗中的应用。到 2020 年，智能服务机器人环境感知、自然交互、自主学习、人机协作等关键技术取得突破，智能家庭服务机器人、智能公共服务机器人实现批量生产及应用，医疗康复、助老助残、消防救灾等机器人实现样机生产，完成技术与功能验证，实现 20 家以上应用示范。

（三）智能无人机

支持智能避障、自动巡航、面向复杂环境的自主飞行、群体作业等关键技术研发与应用，推动新一代通信及定位导航技术在无人机数据传输、链路控制、监控管理等方面的应用，开展智能飞控系统、高集成度专用芯片等关键部件研制。到 2020 年，智能消费级无人机三轴机械增稳云台精度达到 0.005 度，实现 360 度全向感知避障，实现自动智能强制避让航空管制区域。

（四）医疗影像辅助诊断系统

推动医学影像数据采集标准化与规范化，支持脑、肺、眼、骨、心脑血管、乳腺等典型疾病领域的医学影像辅助诊断技术研发，加快医疗影像辅助诊断系统的产品化及临床辅助应用。到2020年，国内先进的多模态医学影像辅助诊断系统对以上典型疾病的检出率超过95%，假阴性率低于1%，假阳性率低于5%。

（五）视频图像身份识别系统

支持生物特征识别、视频理解、跨媒体融合等技术创新，发展人证合一、视频监控、图像搜索、视频摘要等典型应用，拓展在安防、金融等重点领域的应用。到2020年，复杂动态场景下人脸识别有效检出率超过97%，正确识别率超过90%，支持不同地域人脸特征识别。

（六）智能语音交互系统

支持新一代语音识别框架、口语化语音识别、个性化语音识别、智能对话、音视频融合、语音合成等技术的创新应用，在智能制造、智能家居等重点领域开展推广应用。到2020年，实现多场景下中文语音识别平均准确率达到96%，5米远场识别率超过92%，用户对话意图识别准确率超过90%。

（七）智能翻译系统

推动高精准智能翻译系统应用，围绕多语言互译、同声传译等典型场景，利用机器学习技术提升准确度和实用性。到2020年，多语种智能互译取得明显突破，中译英、英译中场景下产品的翻译准确率超过85%，少数民族语言与汉语的智能互译准确率显著提升。

（八）智能家居产品

支持智能传感、物联网、机器学习等技术在智能家居产品中的应用，提升家电、智能网络设备、水电气仪表等产品的智能水平、实用性和安全性，发展智能安防、智能家具、智能照明、智能洁具等产品，建设一批智能家居测试评价、示范应用项目并推广。到2020年，智能家居产品类别明显丰富，智能电视市场渗透率达到90%以上，安防产品智能化水平显著提升。

三、突破核心基础

加快研发并应用高精度、低成本的智能传感器，突破面向云端训练、终端应用的神经网络芯片及配套工具，支持人工智能开发框架、算法库、工具集等的研发，支持开源开放平台建设，积极布局面向人工智能应用设计的智能软件，夯实人工智能产业发展的软硬件基础。着重在以下领域率先取得突破：

（一）智能传感器

支持微型化及可靠性设计、精密制造、集成开发工具、嵌入式算法等关键技术研发，支持基于新需求、新材料、新工艺、新原理设计的智能传感器研发及应用。发展市场前景广阔的新型生物、气体、压力、流量、惯性、距离、图像、声学等智能传感器，推动压电材料、磁性材料、红外辐射材料、金属氧化物等材料技术革新，支持基于微机电系统（MEMS）和互补金属氧化物半导体（CMOS）集成等工艺的新型智能传感器研发，发展面向新应用场景的基于磁感、超声波、非可见光、生物化学等新原理的智能传感器，推动智能传感器实现高精度、高可靠、低功耗、低成本。到 2020 年，压电传感器、磁传感器、红外传感器、气体传感器等的性能显著提高，信噪比达到 70 dB、声学过载点达到 135 dB 的声学传感器实现量产，绝对精度 100 Pa 以内、噪音水平 0.6 Pa 以内的压力传感器实现商用，弱磁场分辨率达到 1 pT 的磁传感器实现量产。在模拟仿真、设计、MEMS 工艺、封装及个性化测试技术方面达到国际先进水平，具备在移动式可穿戴、互联网、汽车电子等重点领域的系统方案设计能力。

（二）神经网络芯片

面向机器学习训练应用，发展高性能、高扩展性、低功耗的云端神经网络芯片，面向终端应用发展适用于机器学习计算的低功耗、高性能的终端神经网络芯片，发展与神经网络芯片配套的编译器、驱动软件、开发环境等产业化支撑工具。到 2020 年，神经网络芯片技术取得突破进展，推出性能达到 128 TFLOPS（16 位浮点）、能效比超过 1TFLOPS/w 的云端神经网络芯片，推出能效比超过 1 TFLOPS/w（以 16 位浮点为基准）的终端神经网络芯片，支持卷积神经网络（CNN）、递归神经网络（RNN）、长短期记忆网络（LSTM）等一种或几种主流神经网络算法；在智能终端、自动驾驶、智能安防、智能家居等重点领域实现神经网络芯片的规模化商用。

（三）开源开放平台

针对机器学习、模式识别、智能语义理解等共性技术和自动驾驶等重点行业应用，支持面向云端训练和终端执行的开发框架、算法库、工具集等的研发，支持开源开发平台、开放技术网络和开源社区建设，鼓励建设满足复杂训练需求的开放计算服务平台，鼓励骨干龙头企业构建基于开源开放技术的软件、硬件、数据、应用协同的新型产业生态。到 2020 年，面向云端训练的开源开发平台支持大规模分布式集群、多种硬件平台、多种算法，面向终端执行的开源开发平台具备轻量化、模块化和可靠性等特征。

四、深化发展智能制造

深入实施智能制造，鼓励新一代人工智能技术在工业领域各环节的探索应用，支持重点领域算法突破与应用创新，系统提升制造装备、制造过程、行业应用的智能化水平。着重在以下方面率先取得突破：

（一）智能制造关键技术装备

提升高档数控机床与工业机器人的自检测、自校正、自适应、自组织能力和智能化水平，利用人工智能技术提升增材制造装备的加工精度和产品质量，优化智能传感器与分散式控制系统（DCS）、可编程逻辑控制器（PLC）、数据采集系统（SCADA）、高性能高可靠嵌入式控制系统等控制装备在复杂工作环境的感知、认知和控制能力，提高数字化非接触精密测量、在线无损检测系统等智能检测装备的测量精度和效率，增强装配设备的柔性。提升高速分拣机、多层穿梭车、高密度存储穿梭板等物流装备的智能化水平，实现精准、柔性、高效的物料配送和无人化智能仓储。

到 2020 年，高档数控机床智能化水平进一步提升，具备人机协调、自然交互、自主学习功能的新一代工业机器人实现批量生产及应用；增材制造装备成形效率大于 450 cm^3/h，连续工作时间大于 240 h；实现智能传感与控制装备在机床、机器人、石油化工、轨道交通等领域的集成应用；智能检测与装配装备的工业现场视觉识别准确率达到 90%，测量精度及速度满足实际生产需求；开发 10 个以上智能物流与仓储装备。

（二）智能制造新模式

鼓励离散型制造业企业以生产设备网络化、智能化为基础，应用机器学习技术分析处理现场数据，实现设备在线诊断、产品质量实时控制等功能。鼓励流程型制造企业建设全流程、智能化生产管理和安防系统，实现连续性生产、安全生产的智能化管理。打造网络化协同制造平台，增强人工智能指引下的人机协作与企业间协作研发设计与生产能力。发展个性化定制服务平台，提高对用户需求特征的深度学习和分析能力，优化产品的模块化设计能力和个性化组合方式。搭建基于标准化信息采集的控制与自动诊断系统，加快对故障预测模型和用户使用习惯信息模型的训练和优化，提升对产品、核心配件的生命周期分析能力。

到 2020 年，数字化车间的运营成本降低 20%，产品研制周期缩短 20%；智能工厂产品不良品率降低 10%，能源利用率提高 10%；航空航天、汽车等领域加快推广企业内外并行组织和协同优化新模式；服装、家电等领域对大规模、小批量个性化订单全流程的柔性生产与协作优化能力普遍提升；在装备制造、零部件制造等领域推进开展智能装备健康状况监测预警等远程运维服务。

五、构建支撑体系

面向重点产品研发和行业应用需求，支持建设并开放多种类型的人工智能海量训练资源库、标准测试数据集和云服务平台，建立并完善人工智能标准和测试评估体系，建设知识产权等服务平台，加快构建智能化基础设施体系，建立人工智能网络安全保障体系。着重在以下领域率先取得突破：

（一）行业训练资源库

面向语音识别、视觉识别、自然语言处理等基础领域及工业、医疗、金融、交通等行业领域，支持建设高质量人工智能训练资源库、标准测试数据集并推动共享，鼓励建设提供知识图谱、算法训练、产品优化等共性服务的开放性云平台。到 2020 年，基础语音、视频图像、文本对话等公共训练数据量大幅提升，在工业、医疗、金融、交通等领域汇集一定规模的行业应用数据，用于支持创业创新。

（二）标准测试及知识产权服务平台

建设人工智能产业标准规范体系，建立并完善基础共性、互联互通、安全隐私、行业应用等技术标准，鼓励业界积极参与国际标准化工作。构建人工智能产品评估评测体系，对重点智能产品和服务的智能水平、可靠性、安全性等进行评估，提升人工智能产品和服务质量。研究建立人工智能技术专利协同运用机制，支持建设专利协同运营平台和知识产权服务平台。到2020年，初步建立人工智能产业标准体系，建成第三方试点测试平台并开展评估评测服务；在模式识别、语义理解、自动驾驶、智能机器人等领域建成具有基础支撑能力的知识产权服务平台。

（三）智能化网络基础设施

加快高度智能化的下一代互联网、高速率大容量低时延的第五代移动通信（5G）网、快速高精度定位的导航网、泛在融合高效互联的天地一体化信息网部署和建设，加快工业互联网、车联网建设，逐步形成智能化网络基础设施体系，提升支撑服务能力。到2020年，全国90%以上地区的宽带接入速率和时延满足人工智能行业应用需求，10家以上重点企业实现覆盖生产全流程的工业互联网示范建设，重点区域车联网网络设施初步建成。

（四）网络安全保障体系

针对智能网联汽车、智能家居等人工智能重点产品或行业应用，开展漏洞挖掘、安全测试、威胁预警、攻击检测、应急处置等安全技术攻关，推动人工智能先进技术在网络安全领域的深度应用，加快漏洞库、风险库、案例集等共享资源建设。到2020年，完善人工智能网络安全产业布局，形成人工智能安全防控体系框架，初步建成具备人工智能安全态势感知、测试评估、威胁信息共享以及应急处置等基本能力的安全保障平台。

六、保障措施

（一）加强组织实施

强化部门协同和上下联动，建立健全政府、企业、行业组织和产业联盟、智库等的协同推进机制，加强在技术攻关、标准制定等方面的协调配合。加强部省合作，依托国家新型工业化产业示范基地建设等工作，支持有条件的地区发挥自身资源优势，培育一批人工智能领军企业，探索建设人工智能产业集聚区，促进人工智能产业突破发展。面向重点行业和关键领域，推动人工智能标志性产品应用。建立人工智能产业统计体系，关键产品与服务目录，加强跟踪研究和督促指导，确保重点工作有序推进。

（二）加大支持力度

充分发挥工业转型升级（中国制造 2025）等现有资金以及重大项目等国家科技计划（专项、基金）的引导作用，支持符合条件的人工智能标志性产品及基础软硬件研发、应用试点示范、支撑平台建设等，鼓励地方财政对相关领域加大投入力度。以重大需求和行业应用为牵引，搭建典型试验环境，建设产品可靠性和安全性验证平台，组织协同攻关，支持人工智能关键应用技术研发及适配，支持创新产品设计、系统集成和产业化。支持人工智能企业与金融机构加强对接合作，通过市场机制引导多方资本参与产业发展。在首台（套）重大技术装备保险保费补偿政策中，探索引入人工智能融合的技术装备、生产线等关键领域。

（三）鼓励创新创业

加快建设和不断完善智能网联汽车、智能语音、智能传感器、机器人等人工智能相关领域的制造业创新中心，设立人工智能领域的重点实验室。支持企业、科研院所与高校联合开展人工智能关键技术研发与产业化。鼓励开展人工智能创新创业和解决方案大赛，鼓励制造业大企业、互联网企业、基础电信企业建设“双创”平台，发挥骨干企业引领作用，加强技术研发与应用合作，提升产业发展创新力和国际竞争力。培育人工智能创新标杆企业，搭建人工智能企业创新交流平台。

（四）加快人才培养

贯彻落实《制造业人才发展规划指南》，深化人才体制机制改革。以多种方式吸引和培养人工智能高端人才和创新创业人才，支持一批领军人才和青年拔尖人才成长。依托重大工程项目，鼓励校企合作，支持高等学校加强人工智能相关学科专业建设，引导职业学校培养产业发展急需的技能型人才。鼓励领先企业、行业服务机构等培养高水平的人工智能人才队伍，面向重点行业提供行业解决方案，推广行业最佳应用实践。

（五）优化发展环境

开展人工智能相关政策和法律法规研究，为产业健康发展营造良好环境。加强行业对接，推动行业合理开放数据，积极应用新技术、新业务，促进人工智能与行业融合发展。鼓励政府部门率先运用人工智能提升业务效率和管理服务水平。充分利用双边、多边国际合作机制，抓住“一带一路”建设契机，鼓励国内外科研院所、企业、行业组织拓宽交流渠道，广泛开展合作，实现优势互补、合作共赢。

4.《新一代人工智能治理原则——发展负责任的人工智能》(2019.6)

http：//www.gov.cn/xinwen/2019-06/17/content_5401006.htm

全球人工智能发展进入新阶段，呈现出跨界融合、人机协同、群智开放等新特征，正在深刻改变人类社会生活、改变世界。为促进新一代人工智能健康发展，更好协调发展与治理的关系，确保人工智能安全可靠可控，推动经济、社会及生态可持续发展，共建人类命运共同体，人工智能发展相关各方应遵循以下原则：

一、和谐友好

人工智能发展应以增进人类共同福祉为目标；应符合人类的价值观和伦理道德，促进人机和谐，服务人类文明进步；应以保障社会安全、尊重人类权益为前提，避免误用，禁止滥用、恶用。

二、公平公正

人工智能发展应促进公平公正，保障利益相关者的权益，促进机会均等。通过持续提高技术水平、改善管理方式，在数据获取、算法设计、技术开发、产品研发和应用过程中消除偏见和歧视。

三、包容共享

人工智能应促进绿色发展，符合环境友好、资源节约的要求；应促进协调发展，推动各行各业转型升级，缩小区域差距；应促进包容发展，加强人工智能教育及科普，提升弱势群体适应性，努力消除数字鸿沟；应促进共享发展，避免数据与平台垄断，鼓励开放有序竞争。

四、尊重隐私

人工智能发展应尊重和保护个人隐私，充分保障个人的知情权和选择权。在个人信息的收集、存储、处理、使用等各环节应设置边界，建立规范。完善个人数据授权撤销机制，反对任何窃取、篡改、泄露和其他非法收集利用个人信息的行为。

五、安全可控

人工智能系统应不断提升透明性、可解释性、可靠性、可控性，逐步实现可审核、可监督、可追溯、可信赖。高度关注人工智能系统的安全，提高人工智能鲁棒性及抗干扰性，形成人工智能安全评估和管控能力。

六、共担责任

人工智能研发者、使用者及其他相关方应具有高度的社会责任感和自律意识，严格遵守法律法规、伦理道德和标准规范。建立人工智能问责机制，明确研发者、使用者和受用者等的责任。人工智能应用过程中应确保人类知情权，告知可能产生的风险和影响。防范利用人工智能进行非法活动。

七、开放协作

鼓励跨学科、跨领域、跨地区、跨国界的交流合作，推动国际组织、政府部门、科研机构、教育机构、企业、社会组织、公众在人工智能发展与治理中的协调互动。开展国际对话与合作，在充分尊重各国人工智能治理原则和实践的前提下，推动形成具有广泛共识的国际人工智能治理框架和标准规范。

八、敏捷治理

尊重人工智能发展规律，在推动人工智能创新发展、有序发展的同时，及时发现和解决可能引发的风险。不断提升智能化技术手段，优化管理机制，完善治理体系，推动治理原则贯穿人工智能产品和服务的全生命周期。对未来更高级人工智能的潜在风险持续开展研究和预判，确保人工智能始终朝着有利于社会的方向发展。

国家新一代人工智能治理专业委员会

2019 年 6 月 17 日

美 国

1.《国家人工智能研究与发展战略规划》(National Artificial Intelligence Research and Development Strategic Plan)(2016.10)

https://www.nitrd.gov/PUBS/national_ai_rd_strategic_plan.pdf

2.《人工智能与国家安全(第四版)》(Artificial Intelligence and National Security)(2019.1)

https://fas.org/sgp/crs/natsec/R45178.pdf

3.《维护美国人工智能领导地位的行政命令》(Executive Order on Maintaining American Leadership in Artificial Intelligence)(2019.2)

https://www.whitehouse.gov/presidential-actions/executive-order-maintaining-american-leadership-artificial-intelligence/

4.《2018年国防部人工智能战略概要》(summary of the 2018 department of defense artificial intelligence strategy)(2019.2)

https://media.defense.gov/2019/Feb/12/2002088963/-1/-1/1/SUMMARY-OF-DOD-AI-STRATEGY.PDF

5.《国家人工智能研究与发展战略规划：2019年升级版》(National Artificial Intelligence Research and Development Strategic Plan：2019Update)(2019.6)

https://www.nitrd.gov/pubs/National-AI-RD-Strategy-2019.pdf

欧 盟

1.《人工智能时代：确立以人为本的欧洲战略》(The Age of Artificial Intelligence：Towards a European Strategy for Human-Centric Machines)(2018.3)

https：//ec.europa.eu/epsc/sites/epsc/files/epsc_strategicnote_ai.pdf

2.《人工智能合作宣言》(Declaration of cooperation on Artificial Intelligence)(2018.4)

https：//ec.europa.eu/digital-single-market/en/news/eu-member-states-sign-cooperate-artificial-intelligence

相关附件：《新兴数字技术的责任——欧洲的人工智能技术》(Liability for emerging digital technologies—Artificial intelligence for Europe)

https：//eur-lex.europa.eu/legal-content/EN/TXT/PDF/?uri=CELEX：52018SC0137

3.《可信赖人工智能道德准则》(ETHICS GUIDELINES FOR TRUSTWORTHY AI)(2019.4)

https：//ec.europa.eu/digital-single-market/en/news/ethics-guidelines-trustworthy-ai

4.《解析人工智能：保护人权的10个步骤》(Unboxing Artificial Intelligence：10 steps to protect Human Rights)(2019.5)

https：//rm.coe.int/unboxing-artificial-intelligence-10-steps-to-protect-human-rights-reco/1680946e64

附录一　人工智能重点政策法规摘要

英　国

1.《英国人工智能发展的计划、能力与志向》(AI in the UK：ready，willing and able)(2018.4)

https：//publications.parliament.uk/pa/ld201719/ldselect/ldai/100/100.pdf

2.《产业战略：人工智能领域行动》Industrial Strategy：Artificial Intelligence Sector Deal (2018.4)

https：//assets.publishing.service.gov.uk/government/uploads/system/uploads/attachment_data/file/702810/180425_BEIS_AI_Sector_Deal__4_.pdf

德 国

1.《联邦政府人工智能战略要点》(Eckpunkte der Bundesregierung füreine Strategie Künstliche Intelligenz)(2018.7)

https：//www.bmbf.de/files/180718%20Eckpunkte_KI-Strategie%20final%20Layout.pdf

2.《联邦政府人工智能战略白皮书》(Artificial Intelligence Strategy)(2018.9)

https：//www.ki-strategie-deutschland.de/home.html?file=files/downloads/Nationale_KI-Strategie_engl.pdf

附录一　人工智能重点政策法规摘要

法　国

《法国人工智能发展战略》(france INTELLIGENCE ARTIFICIELLE)(2018.3)

https：//www.economie.gouv.fr/files/files/PDF/2017/Rapport_synthese_France_IA_.pdf

俄罗斯

《俄罗斯人工智能十项计划》(Russian militarys ai development roadmap)(2018.3)

https：//www.defenseone.com/ideas/2018/07/russian-militarys-ai-development-roadmap/149900/

https：//baijiahao.baidu.com/s?id=1607078150994509948&wfr=spider&for=pc

附录一　人工智能重点政策法规摘要

日　本

1.《日本人工智能技术战略》(Artificial intelligence technology strategy)(2017.5)

https：//www.nedo.go.jp/content/100865202.pdf

2.《下一代人工智能 / 机器人核心技术开发》(次世代人工知能・ロボット中核技術開発)(2017.10)

https：//www.nedo.go.jp/content/100872877.pdf

3.《日本人工智能战略提案：安全可靠的人工智能系统》(Toward new-generation software engineering to guarantee safety and reliability of AI application systems)(2018.12)

http：//www.jst.go.jp/crds/pdf/2018/SP/CRDS-FY2018-SP-03.pdf

印　度

《印度国家人工智能战略（讨论稿）》（National strategy for artificial intelligence：AI for ALL）（2018.6）

http：//niti.gov.in/writereaddata/files/document_publication/NationalStrategy-for-AI-Discussion-Paper.pdf

附录二 人工智能法治研究论文（核心期刊）作者概览

2017 年 1 月至 2018 年 6 月期间，在《中国法学》《法学研究》《法学》《东方法学》《法商研究》《政治与法律》《华东政法大学学报》《法律科学（西北政法大学学报）》《环球法律评论》《现代法学》《政法论坛》《中国刑事法杂志》《比较法研究》《当代法学》《法学论坛》《法学评论》《法学杂志》《法制与社会发展》《国家检察官学院学报》《行政法学研究》《法律适用》《知识产权》《河北法学》等法学类核心期刊发表人工智能法学相关论文的学者[①]按姓氏笔画排序如下：

1. 于海防，烟台大学法学院教授、法学博士，发表了《人工智能法律规制的价值取向与逻辑前提——在替代人类与增强人类之间》（《法学》2019 年第 6 期）。

2. 马长山，华东政法大学法律学院教授、博士生导师，发表了《人工智能的社会风险及其法律规制》（《法律科学（西北政法大学学报）》2018 年第 6 期）、《智能互联网时代的法律变革》（《法学研究》2018 年第 4 期）。

3. 马颜昕，华南师范大学法学院特聘副研究员，发表了《自动化行政的分级与法律控制变革》（《行政法学研究》2019 年第 1 期）。

4. 王倩云，中国海洋大学法学院副教授，发表了《人工智能背景下数据安全

① 检索源：中国知网 CNKI，法律类核心期刊。

犯罪的刑法规制思路》（《法学论坛》2019 年第 2 期）。

5. 王禄生，东南大学法学院讲师，发表了《大数据与人工智能司法应用的话语冲突及其理论解读》、（《法学论坛》2018 年第 5 期）、《司法大数据与人工智能技术应用的风险及伦理规制》（《法商研究》2019 年第 2 期）。

6. 王燕玲，华南师范大学法学院副教授，发表了《人工智能时代的刑法问题与应对思路》（《政治与法律》2019 年第 1 期）。

7. 左卫民，四川大学法学院院长、教授，发表了《迈向大数据法律研究》（《法学研究》2018 年第 4 期）、《热与冷：中国法律人工智能的再思考》（《环球法律评论》2019 年第 2 期）。

8. 石冠彬，海南大学法学院教授，发表了《论智能机器人创作物的著作权保护——以智能机器人的主体资格为视角》（《东方法学》2018 年第 3 期）。

9. 龙飞，中国政法大学司法文明协同创新中心博士研究生，发表了《人工智能在纠纷解决领域的应用与发展》（《法律科学（西北政法大学学报）》2019 年第 1 期）。

10. 龙文懋，华东政法大学知识产权学院教授，发表了《人工智能法律主体地位的法哲学思考》（《法律科学（西北政法大学学报）》2018 年第 5 期）。

11. 叶明，西南政法大学经济法学院副教授，朱静洁，西南政法大学经济法学院硕士研究生，发表了《理性本位视野下智能机器人民事法律地位的认定》（《河北法学》2019 年第 6 期）。

12. 史明洲，中国政法大学民商经济法学院讲师，发表了《区块链时代的民事司法》（《东方法学》2019 年第 3 期）。

13. 冯洁，天津商业大学法学院讲师，发表了《人工智能对司法裁判理论的挑战：回应及其限度》（《华东政法大学学报》2018 年第 2 期）。

14. 冯洁语，南京大学中德法学研究所研究员，发表了《人工智能技术与责任法的变迁——以自动驾驶技术为考察》（《比较法研究》2018 年第 2 期）。

15. 皮勇，中国犯罪学学会副会长、武汉大学法学院教授，发表了《人工智能刑事法治的基本问题》（《比较法研究》2018 年第 5 期）。

16. 西原春夫，日本早稻田大学教授，王昭武，苏州大学王健法学院教授，发表了《国际法的存在与遵守义务的根据——作为探究刑法制定根据的一点成果》(《法学》2018 年第 4 期)。

17. 任惠华，刑事侦查学院院长，《侦查》杂志主编，法学教授，侦查学专业硕士生导师，发表了《人工智能侦查的实践应用与制度构建》(《河北法学》2018 年第 6 期)。

18. 刘友华，湘潭大学法学院教授，魏远山，湘潭大学硕士研究生，发表了《机器学习的著作权侵权问题及其解决》(《华东政法大学学报》2019 年第 2 期)。

19. 刘洪华，广东外语外贸大学副教授，发表了《论人工智能的法律地位》(《政治与法律》2019 年第 1 期)。

20. 刘宪权，中国刑法学会研究会副会长，上海市法学会刑法学研究会会长，华东政法大学刑事法学研究院院长，发表了《人工智能时代机器人行为道德伦理与刑法规制》(《比较法研究》2018 年第 4 期)、《人工智能时代我国刑罚体系重构的法理基础》(《法律科学（西北政法大学学报）》2018 年第 4 期)、《涉人工智能犯罪刑法规制的路径》(《现代法学》2019 年第 1 期)、《人工智能时代的刑事风险与刑法应对》(《法商研究》2018 年第 1 期)、《人工智能时代刑事责任与刑罚体系的重构》(《政治与法律》2018 年第 3 期)。

21. 齐延平，山东大学法学院教授、博士生导师，发表了《论人工智能时代法律场景的变迁》(《法律科学（西北政法大学学报）》2018 年第 4 期)。

22. 江必新，最高人民法院党组副书记、副院长，国家行政学院、国家法官学院、中南大学、中国政法大学教授，《互联网、大数据、人工智能与科学立法》(《法学杂志》2018 年第 5 期)。

23. 许明月，法学教授、博士生导师，发表了《论人工智能创作物的邻接权保护——理论证成与制度安排》(《比较法研究》2018 年第 6 期)。

24. 孙占利，广东商学院法学教授，国际法专业硕士研究生导师，发表了《智能机器人法律人格问题论析》(《东方法学》2018 年第 3 期)。

25. 李飞，华中科技大学法学院博士，发表了《人工智能与司法的裁判及解释》(《法律科学（西北政法大学学报）》2018 年第 5 期)。

26. 李扬，中山大学法学院教授、博士生导师，发表了《康德哲学视点下人工智能生成物的著作权问题探讨》(《法学杂志》2018 年第 9 期)。

27. 李伟民，北京正仁律师事务所主任，兼中国政法大学、天津大学、华东政法大学及海南大学法学教授，发表了《人工智能智力成果在著作权法的正确定性——与王迁教授商榷》(《东方法学》2018 年第 3 期)。

28. 李彦涛，同济大学上海国际知识产权学院博士研究生，发表了《人工智能技术对专利制度的挑战与应对》(《东方法学》2019 年第 1 期)。

29. 李晟，中国海洋大学法政学院教授，发表了《略论人工智能语境下的法律转型》(《法学评论》2018 年第 1 期)。

30. 李爱君，中国政法大学教授、法学博士，发表了《人工智能法律行为论》(《政法论坛》2019 年第 3 期)。

31. 李婕，安徽大学法学院讲师、法学博士，发表了《智能风险与人工智能刑事责任之构建》(《当代法学》2019 年第 3 期)。

32. 杨东，中国人民大学法学院教授，武雨佳，中国人民大学法学院经济法硕士研究生、发表了《智能投顾中投资者适当性制度研究》(《国家检察官学院学报》2019 年第 2 期)。

33. 杨立新，天津大学法学院教授，发表了《民事责任在人工智能发展风险管控中的作用》(《法学杂志》2019 年第 2 期)。

34. 时方，中国社会科学院法学研究所助理研究员、博士后研究人员、法学博士，发表了《人工智能刑事主体地位之否定》(《法律科学（西北政法大学学报）》2018 年第 6 期)。

35. 吴习彧，浙江工业大学法学院讲师，发表了《裁判人工智能化的实践需求及其中国式任务》(《东方法学》2018 年第 2 期)。

36. 吴允锋，华东政法大学法律学院副院长，刑法学副教授，硕士生导师，发表了《人工智能时代侵财犯罪刑法适用的困境与出路》(《法学》2018 年第 5 期)。

37. 吴旭阳，厦门大学法学院副教授，发表了《法律与人工智能的法哲学思考——以大数据深度学习为考察重点》(《东方法学》2018 年第 3 期)。

38. 何渊，上海交通大学凯原法学院副教授，发表了《智能社会的治理与风险行政法的建构与证成》(《东方法学》2019 年第 1 期)。

39. 余成峰，北京航空航天大学人文与社会科学高等研究院副教授，发表了《法律的“死亡”：人工智能时代的法律功能危机》(《华东政法大学学报》2018 年第 2 期)。

40. 汪庆华，北京师范大学法学院教授，发表了《人工智能的法律规制路径：一个框架性讨论》(《现代法学》2019 年第 2 期)。

41. 张玉洁，广州大学公法研究中心研究员，发表了《论无人驾驶汽车的行政法规制》(《行政法学研究》2018 年第 1 期)。

42. 张龙，烟台大学法学院讲师，发表了《自动驾驶背景下“交强险”制度的应世变革》(《河北法学》2018 第 10 期)。

43. 张守文，北京大学法学院教授、博士生导师，发表了《人工智能产业发展的经济法规制》(《政治与法律》2019 年第 1 期)。

44. 张金平，中央财经大学法学院教授，发表了《人工智能作品合理使用困境及其解决》(《环球法律评论》2019 年第 3 期)。

45. 张凌寒，东北师范大学政法学院副教授，发表了《算法规制的迭代与革新》(《法学论坛》2019 年第 2 期)。

46. 陈姿含，北京理工大学讲师、法学博士（中国）、生物医药法博士（法国），发表了《人工智能算法中的法律主体性危机》(《法律科学（西北政法大学学报）》2019 年第 4 期)。

47. 陈景辉，中国人民大学法学院教授，发表了《人工智能的法律挑战：应该从哪里开始？》(《比较法研究》2018 年第 5 期)。

48. 陈璞，中国人民大学金融科技与互联网安全研究中心副研究员，发表了《论网络法权构建中的主体性原则》(《中国法学》2018 年第 3 期)。

49. 纵博，安徽财经大学法学院副教授、硕士生导师，发表了《人工智能在刑事证据判断中的运用问题探析》(《法律科学（西北政法大学学报）》2019年第1期)。

50. 林少伟，西南政法大学民商法学院副教授、硕士生导师，商法教研室副主任，发表了《人工智能对公司法的影响：挑战与应对》(《华东政法大学学报》2018年第3期)。

51. 林洹民，浙江大学光华法学院讲师，发表了《自动决策算法的法律规制：以数据活动顾问为核心的二元监管路径》(《法律科学（西北政法大学学报）》2019年第3期)。

52. 罗维鹏，西南财经大学法学院讲师，发表了《人工智能裁判的问题归纳与前瞻》(《国家检察官学院学报》2018年第5期)。

53. 季卫东，上海交通大学凯原法学院教授，发表了《人工智能时代的司法权之变》(《东方法学》2018年第1期)。

54. 季冬梅，北京大学法学院博士，发表了《人工智能发明成果对专利制度的挑战——以遗传编程为例》(《知识产权》2017年第11期)。

55. 周尚君，西南政法大学教授，伍茜，西南政法大学博士研究生，发表了《人工智能司法决策的可能与限度》(《华东政法大学学报》2019年第1期)。

56. 郑志峰，西南政法大学民商法学院副教授、法学博士、硕士生导师，发表了《人工智能时代的隐私保护》(《法律科学（西北政法大学学报）》2019年第2期)、《通过设计的个人信息保护》(《华东政法大学学报》2018年第6期)。

57. 郑佳宁，中国政法大学民商经济法学院教授、博士生导师，《论智能投顾运营者的民事责任——以信义义务为中心的展开》(《法学杂志》2018年第10期)。

58. 胡敏洁，浙江大学法学院教授，发表了《自动化行政的法律控制》(《行政法学研究》2019年第2期)。

59. 查云飞，中南财经政法大学法学院讲师，发表了《人工智能时代全自动具体行政行为研究》(《比较法研究》2018年第5期)。

60. 姜野，吉林大学法学院博士研究生，发表了《算法的规训与规训的算法：人工智能时代算法的法律规制》(《河北法学》2018年第12期)。

61. 洪冬英，华东政法大学法律学院副院长、教授，发表了《司法如何面向“互联网 +”与人工智能等技术革新》(《法学》2018 年第 11 期)。

62. 洪岩，国家知识产权局专利局电学发明审查部计算机五处，发表了《浅析人工智能技术的专利保护——以医疗领域为例》(《知识产权》2018 年第 12 期)。

63. 姚万勤，西南政法大学法学院讲师、法学博士，发表了《对通过新增罪名应对人工智能风险的质疑》(《当代法学》2019 年第 3 期)。

64. 钱大军，吉林大学法学院法学理论教研部讲师，发表了《司法人工智能的中国进程：功能替代与结构强化》(《法学评论》2018 年第 5 期)。

65. 徐琳，湖南大学法学院副教授，发表了《人工智能推算技术中的平等权问题之探讨》(《知识产权》2017 年第 3 期)。

66. 殷秋实，中央财经大学讲师、硕士生导师，发表了《智能汽车的侵权法问题与应对》(《法律科学（西北政法大学学报）》2018 年第 5 期)。

67. 高翔，重庆市高级人民法院研究室主任，发表了《人工智能民事司法应用的法律知识图谱构建——以要件事实型民事裁判论为基础》(《法制与社会发展》2018 年第 6 期)。

68. 郭少飞，河南师范大学法学院副教授，发表了《“电子人”法律主体论》(《东方法学》2018 年第 3 期)。

69. 陶盈，首都经济贸易大学法学院讲师，发表了《机器学习的法律审视》(《法学杂志》2018 年第 9 期)。

70. 陶乾，中国政法大学法律硕士学院副教授、法律硕士学院、民商经济法学院硕士生导师，发表了《论著作权法对人工智能生成成果的保护——作为邻接权的数据处理者权之证立》(《法学》2018 年第 4 期)。

71. 盛学军，西南政法大学教授、博士生导师，发表了《智能机器人法官：还有多少可能和不可能》(《现代法学》2018 年第 4 期)。

72. 崔靖梓，山东大学法学院博士研究生，发表了《算法歧视挑战下平等权保护的危机与应对》(《法律科学（西北政法大学学报）》2019 年第 3 期)。

73. 葛翔，上海市高级人民法院法官，发表了《司法实践中人工智能运用的现实与前瞻——以上海法院行政案件智能辅助办案系统为参照》(《华东政法大学学报》2018 年第 5 期)。

74. 储陈城，安徽大学法学院副教授、硕士生导师，发表了《自动汽车程序设计中解决“电车难题”的刑法正当性》(《环球法律评论》2018 年第 3 期)、《人工智能时代刑法归责的走向——以过失的归责间隙为中心的讨论》(《东方法学》2018 年第 3 期)、《人工智能时代刑法的立场和功能》(《中国刑事法杂志》2018 年第 6 期)。

75. 储槐植，北京师范大学刑事法律科学研究院教授，何群，福州大学法学院副教授，发表了《论我国数量刑法学的构建》(《中国法学》2019 年第 3 期)。

76. 谢琳，中山大学法学院副教授，陈薇，中山大学法学院硕士研究生，发表了《拟制作者规则下人工智能生成物的著作权困境解决》(《法律适用》2019 年第 9 期)。

77. 蔡一博，上海市高级人民法院研究室干部，发表了《智能辅助：AI 下民商事办案系统的建构——以裁判思维与要件标注为切入点》(《东方法学》2018 年第 3 期)。

78. 管晓峰，中国政法大学民商经济法学院商法研究所教授，法学博士，博士生导师，发表了《人工智能与合同及人格权的关系》(《法学杂志》2018 年第 9 期)。

79. 潘庸鲁，上海市第二中级人民法院刑事审判第二庭助理审判员，发表了《人工智能介入司法领域路径分析》(《东方法学》2018 年第 3 期)。

附录三　人工智能法治研究机构概览

一、国内机构

近年来，随着我国政府对人工智能法治研究日益重视，政策支持力度不断加大。国务院《新一代人工智能发展规划》提出，建设智慧法庭数据平台，促进人工智能在证据收集、案例分析、法律文件阅读与分析中的应用，并明确要培养“人工智能＋法律”的横向复合型人才。法律人工智能的快速发展，将改变传统法律行业运行的基本模式的趋势，改变法学和相关学科人才的需求结构，并对法律研究和教育提出新的挑战。

尽管有待进一步明确人工智能法律学科的定位，但越来越多的高校已经成立人工智能法学院或研究院以及各类相关的研究中心，开始从事相关的理论研究和专业人才培养工作。下面仅列举部分与人工智能法治相关的科研教学机构。①

① 除了成立人工智能法治研究院以外，一些以工科为背景的综合性大学也相继成立了人工智能学院，这些学校据不完全统计有：中国科学院大学人工智能技术学院，西安电子科技大学人工智能学院，西安交通大学人工智能学院，南京大学人工智能学院，南开大学人工智能学院，天津大学人工智能学院，吉林大学人工智能学院，中山大学智能工程学院，湖南大学机器人学院，天津师范大学人工智能学院，辽宁工程技术大学腾讯云人工智能学院，河北工业大学人工智能与数据科学学院，山东科技大学腾讯云人工智能学院，重庆邮电大学人工智能学院。此外，专门开设人工智能研究院的部分高校有：清华大学人工智能研究院，哈尔滨工业大学人工智能研究院，苏州大学人工智能研究院，上海交通大学人工智能研究院，同济大学人工智能研究院。

1. 中国人民大学——未来法治研究院

该院于2017年9月8日正式宣布成立。中国人民大学法学院院长王轶教授兼任首任院长，张吉豫副教授担任执行院长，王莹副教授、丁晓东副教授担任副院长，后三位学者当时均不满40周岁。中国人民大学法学院长期以来关注法律和前沿科技交叉融合的复合型人才培养，并已启动一系列课程改革，例如，在“互联网金融”课程中邀请新技术领域专家讲授人工智能技术在大数据征信领域的运用、区块链基本原理及其在金融等领域的应用；学校开设接收法学专业学生的“大数据分析导论”课程，使法科学生能够了解大数据思维和基本原理、具备使用大数据分析问题的思路和方法，等等。

2. 中国政法大学——犯罪大数据研究中心

该中心成立于2015年1月，由刘邦惠教授担任研究中心主任，常务副主任为姜斌祥博士。研究中心现有三十余名专、兼职研究人员。研究人员包括学者、资深警察以及相关理论及技术研究专家。研究中心着重犯罪心理，犯罪危险性评估与矫治，智能评估与矫治理论和算法，犯罪情报动静态采集，犯罪情报数据预处理，犯罪情报大数据智能研判分析算法模型，犯罪预测和感知模型，犯罪计算方法，微表情与犯罪情感识别，犯罪评估矫治大数据与云计算平台等基础理论研究；建立了社区服刑人员分类矫治及危险性评估体系与软件网络平台，利用智能评估与矫正算法使危险性评估及矫治更加贴合实战需求；建立犯罪情报采集和预测的大数据平台，基于在线机器学习不断培育进化犯罪大数据挖掘模型，为司法战线提供实战平台技术；基于犯罪大数据平台，研究和实验犯罪情感识别的前端装备，为国家反恐和犯罪预测提供技术手段；利用智能软件系统、犯罪大数据和犯罪感知云计算平台能够更大范围更快地应用于实践；积极组织犯罪心理、犯罪评估与矫治和防控、犯罪云计算与犯罪大数据、人工智能在犯罪预测中的使用等学术活动；为国家为社会提出犯罪防控的法律对策和建议。

3. 中国政法大学——互联网与法律规制研究中心

该中心成立于2017年1月5日，由中国政法大学法治政府研究院主办的“互联网经济与行政规制”学术研讨会暨中国政法大学互联网与法律规制研究中心成立仪式在北京举行，中国政法大学互联网与法律规制研究中心是开展互联网公法、互联网规制的科学研究和政策咨询的中国政法大学非在编研究机构，依托于法治政府研究院。

4. 中国政法大学——大数据与法制研究中心

该中心成立于2017年3月，中心由中国政法大学互联网金融法律研究院创设，互联网金融法律研究院院长、教授、博士生导师李爱君任研究中心主任。中国政法大学大数据与法制研究中心是目前唯一个高校创建的、明确以大数据法治问题为研究对象的大数据研究中心。中心设立前，互联网金融法律研究院为此进行了长期的准备工作，并承接了中国政法大学“大数据应用与法律问题研究”专项课题。在此课题的基础上形成了专业的科研团队和成熟的科研体系。

5. 中国政法大学——大数据和人工智能法律研究中心

该中心成立于2017年12月29日，中心主任为汪庆华教授。中心的定位是：（1）加强基础研究，在热烈中保持冷静，重视大数据和人工智能行业监管/法律政策方面的研究。（2）服务人才培养，形成相应的经验。（3）心怀美好向往，拥抱大数据时代。该中心希望能够从法律知识、人才培养和社会服务三个方面开展工作。中心与最高人民检察院（检察技术信息研究中心）以科研课题为牵引开展合作。研究中心不定期举办“大数据和人工智能法律前沿问题”系列讲座。

6. 北京大学——法律人工智能实验室/研究中心

该中心成立于2017年12月29日，法学院院长张守文任主任，法学院副院长杨晓雷任执行主任。由北京大学法律人工智能实验室、北京大学法律人工智能研究中心与北京华宇软件股份有限公司开展产学研用全面合作，双方将共同探索法律人工智能的理论与实践创新。

7. 清华大学——法律与大数据研究中心

该中心成立于2017年12月23日，清华大学法学院院长申卫星教授任法律与大数据研究中心主任。由北京华宇软件股份有限公司提供资助与支持，中心开展大数据、人工智能等新技术在法律行业的应用研究，打造法律大数据与人工智能领域的产学研用一体化体系，更好地服务于国家大数据战略、人工智能战略和相关学科建设，并培养计算法学硕士。

8. 清华大学——智能法治研究院

该院成立于 2018 年 12 月 15 日，由清华大学法学院主办的首届计算法学学科建设与人才培养论坛暨清华大学智能法治研究院成立仪式在清华大学法律图书馆楼召开，清华大学法学院牵头联合清华大学计算机系、软件学院、社会科学学院，设立清华大学智能法治研究院。其依托已有学术积累和基础，开展法学和信息技术的交叉研究，为国家法治现代化建设提供高水平法学理论和科学技术支撑。智能法治研究院致力于打造一个国际一流、国内领先的交叉学科研究平台和创新型孵化中心，促进法学专业与计算科学等相关专业的学术交流与融合，建设复合型团队、培养综合型人才，并推动学术创新与研究成果转化。一方面，为新兴科技的发展提供法律与政策保障；另一方面，为法治中国建设提供智能方案与数据驱动力。

9. 吉林大学——司法数据应用研究中心

该中心成立于 2015 年 10 月 19 日，是以吉林大学法学院为依托，以吉林省高级人民法院为合作单位的非实体研究机构。机构内人员由吉林大学相关研究领域的教师和科研人员以及省高级人民法院实务工作人员组成，主要涉及法学、社会学、统计学、信息技术等各方面的专家学者。

10. 华东政法大学——“互联网 + 法律”大数据平台

该“互联网 + 法律”大数据平台成立于 2017 年 6 月 23 日，华东政法大学是全国首家建立互联网法律服务平台的政法高校，该平台以“一框三云八场景”为框架。“一框”指搜索框，以实现法律信息的汇聚、开放、共享，通过“一框”打开法律之窗，推开法律之门，打造法律话语、产品、发展、市场在网络平台上的“旋转门”。“三云”是指“法问云”“法库云”和“法例云”。“八场景”指以“人为核心”、以“用户为导向”构建八个主要场景，即“链机构”“查法条”“寻案例”“学课程”“看图书”“找律师”“聚智库”“用数据”。

11. 上海交通大学——法律与认知科学研究中心

该中心成立于 2016 年 6 月 18 日，上海交大社会认知与行为科学研究院（筹）

负责人蒋宏教授主持“认知、数据、智能与法律研究学术工作坊”开幕式和“法律与认知科学研究中心”揭牌仪式。蒋宏指出，工作坊旨在邀请国内从事法律与认知科学研究、法心理学、行为法经济学、法律与人工智能的相关研究和实务的学者，共同探讨在法律实务、实践领域有关行为认知、判断、决策的理论、实践和方法问题。

12. 东南大学——人民法院司法大数据研究基地

该研究基地成立于2017年1月21日，系最高人民法院在2016年7月正式以“法〔2016〕240号”文批复设立，由东南大学与江苏省高院共建的全国范围内第一家“人民法院司法大数据研究基地”。基地着眼于中国特色智库建设，于2016年11月成功入选南京大学与《光明日报（理论版）》联合评选的“中国智库索引CTTI”。2018年，基地所提交研究方案“法律大数据与人工智能”成功入选“东南大学十大科学与技术问题”，成为十大方向中唯一由文科提出并主导的前沿科研方向。基地高度重视科研人才团队的建设和培育，汇聚了以“长江学者奖励计划”特聘教授、全国十大杰出青年法学家、东南大学法学院院长刘艳红教授为首的，来自法学、大数据、人工智能等多个领域的30余位专家，组成了交叉研究团队。

13. 上海财经大学——大数据法治研究中心

该中心成立于2017年5月20日，由上海市法学会、上海财经大学主办的第一届“网络与大数据法治化问题”学术研讨会暨“上海财经大学网络与大数据法治研究中心”成立仪式在上海财经大学法学院举办。互联网、大数据需要探索不同于以往的研究方法。该中心致力于对互联网法律的研究，优先从描述和观察的角度对难题进行阐明。

14. 武汉大学——网络治理研究院

该研究院成立于2018年4月21日，首届中国网络法治高端论坛暨武汉大学网络治理研究院成立大会在武汉大学法学院召开。武汉大学法学院副院长黄志雄教授担任网络治理研究院执行院长。

15. 中南财经政法大学——大数据研究院

该研究院成立于2016年12月10日，这是集数据管理、科学研究、决策咨询和人才培养于一体的研究机构，通过多学科深度融合，搭建共享数据云平台，力推财政大数据、金融大数据和法律大数据“三驾马车”，并重点推进大数据统计预测与决策方法研究，培养大数据分析人才。大数据研究院为财政部、教育部、湖北省的部省共建项目，将在人口健康大数据、金融大数据、财政税收大数据、工业与零售大数据、法律大数据等方面，积极与政府、企业及国内外相关科研机构建立战略合作关系，致力于把研究成果转化为现实生产力和社会服务成果。

16. 中南财经政法大学——法律人工智能联合实验室

2019 年 3 月 15 日上午，中南财经政法大学刑事司法学院与南京云思创智信息科技有限公司战略合作签约仪式在刑事司法学院二楼会议室举行。双方约定由云思创智提供技术设备，刑事司法学院提供场地和研究人员，双方共同创建法律人工智能联合实验室，致力于 AI 多模态情绪识别技术在刑事司法领域中的研究与应用。AI 多模态情绪识别技术是通过算法系统，对心跳、血压、人体姿态信号、文本语义信号、语音声纹信号、面部表情图像信号等多种信号进行多模态语义分析、关联和映射，将每一个单模态里的语义信息和情绪变化的反映程度进行融合、对应，推理得出更加完整、准确的情绪心理状态。多模态情绪研判系统在武汉及全国部分地区已投入试运行，推动公安机关集中办案中心智能化和规范化建设升级改造。中南财经政法大学刑事司法学院在侦查学和讯问学等专业领域具有丰富的教学和实践经验，云思作为国内较为领先的多模态机器学习和交互智能的人工智能公司，拥有丰富的多模态语义理解及情绪理解研究经验，此次合作有助于侦查学学科建设与人工智能紧密结合，资源优势互补，进一步提高教学质量，增强科研创新度，为司法改革和“智慧公安”“智慧检务”的建设研发人工智能智力成果，并培养具有智能思维的法学学生，共同推进多模态情绪研判技术在刑事侦查领域的科学研究。

17. 西南政法大学——人工智能法学院

该院成立于 2017 年 12 月 6 日，由西南政法大学联手科大讯飞股份有限公司、四川元贞实业、成都恒图科技有限公司成立。人工智能时代面临的紧迫问题和重大课题成为人工智能法学院和人工智能法律研究院的主要任务。校企共建平台有助于在科学研究、学科建设、人才培养、队伍建设等方面不断推出创新成果，实现对人工智能技术与法律研究的重大突破，为国家社会治理格局的智能化、法治化、专业化提供强大的软件和技术支持。

18. 四川大学——法律大数据实验室

该实验室成立于2016年，依托四川大学市场经济法治研究所、四川大学刑事政策研究中心和四川大学政府法治研究中心科研力量筹建，招收法律大数据研究方向访问学者、博士后、博士和硕士。经过四川大学在大数据及人工智能的学科建设方面提出将大力支持大数据智能学科的发展，力争早日将大数据智能学科建设成世界一流学科。四川大学法学院法律大数据实验室作为国内高校第一家“法律大数据”专业研究机构，可以为各类科研机构、个人和企事业单位提供如下法律大数据服务：法律大数据研究的数据策划与数据提供，包括但不限于各类法律大数据研究的数据需求规划、数据模型策划、数据算法设计和数据提供服务。各类法律大数据的收集与整理，包括但不限于对裁判文书、法律法规、审判程序、执行信息等合法法律大数据的收集与整理，并提供法律大数据包。各类法律大数据的清洗与分类，包括但不限于对裁判文书、法律法规、审判程序、执行信息等合法法律大数据的清洗与分类，并提供法律大数据包。各类法律大数据的挖掘与分析，包括但不限于对裁判文书、法律法规、审判程序、执行信息等合法法律大数据之间以及与当事人、代理人、司法机关等主体的关系挖掘，并提供法律大数据报告。法律大数据平台的搭建与维护，包括但不限于法院、检察院、公安等司法部门、政府行政部门以及仲裁机构、公证机构等法律大数据平台搭建和维护。

19. 北京航空航天大学——工业和信息化法治研究院

该院成立于2014年，下设工信部工业和信息化法治战略与管理重点实验室、法律与未来社会研究中心、网络空间国际治理研究中心、人工智能与智能制造法律研究中心、法律与科技研究中心、法律与产业政策、标准化管理研究中心等多个研究机构，是国内最早从事相关研究的法学院校。现任工业和信息化法治研究院院长、实验室主任为龙卫球教授。

20. 天津大学——中国智慧法治研究院

该院成立于 2018 年 4 月 7 日，天津大学法学院组织召开“新一代人工智能与法律规制”国际会议并宣布正式成立天津大学“中国智慧法治研究院”。天津大学法学院院长孙佑海教授担任院长。研究院的目标是根据“全面依法治国”战略布局的要求，积极响应“培养高素质的现代化人才”“建设网络强国”“大数据战略”，重点围绕国家法治体系建设中亟待解决的问题，以信息技术、互联网技术、人工智能和大数据等为手段进行人才培养和法治理论研究、重大技术攻关和应用示范，形成一批具有中国特色、世界一流的优秀成果。天津大学法学院已与学校计算机学院、软件学院、自动化学院、微电子学院、管理与经济学部、海洋学院等与大数据有关的校内各学院达成合作意向。在校外，研究院与法检系统、法律实务界、相关信息技术公司以及纽约大学、悉尼科技大学等海外机构有广泛合作，为智慧法治的核心业务运行提供理论支撑和信息技术支持。研究院未来研究领域包括科技法律人才培养、智慧司法基础科学问题与人工智能技术研究、智慧法院核心业务运行关键技术与装备研究、智慧检务核心业务运行关键技术与装备研究、智慧司法行政核心业务运行关键技术与装备研究、智慧司法业务协同与知识支撑体系研究、公正司法与司法为民综合应用示范与效能评价研究等。

21. 上海政法学院——人工智能法学院

该院成立于 2019 年，上海政法学院人工智能法学院的法学（人工智能法学方向，本科）(ArtificialIntelligence and Law）专业于 2019 年正式招生。该院的培养目标是培养适应我国社会主义法治和国家人工智能发展战略需要的，基本掌握人工智能和法学基本理论和基础知识，具有法治精神、创新思维、全球视野和实践能力的，能在国家司法机关、行政部门、企事业单位、科研机构等部门从事与人工智能相关的法律应用、法律法规、伦理规范和政策体系研究与实践的高素质复合型、应用型法律人才。

该院主要专业课程包括：法理学、宪法学、民法学、刑法学、行政法与行政诉讼法学、经济法学、商法学、知识产权法、民事诉讼法学、刑事诉讼法学、国际法学；人工智能原理、Python 语言程序设计、数据统计与分析、知识发现与数据发掘、网络与信息安全概论、数字证据与区块链、法律管理信息系统、法律大数据分析、人工智能法律应用；人工智能法学概论、人工智能伦理概论、人工智能法律规制。

二、国外机构

国外学术界和产业界较早介入人工智能法治领域。如1987年，美国东北大学举办了第一届人工智能与法律国际会议，以此为基础，国际人工智能与法协会（International Association for Artificial Intelligence and Law，IAAIL）在1991年宣布成立。同年，《人工智能与法律》杂志创刊。近些年来数据挖掘、机器学习、自然语言处理等技术的快速发展也使法律人工智能技术日趋成熟。

从目前各国的人工智能法治研究机构的发展情况看，在人工智能和法治的关系上，更多的是侧重于将人工智能作为工具协助法律施行，诸如替代律师出具法律咨询意见的ROSS系统，美国部分法院采用的司法审判辅助系统等等，部分国家已经有了较为成熟的人工智能与法治结合的产品。相关的研究机构也多以“高校+企业”的模式进行，不过其偏向于商业化的运营，仅由政府或高校单方面支持的独立性学术机构较少。

1. 国际人工智能与法协会（IAAIL）

IAAIL是一个致力于促进人工智能和法律领域的研究和发展的非营利协会，是为了支持、发展和推动国际层面的人工智能与法领域研究而建立的，其成员遍布世界各地。它始于1987年在美国波士顿的东北大学举办的首届国际人工智能与法律会议（ICAIL），并最终促成它于1991年成立。其旨在推动人工智能与法律这一跨学科领域的研究和应用，包括如下九大主要议题：（1）法律推理形式化模型；（2）论证与决策计算模型；（3）证据推理的计算模型；（4）多智能体系统中的法律推理；（5）可执行立法模型；（6）自动法律文本分类与总结；（7）从法律数据库和文本中自动提取信息；（8）电子发现及其他法律应用的机器学习与数据挖掘；（9）基于概念模型或模型的法律信息检索。

目前，协会举办的两项重要活动：一是每两年组织召开一届人工智能与法国际学术大会（ICAIL）；二是承办由美国匹兹堡大学法学院资助、斯普林格出版社出版的《人工智能与法律》杂志。

2. 美国斯坦福大学——人工智能法学会（SAILS）、Code X-斯坦福法律信息中心

2019年起，斯坦福大学政策研究中心新开设一门法律和计算机科学交叉的课程"算法管理：在规制型国家中的人工智能"（Administering by Algorithm: Artificial Intelligence in the Regulatory State）。这门课程由斯坦福法学院教授 David Freeman Engstrom、Daniel E. Ho 和加州最高法院大法官 Mariano-Florentino Cuéllar 共同教授，并邀请了25位律师、计算机科学家和算法工程师来和大家共同探讨政府机构的技术研发和应用。该课程的学生拥有计算机科学、法律、政治、哲学等不同的专业背景。课程结束后，学生将完成一份报告，探讨行政机构在不同层面该如何应用人工智能技术。该报告被提交到无党派独立机构美国行政会议（Administrative Conference of the United States）。

斯坦福大学人工智能法学会（SAILS）主要致力于人工智能与法律、社会关联发展的综合性研究，2018年期间主要以讲座、研讨会的形式开展了相关活动，该学会讨论的主题主要集中在AI智能算法、法律应用程序（CLAI）、法律语句的逻辑判断等方面。

Code X-斯坦福法律信息中心于2018年4月5日举办了 CodeX Future Law 2018，这也是 Code X 所举办的第六届年会。此次年会的重点在于关注新兴技术（如人工智能技术）如何改变法律专业的格局、法律本身以及这些变化将会如何影响我们所有人并有望影响未来行政机构的政策。

3. 英国牛津大学——人工智能与法律服务研究项目

牛津大学有一项针对人工智能与法律服务的研究项目。目前项目由法学院主导，牛津大学法学院的约翰·阿穆尔（John Armour）教授负责；旨在探索将人工智能（AI）应用于法律服务领域的可能性和局限性。项目拨款来自英国经济与社会科学研究理事会（Economic and Social Research Council，ESRC），将被用于"解

锁人工智能应用于英格兰法的潜能”，研究项目汇聚了包括赛德商学院、法学院、经济学系、社会政策学系、计算机科学系和教育学系在内的牛津大学各院系，与各类私营机构共同合作开展。通过合作，其将对法律服务领域基于人工智能的新兴商业模式以及相应需要的法律知识和法律职业的转型进行研究。

牛津大学表示此项目代表着“改进法律服务的机会，不仅为了出口贸易，也利于国内交易以及本国人民。研究试图识别如何能解除人工智能应用于法律服务的限制，力求彻底解锁其中的潜能”。

研究团队将和代表法律服务行业众多不同定位的私营合作伙伴合作，其中包括国际律师事务所司力达（Slaughter and May）、安理（Allen & Overy）、南史克威尔大律师事务所、法律科技初创公司LexSnap，等等。这些合作能促进此研究既能从业界真实洞见获益，也能通过行业实际需求进行测试。

其研究内容包括：调研用于法律领域人工智能的新兴商业模式，帮助寻得治理和战略方面的最佳实践；理解人工智能在解决纠纷争议的潜在应用；探索人工智能新方法在法律推理中的应用；并将英国、美国、新加坡等竞争国家及地区的技能培训及技术转让进行对比，并提炼出政策影响。针对法律从业人员应用科技及程序设计人员服务法律业时的培训和教育需求，研究团队将开发配套的教学和培训方案，供大学和私营企业加以应用实施。

4. 美国莱克斯·马基纳公司（Lex Machina）

莱克斯·马基纳公司（Lex Machina）是一家知识产权诉讼研究公司，开发法律分析数据和软件。该公司最初为斯坦福大学法学院和计算机科学系的一个项目，1999年在加州门洛帕克创业。Lex Machina提供了一个联邦法院、学者和学生可以免费使用的产品。它为律师事务所或公司总法律顾问的咨询客户，通过其知识产权分析参考引擎提供风险咨询服务。

5. 美国匹茨堡大学——人工智能与法律推理研讨会

匹茨堡大学法学院在2018年开设了人工智能与法律推理研讨会课程，以供法学院学生更充分地理解新兴领域的法律应用情况，理解人工智能和法律的关系以及人工智能法律系统的部分使用技巧，从而应对或处理在未来可预期范围内碰到的与该方面相关的新兴问题。此外，位于意大利佛罗伦萨的欧洲大学研究所于 2019 年 7 月 8 日至 10 日举办了人工智能和法律暑期学校，这也是欧洲大学研究所和匹兹堡大学法学院合作举办的第一期暑假学校。

6. 荷兰阿姆斯特丹大学——莱布尼茨法律中心

阿姆斯特丹大学成立了莱布尼茨法律中心，该法律中心研究方向主要在于通过人工智能技术支持法律事务的实践和发展，比如开发、研究法律的自动推理和基于法律知识的软件分析系统。并且，作为一家学术机构，该法律中心也具有提供人工智能和法治领域方面的开发、研究建议的功能。2018 年 12 月 12 日至 14 日，该中心在荷兰格罗宁根举办了第 31 届法律知识与信息系统国际会议，荷兰信息和知识系统研究学院（SIKS）、格罗宁根大学法学院以及伯努利研究所等机构参与了此次法律与信息系统的年度会议，并对人工智能和法律的关系、最新软件系统、算法进行了深入的探讨和分析。

7. 德国汉诺威人工智能和机器人法律协会（RAILS）

总部设在德国的汉诺威人工智能和机器人法律协会（RAILS）于 2017 年 8 月正式成立，该协会为非营利性组织，主要研究方向为法律、人工智能和机器人技术的发展问题。该协会致力于探讨在当前社会以及在未来一段时期在法律框架下上述技术该何去何从，并试图探讨一种法律框架下的处理解决模式，减少该类人工智能技术在发展之初缺少规制导致发展畸形的不利局面，从而推动人工智能与法治的有序、协同发展。2018 年 3 月 23 日，第一届 RAILS 研讨会在汉诺威举行。2018 年 5 月 12 日，第一届 RAILS 技术与法律营在德国柏林举行，部分律师、机器学习专家、数据科学家，软件工程师等等人员共同参与了此次会议，并于同年 10 月在柏林洪堡大学举行了 Legal Tech 学术讨论会。

8. 美国纽约大学——AI Now 研究所

早在 2017 年，AI Now 研究所的联合创始人 Meredith Whittaker 和 Kate Crawford 意识到，在全世界范围内，没有一家人工智能研究所在 AI 对社会、政治和伦理的影响方面做系统化的研究。于是，两人在纽约大学创办了这一本质上属于跨学科的 AI Now 研究所。她们认为，光靠计算机科学和工程技术，无法全面展现人工智能飞速更新迭代给人类带来的深层次影响，更需要来自社会科学、人文学科、法律、哲学以及人类学、社会学、刑事司法等领域的帮助。因此研究所设立了人工智能与法律方向，专注于AI技术与法律制度的交叉领域研究，并定期发布人工智能现状的年度报告，对于世界范围内人工智能的法律研究具有极高的参考意义。

附录四　人工智能重要学术著作概览（2018—2019）

一、中文学术著作

1.《人工智能与司法现代化："以审判为中心的诉讼制度改革：上海刑事案件智能辅助办案系统"的实践与思考》

本书由崔亚东所著，上海人民出版社于2019年出版。崔亚东系上海市法学会会长，上海高院原院长。本书分为三部分：第一部分是理论篇，主要论述人工智能与司法应用有关理论问题。第二部分是实践篇，主要记录了"206系统"的研发的过程、应用成效、攻坚克难，在业务、技术上的重大突破等。第三部分是展望篇，主要是体会与思考。特别是其中有关"构建人工智能未来法治"的思考，是一个新的课题，回应了人们关于人工智能发展风险与挑战的关切。在这一新课题面前，作者认为，司法任务是双重的：一方面要积极推动AI与司法的深度融合与应用，推进司法智能化，实现司法的现代化；另一方面要积极推动构建人工智能未来法治体系，在应对未来风险与挑战上发挥司法的作用，将人工智能发展纳入法治的轨道，用法治促进、规范、保障人工智能安全、可靠、可控发展。

2.《人工智能的法律未来》

本书由乔路、白雪合著，知识产权出版社于2018年出版。乔路系北京大成律师事务所高级合伙人、Dentons中国区监委会委员，财政部政府采购专家顾问，北京产权交易所专家顾问。白雪系国家二级心理咨询师，北京虚拟之路科技咨询有限公司总经理，原供职腾讯公司，现主要从事人工智能、虚拟灵魂、亲密关系以及与其相关的心理学实践与理论研究工作。他们的从业经历与人工智能法治有着紧密的关系。全书共分四部分：第一部分“历史魅影”，介绍了人工智能的基础知识、历史发展、现状及基本的法律规范。第二部分“今日发展”，对当今社会相对成型的人工智能经济形态产业进行了介绍。第三部分“明天智慧”，对于未来在经济上将有可能发展的人工智能经济形态产业，进行较为系统的论述。第四部分“未来的梦”，对人工智能未来在中国的情况进行了设想与推测。

从整体上看，该书更多的是对人工智能技术以及其相关的基础知识的普及，其中，直接论述人工智能法治方面的章节为第一部分的“对人工智能法律规制的思考”，第二部分的“人工智能发展基础领域及其法律制度”，以及第三部分分散于各章节中对于未来人工智能时代可能到来的法律问题进行的前瞻性的思考。第一部分中作者通过对图灵测试和阿西莫夫提出的“机器人三定律”进行介绍，结合人工智能技术发展的现状，指出当今在中国思考人工智能法治问题的需要，建议培育法律思维，建立我国前瞻性的法律体系；第二部分作者则分别从计算机、互联网、大数据和云计算来展开法律已经和能够进行规制的方面，主要集中在对于各领域的法律规制、民事问题甚至是刑事犯罪问题都展开了讨论。第三部分就智能汽车、无人机、专家系统、神经网络、智能机器人、类脑智能甚至是仿生人和虚拟人相关的法律问题进行了思考。

3.《人工智能：刑法的时代挑战》

本书由刘宪权主编，上海人民出版社于2018年出版。刘宪权系华东政法大学刑事法学研究院院长，刑法学教授、博士生导师，上海市高校一流学科刑法学科的学科带头人，兼任中国刑法学研究会副会长，上海市法学会刑法学研究会会长。刘宪权教授近几年的研究方向转向人工智能刑法的领域，相关学术成果在全国范围内都有影响力。

本书的逻辑思路如下：“人工智能技术的迅速发展，给人们带来各种便利的同时，也带来了风险，其中的刑事风险包括可能使得部分传统犯罪的危害性发生量变，可能导致新的犯罪形式产生，以及人工智能产品可能因为种种原因脱离人类控制，进而实施严重危害社会的犯罪行为。本书即针对人工智能时代刑法所面临的各种问题进行回应，如人工智能时代智能机器人的刑事责任能力、人工智能产品的设计者和使用者的注意义务即刑事责任风险，针对人工智能产品具体罪名的设置、针对人工智能产品的刑罚种类等问题。”全书收集了国内学者关于人工智能与刑法相关问题的论文。全书分为四编，第一编探讨了人工智能时代可能的刑法风险，第二编具体讨论了人工智能时代可能遇到的法律新问题，第三编就人工智能时代下人工智能的刑事责任主体身份进行了探讨。最后一编探讨了未来人工智能时代，刑罚体系如何构建的问题。这是我国进行人工智能法治研究尤其是人工智能刑法方面研究的重要学术成果。

4.“独角兽法学精品·人工智能”系列丛书

本系列丛书由彭诚信主编，上海人民出版社出版。2018 年出版的系列作品主要包括国外学者关于人工智能法治方面的三本著作，分别是意大利学者乌戈·帕加罗的《谁为机器人的行为负责？》、美国约翰·弗兰克·韦弗的《机器人是人吗？》以及由美国学者瑞恩·卡洛、迈克尔·弗鲁姆金和加拿大学者伊恩·克尔合编的《人工智能与法律的对话》。

《谁为机器人的行为负责？》一书的作者乌戈·帕加罗，为意大利都灵大学法学院教授。其出版著作十部，发表多篇论文，主要研究领域为人工智能与法律、网络理论、机器人学和信息技术法（特别是数据保护法和版权）。该书探讨了机器人技术的设计、制造和使用将怎样影响今天的法律制度，尤其是在刑法、合同法和侵权法领域的责任和代理问题。通过区分机器人作为人类互动工具的行为和机器人作为法律领域的适当代理人，法学研究者们要想办法解决新一代的“难题”。

约翰·弗兰克·韦弗系美国律师，人工智能法律领域专家。在《机器人是人吗？》中，他认为，人工智能可以达到与真人一样的程度，能够进行语音交流，并自主学习知识和判断问题。作者讨论了人工智能的知识产权享有和责任承担问题。作者认为，面对人工智能承担法律责任，可以通过人工智能保险或储备基金支付赔偿费用。如何规范人工智能？作者以美国各州对自动驾驶汽车的相关立法为例，对未来人工智能统一立法作出了合理预测。

《人工智能与法律的对话》一书是一本论文集。本书分为讨论起点、责任、社会和道德意义、执法和机器人战争五个部分，共14篇论文。其中，大部分是首次在“We Robot”这一跨学科会议上发布的最新论文，这些论文探讨了机器人的复杂化趋势以及它们在各个领域的广泛部署，从新的角度，尤其是新的哲学角度来思考它所带来的各种哲学问题和可能的法律与公共政策的变化。

这套丛书主要是为了“帮助我国读者了解既有的人工智能研究，并以此为切入点对人工智能进行深度了解与学习”。可以说，这套丛书将国际上研究人工智能法治领域的前沿学术成果引进国内，十分有助于我们对国外相关研究的了解。由于人工智能技术的发展与应用现状的不同，各国法律制度的差异非常大，不同视野中的人工智能法治研究更有助于加深人们的思考和拓展新思路。

5.《人工智能法学研究》

该书是一本专门以人工智能法学为主题的集刊，由岳彩申、侯东德主编，社会科学文献出版社于2018年出版。岳彩申系西南政法大学副校长、西南政法大学经济法研究中心主任、西南政法大学金融创新与法制研究中心主任、法学博士、教授、博士生导师，教育部哲学社会科学重大课题招标项目首席专家，“两江学者”，中国法学会银行法学研究会副会长、中国法学会经济法学研究会常务理事、温州金融研究院学术委员会副主任。侯东德系西南政法大学高等研究院院长、人工智能法律研究院院长、科研处副处长（兼）、民商法学院教授、博士生导师、博士后合作导师、校学位评定委员会委员，中国法学会商法学研究会理事，重庆市网络安全法治研究中心主任，中国证券法学研究会常务理事，中国统一战线理论研究会理事。

该集刊是我国人工智能法领域第一本集刊，这标志着我国在人工智能法治领域提高到了一个新的层次。作为该集刊的第一期，主要发表了关于人工智能法律规范、人工智能伦理规范、人工智能政策体系、人工智能技术标准和知识产权、人工智能安全、人工智能监管等领域的学术研究成果，包括了宏观的人工智能法治中法学理论的探讨、部门法视野下的人工智能相关问题，还有跨专业交谈以及跨国界的交流。正如该集刊发刊词所说，“技术的中立揭示问题的根本在于人类如何运用自己掌握的技术，如何乘借科技之风遨游多维空间。这离不开制度规则的约束，离不开上层建筑行之有效的方向引导和实操调控。科学的制度规则不仅能够确保人工智能技术在既定的轨道上运行，服务于实体经济的长足发展，而且能够促进人工智能技术本身的进步，平衡安全与效率的社会价值”。

6.《智慧检务概论——检察机关法律监督的科技智慧》

该书由赵志刚、金鸿浩合著，中国检察出版社于2018年出版。赵志刚系最高人民检察院检察技术信息研究中心、智慧检务创新研究院主任，金鸿浩为博士，这是继两位作者在2017年出版《智慧检务初论——从理论构建到实践方法的科学思维》后的又一著作，也是智慧检务创新研究院成立后的一项重要成果。该书以最高人民检察院智慧检务规划体系为纲，在系统梳理全国23个省、自治区、直辖市检察机关二百多个智慧检务项目的基础上，深度解析了当前我国智慧检务建设的成果与经验，提炼并总结了智慧检务的内在规律和基本遵循。

《智慧检务概论》一书基于对全国检察机关信息化、智能化实践和大量材料进行“去粗取精、去伪存真、由此及彼、由表及里的改造”基础上，勾勒了当前我国智慧检务建设的“全貌”和蓝图。该书不仅从多维视角推进了智慧检务由“词汇”向相对严谨的学术定义转化，汲取了大量基于基层实践探索的缄默知识，在理论、政策、科技间探索构建了理论体系雏形，为智慧司法等理论研究提供借鉴，同时亦对新形势下深化智慧检务，加快推进“智慧检务4.0”信息化体系建设，推动科技强检和智慧检务建设和创新，提升检察工作科技含量和智慧化水平，具有十分重要的应用价值，是检察信息化人员、司法领域学者、跨学科读者了解智慧检务的重要书目。

二、外文学术著作

1. *Research Handbook on the Law of Artificial Intelligence*

*Research Handbook on the Law of Artificial Intelligence*一书是由意大利学者乌戈·帕

加罗在2018年关于人工智能法治方面主编的一本研究手册。该书介绍了在一个日益智能的人工智能时代如何解决法律问题，这是至关重要的进化。对于它在社会中的作用，本书提供了一个广泛的主题，研究手册从言论自由原则、刑法、数据保护和隐私问题、法律权利变得越来越智能的AI系统几个方面来讨论人工智能实体的管辖权。通过大量的例子和案例研究，该书讨论了随着人工智能扩散到社会并改变我们的政府和社会机构所必须作出的政治和司法决定。该书还将向人工智能系统的设计者介绍应用于人工智能的构成和使用的法律问题，包括技术、算法和分析技术。该书亦会为不同司法管辖区的法律工作者以及积极参与设计和使用下一代人工智能系统的电脑科学家和工程师，提供重要参考。

2. *Artificial Intelligence—The Practical Legal Issues*

该书作者系John Buyers，他是奥斯本克拉克律师事务所（Osborne Clarke LLP）的商业律师兼合伙人，这是一家国际律师事务所，专门为高科技或数字商务客户提供咨询。他管理着英国商业团队，并领导着奥斯本·克拉克（Osborne Clarke）的国际人工智能小组。他经常就人工智能和法律问题发表评论，并定期在英国和国际上就这个问题发表演讲。他的实践主要基于金融服务部门的事务性IT和外包，主要关注银行和保险业务。他定期为基于人工智能的系统的用户和供应商提供咨询。

该书介绍了现有人工智能技术的含义和结构，并为法律从业者需要考虑的实际问题提供一条实用且易于理解的道路。该书以人工智能系统与传统技术的区别作为基础，解释了人工智能、机器学习和深度学习以及神经网络等其他人工智能概念之间的区别。了解人工智能系统能做什么和不能做什么，对于培养涉及该技术的清晰法律意识至关重要。通过这些入门基础，我们得以了解人工智能技术的部署，需要仔细考虑的问题和风险，这些问题和风险渗透到因果关系、知识产权所有权、机密性和数据保护、招聘甚至刑法中。在每种情况下，作者都提出了减轻和解决此类风险的实际方法，并展示了如何调整现有的责任框架以适应这些风险。

3. *Robot Rules: Regulating Artificial Intelligence*

Jacob Turner 是一名律师和作家，他拥有牛津大学和哈佛大学的法学学位。他不仅定期讲授人工智能和法律的课程，而且曾在英国剑桥和牛津等大学发表过演讲。该书解释了为什么人工智能是独特的，它可能导致怎样的法律和伦理问题，以及我们如何解决它们。作者认为，人工智能不同于以往任何其他技术，因为它能够独立作出不可预测的决策。这引发了三个问题：责任——如果人工智能造成伤害，谁应该负责；权利——赋予人工智能法人资格的有争议的道德和现实依据；围绕人工智能决策的伦理。该书建议，为了解决这些问题，我们需要在跨行业和国际层面上制定新的制度和法规。结合对复杂话题的清晰解释，机器人规则将吸引多学科的观众，从对法律、政治和哲学感兴趣者到从事计算机编程、工程学和神经科学的工作者。该书引起了众多评论家的注意，有人评价："本书为一组新的规则提供了路线图。它不仅要问规则应该是什么，而且要问谁应该塑造规则，以及如何维护规则。而《机器人规则》这本书为律师、计算机科学家、工程师、伦理学家、决策者以及所有想参与这项任务的人提供了指导。"

4. *Autonomous Vehicles and the Law: Technology, Algorithms and Ethics (Elgar Law, Technology and Society series)*

该书作者 Hannah YeeFen Lim 系新加坡南洋理工大学商法副教授。作者探讨了自动驾驶汽车目前的性能，并强调了它们固有的局限性。作者为我们提供了一个简明易懂的自动驾驶汽车技术概述，包括硬件和软件两方面，涵盖了机器学习算法。在介绍了技术基础之后，该书考虑到自动驾驶汽车目前的技术限制，对适用于自动驾驶汽车的现行过失法法律标准进行了评估。作者总结了与自动驾驶汽车相关的伦理问题，并提出了适当的监管方法。该书对于寻求更深入了解自动驾驶汽车背后的技术，以便为法律法规的发展提供信息和指导的政策制定者，具有很大的价值。法律从业者将从最近的用例和适用的过失法的讨论中受益。法律学者若研究人工智能，将会发现作者很会理解技术的解释和论述伦理考量。

关于该书的评价，供职于加拿大渥太华大学的 Teresa Scassa 评论道："自动驾驶汽车是基于人工智能的自动系统的先锋，这些机器即将改变我们的世界。这本书是一个很好的介绍和资源，无论是对我们所面临的技术或是法律问题，作者都提供了一个清晰的指南，指导我们如何调整那些难以理解的系统。但在几年内，这些系统将驾驶大型金属设备在过去我们只能靠自己的道路上快速行驶。这本书推荐给任何想过未来应该是什么样子的人。”

5. *Robotica*：*Speech Rights and Artificial Intelligence*

在每一个通信技术的时代——无论是印刷、广播、电视还是互联网——都会存在某种形式的政府审查，以规范媒体及其传播的信息。今天，我们看到“机器语言”的现象被复杂的人工智能的发展所加强。罗纳德·柯林斯（Ronald K. L. Collins）和戴维·斯科弗（David M. Skover）认为，美国宪法第一修正案必须为覆盖和保护机器人表达提供辩护和理由。机器人不是人类，也没有意图，这无关紧要，重要的是人类对机器人语言的体验是有意义的，这是在机器人和接收器的界面上对“无意图自由言论”的宪法认可。*Robotica* 是第一本针对这些目的展开法律论证的书。该书以法学和传播 3 学学者、律师和言论自由活动人士为研究对象，在法律与技术的结合点上探索新的重要问题和解决方案。马萨诸塞州菲利普斯学院（Phillips Academy）院长约翰·帕尔弗里（John Palfrey）这样评价该书：“柯林斯和斯科弗长期以来一直是美国关注言论自由的杰出人士之一。在这本非凡的书中，他们现在深刻地探讨了一个与‘机器人表达’相关的极其复杂和及时的问题：随着人工智能的迅速发展，第一修正案应该如何处理涉及‘机器人语言’监管的竞赛？这本书传达了他们对历史、法律和技术的深刻认识，以及其他著名学者的认识，这些都为我们应该如何看待这个新兴的宪法研究领域提供了依据。”

附录五　人工智能法治重要会议（论坛）概览（2018—2019）

据不完全统计，2018 年迄今（统计至 2019 年 6 月 30 日），与人工智能法治相关的重要国内会议共 16 场，国际会议共 11 场。国内外会议在数量上基本相等，国内会议多由法学专业实力较强的院校组织承办，国际会议多由法学类研究所和法学类协会主办。

在参与人员方面，国内会议多为法学学者参与，局限于学术领域内部的探讨，与实务部门人员以及相关技术领域人员共同交流沟通的较少。相比较而言，国际会议大多与实务部门以及科技公司人员等相结合，对人工智能法治予以讨论。

在具体议题方面，国内外会议的议题多集中在诸如人工智能对现行法律体系的挑战以及如何规制人工智能对当今社会所带来的影响这类问题上，对人工智能在法律事务方面的应用谈及较少。

以下将从会议的时间、地点、具体议题、主要参与人员等方面以时间顺序对 2018 年至今的国内外会议分别进行梳理。

一、国内会议（论坛）

1.“人工智慧与未来法治”学术研讨会

2018 年 1 月 6 日

西安，西北政法大学

主办单位：中国法学会法理学研究会、西北政法大学、山东大学法学院

具体议题：（1）人工智能的各视角观察。从审判实践、社会风险、法律伦理等方面深入讨论人工智能时代所面临的挑战。（2）“人工智能的法律地位”，人工智能时代，法律遭遇了科技黑箱，法律的功能正在退化，法律面临正当性和认同性危机，人工智能时代法律内涵有可能被解构，或许需要进行重新定义；（3）“人工智能与司法”，深入探讨了在现阶段人工智能之于司法实践的冲击，以及借助人工智能，司法实践在很多方面都在突破传统司法的困境。（4）“人工智能与风险规制”，探讨了在不同情境下人工智能给现代社会所带来的法律风险以及在不同国家对于风险的应对经验。（5）“人工智能与法律完善”，通过完善信息保护、网络加密等，对网络时代、信息社会的各种风险加以预防和应对。

2.“人工智能与法律发展”学术研讨会

2018年1月6日

西安，西北政法大学

主办单位：中国法学会法理学研究会、西北政法大学、山东大学法学院

承办单位：西北政法大学中华法系与法治文明研究院、《法律科学》编辑部

具体议题：（1）西方人工智能与法律研究的进展；（2）人工智能对现行法律的挑战；（3）人工智能的司法运用；（4）人工智能的风险防控。

3.“新一代人工智能与法律规制”国际会议暨“中国智慧法治研究院”成立仪式会议

2018年4月7日

天津，天津大学法学院

主办单位：天津大学、天津市亚太经济贸易研究促进会

具体议题：（1）人工智能与智慧法治实务；（2）自动驾驶法律问题探讨；（3）人工智能应用与民刑治理；（4）人工智能的数据；（5）算法与道德伦理。

4. 法律人工智能工作坊

2018 年 4 月 10—13 日

广州，中山大学

主办单位：中山大学逻辑与认知研究所、中山大学哲学系

具体议题：（1）“结构形式框架”围绕构建形式论证框架展开，简述了构建抽象论证框架的起源及发展，同时也对经典的 ASPIC+ 框架进行讲解；（2）“法律论证建模”则以建模法律论证为中心介绍 HYPO、CATO 系统以及一些后续发展的案例；（3）“证据推理建模”关注如何高效且稳妥地依据证据构建法律证明；（4）利用法律手段为人工智能的应用进行指导；（5）论证技术将成为人工智能技术革新的桥梁。

5. 人工智能与未来法治论坛

2018 年 4 月 21 日

北京，中国人民大学

主办单位：中国人民大学法学院、中国电子技术标准化研究院

承办单位：中国人民大学未来法治研究院、中国人民大学民商事法律科学研究中心

协办单位：中国民商法律网、民商法前沿论坛

具体议题：（1）人工智能与社会影响；（2）人工智能与法律规制；（3）人工智能的主体性问题；（4）公法视野中的人工智能；（5）人工智能与伦理挑战；（6）人工智能与金融商品交易。

6. 人工智能与中国法律新时代研讨会

2018 年 6 月 9 日

北京，北京大学法学院

主办单位：北京大学法学院、北京大学法律人工智能实验室 / 研究中心、法律出版社《中国法律评论》、北京华宇软件股份有限公司、北大英华科技有限公司

具体议题：（1）人工智能对知识产权法律保护的挑战；（2）人工智能的法理与伦理；（3）大数据、人工智能与新兴业态；（4）人工智能对知识产权法律保护的挑战；（5）大数据与司法实践；（6）大数据、人工智能与新兴业态。

7. 西北工大翱翔法学首届人工智能与大数据法治论坛

2018年6月30日

西安，西北工业大学

承办单位：西北工业大学人文与经法学院、西北工业大学无人系统技术研究院、西北工业大学地方法治政府研究所

具体议题：（1）人工智能基础法律问题；（2）人工智能应用法律问题；（3）大数据法律问题；（4）无人驾驶法律问题。

8. "人工智慧与未来法治"学术研讨会

2018年9月15日

上海，华东政法大学

主办单位：中国法学会法理学研究会、西北政法大学、山东大学法学院

承办单位：《华东政法大学学报》编辑部、华东政法大学法理学科、华东政法大学公民社会与法治发展比较研究中心

具体议题：（1）法院系统智慧法院建设；（2）新时代智慧检务生态战略目标；（3）人工智能诉讼服务平台建设；（4）利用大数据实现精准监管和智慧执法；（5）新一轮新科技革命将对民法典编纂产生的巨大影响；（6）智慧司法与未来法治；（7）人工智能技术与法律变革。

9. "人工智能与法治"高端研讨会

2018年9月19日

上海，科学会堂

主办单位：上海市经济和信息化委员会、上海市法学会、上海人民出版社、

上海市科学技术协会、上海市科学学研究所、科大讯飞

协办单位：上海司法智库学会、《东方法学》、浙江清华长三角研究院司法改革与社会治理研究中心、优炫软件

具体议题：（1）为智能社会划出法律和伦理的边界；（2）新技术的良性发展离不开法律的规范和引导；（3）人工智能既为经济发展提供了新引擎，也为法治事业发展提供了重大机遇；（4）促进现代科技伟力和司法人员创造力有机结合；（5）人工智能为司法实现现代化提供了重大历史机遇；（6）需要在推动发展和有效规范之间找到一个平衡点；（7）人工智能人人共享；（8）“智慧法院”解决方案；（9）根据不同时代机器人的特征确定涉机器人犯罪的刑事责任承担路径；（10）人工智能享有有限法律人格；（11）中国多项人工智能核心技术在全球处于领先地位；（12）需重视用法律保障促进数据安全技术的加速发展。

10. 第二届人工智能与法律论坛

2018年10月27日

重庆，西南政法大学

主办单位：西南政法大学

承办单位：西南政法大学高等研究院、人工智能法律研究院

具体议题：（1）人工智能产品意思表示的法律问题；（2）大数据时代的个人信息立法问题；（3）法律人工智能的前世今生；（4）再论大数据权；（5）智能化浪潮中的重庆智慧法院探索与实践；（6）人工智能在司法领域的应用；（7）自动驾驶汽车法律问题；（8）人工智能对劳工政策的冲击；（9）人工智能在法学教育中的应用；（10）人工智能时代的隐私。

11.“大数据、人工智能与法律”学术研讨会

2018年10月30日

北京，中央财经大学

主办单位：中央财经大学

具体议题：（1）ICO 监管再思考——以德国现行法为视角；（2）数字黄金的法律性质及其域外监管路径研究；（3）中国社会信用体系建设中的个人信息保护；（4）人工智能创作成果的著作权法保护。

12. 2018 年互联网法律大会 · 国际论坛

2018 年 11 月 24 日

杭州，浙江大学

主办单位：浙江大学、浙江省人民检察院、阿里巴巴集团、蚂蚁金服集团

支持单位：北京大学（法律人工智能实验室）、浙江省高级人民法院、浙江省公安厅、国家"2011 计划"司法文明协同创新中心、浙江大学立法研究院、浙江大学光华法学院互联网法律研究中心（"大数据 + 互联网法律"创新团队）

承办单位：国家"2011 计划"司法文明协同创新中心、浙江大学立法研究院、浙江大学光华法学院互联网法律研究中心（"大数据 + 互联网法律"创新团队）

协办单位：浙江靖霖律师事务所

具体议题：（1）数字经济的法治保障；（2）互联网法院的特质与发展方向；（3）电子证据的第三方存取证；（4）互联网金融法律的演化趋势分析；（5）论人工智能刑法规制中的技术规范；（6）人工智能时代刑事责任的演变。

13. "法治发展与互联网、人工智能、大数据高端论坛"

2018 年 12 月 8 日

合肥，安徽大学法学院

主办单位：安徽法治与社会安全研究中心、安徽大学廉政法治协同创新中心、安徽大学法学院、《安徽大学学报（社会科学版）》编辑部

具体议题：（1）"互联网 +"下的政府创新；（2）人工智能治理与行政法治；（3）智能社会的治理与风险行政法的建构；（4）未来社会的法治预见。

14. “人工智能与法治”学术研讨会

2019 年 2 月 28 日

上海，上海政法学院中国–上海合作组织国际司法交流合作培训基地

承办单位：上海政法学院上海司法研究所、中国–上合基地、上海政法学院经济法学院、上海市法学会“一带一路”法律研究会、上海市法学会海洋法治研究会、绿色发展制度研究院

具体议题：（1）构建人工智能法；（2）人工智能与法治文明；（3）机器人与传统婚姻的解体；（4）人工智能的刑法问题；（5）人工智能的法治未来；（6）科幻法律工作中的人工智能与法治；（7）人工智能与绿色金融法治；（8）人工智能与人类的爱。

15. 法律与人工智能研究前沿问题学术研讨会

2019 年 4 月 12—14 日

长沙，中南大学

主办单位：中国人工智能学会、中南大学

承办单位：中南大学法学院、中南大学自动化学院、中南大学知识产权研究院、中南大学–深兰科技人工智能联合研究院

具体议题：（1）人工智能发展与法律互动问题；（2）司法裁判过程中人工智能应用问题；（3）人工智能发展知识产权问题；（4）人工智能在法律中应用的其他问题；（5）与人工智能发展相关的其他法律问题。

16. 第二届法律人工智能春季工作坊

2019 年 4 月 12—16 日

长沙，中南大学

主办单位：中国人工智能学会、中南大学

具体议题：（1）“法律人工智能的前世今生”。主要从莱布尼茨之梦、人工智能与法、十大研究议题和法律 AI 的未来四个方面展开。（2）人工智能领域中

的抽象论证理论，围绕着AI领域中的抽象论辩理论展开，介绍了抽象论辩理论的基本框架、当前研究概况以及基于该理论的现有开发应用。（3）关于“人工智能+”及相关产业的分析，主要讲解了人工智能在多个领域的实践运用。（4）以“法律人工智能研究前沿”为主题，研讨主题包括人工智能发展与法律互动问题、司法裁判过程中人工智能应用问题、人工智能发展知识产权问题、人工智能在法律中应用的其他问题以及与人工智能发展相关的其他法律问题。（5）以“法律人工智能导论（Introduction to AI & Law）”“法律知识表达（Legal knowledge representation）”“论证（Argumentation）”为主题，分别讨论了人工智能的分类和两种进路，老的人工智能和新的人工智能的差异，以及图尔敏模型、人工智能寒冬的主要原因，以及网络1.0到网络3.0的变化，并展示了信息检索的法律领域的示例、证据推理中的叙事及论证的逻辑模型。（6）以“法律知识表达——自上而下（Legal knowledge representation，top-down）”“证据、情节与论证（Evidence，scenarios and argumentation）”“论证、规则与案例（Arguments，rules and cases）”为主题，分别讨论了法律知识的建模、叙事及论证的强度—概率角度、人工智能的进路（抽象论辩进路和基于理由的进路）（7）以“人工智能、法律与数据（AI，Law & Data）”“法律知识表达——自下而上（Legal knowledge representation，bottom-up）”“论证、情节与概率（Arguments，scenarios and probabilities）”为主题，分别讨论了AI的定义和不同类型，以及如何利用AI进行智能检索、法律分析和判决辅助、语义的自上而下进路以及自上而下的语义标注路径、法庭证据如何才能被有效且正确适用，以及论证、情节与概率的三角关系，并展示了贝叶斯网络建模。

二、国际会议（论坛）

1. 人工智能和法律会议

2018年4月19—20日

美国，新泽西州纽瓦克 PRPM+J7

主办单位：吉本斯法律科学技术研究所和隐私保护研究所

具体议题：学者、法律从业者和决策者已经开始考虑人工智能技术带来的紧迫问题。传统的监管框架与无所不在的数据收集、“智能”环境和大规模自动化的世界不相匹配。本次会议将汇集具有技术素养的律师、决策者、倡导者和跨学科和跨部门的学者，讨论基于法律、管理方针或制度实践的可能解决方案。

2. “人工智能与法律”国际会议

2018 年 6 月 14 日

法国巴黎，伯纳丁学院

主办单位：Alain Bensoussan Avocats、Lexing Network

具体议题：自动驾驶汽车、智能城市、智能合同……我们的日常生活，无论是个人生活还是职业生活，都日益受到算法的控制。这种演变是如何在法律上予以管控的？乐星网络成员将对人工智能的主要问题进行国际概述。（Lexing 是致力于数字和技术法律的第一个国际律师网络，是根据 Alain Bensoussan 的倡议创建的，他是 Alain Bensoussan-avocats 公司的创始人和管理合伙人，该律师事务所总部设在法国巴黎，专门从事信息技术和新技术。）

3. SOLAIR（社会，法律，人工智能和机器人）：关于人工智能与智能自主机器人的国际私法协调

2018 年 9 月 5 日

捷克，布拉格纳罗多尼

主办单位：捷克科学院国家和法律研究所、捷克共和国工业和贸易部

具体议题：（1）人工智能——无形的军队；（2）人工智能和机器人的法律挑战——一个（法律、制度或规则）协调统一境况；（3）数字经济带来的法律挑战；（4）人工智能在全球的应用；（5）法律与人工智能的思维与战略视角；（6）人工智能与区块链；（7）人工智能的本质和发展；（8）人工智能、知识产权和未来。

4. 用人工智能改造城市：法律、政策与道德

2018 年 11 月 23 日

英国伦敦，高等法律研究所，伦敦罗素广场 17 号，WC1B 5DR

主办单位：高等法律研究所

具体议题：（1）如何实现人工智能的潜在社会效益；（2）人工智能对个人自由和隐私的侵犯；（3）AI 系统的治理和监管相关的关键法律框架和政策。

5. 民主社会中的人工智能

2018 年 11 月 30 日

美国华盛顿，华盛顿广场南 40 号

主办单位：纽约大学法学院、未来学会的民事司法中心

具体议题：（1）哪些人工智能已经存在，哪些正在开发中？（2）什么法律、法规和自治机制（包括法律和司法伦理规则）规范人工智能及其发展？（3）我们目前的规则和规范是否足以确保人工智能得到负责任地使用和开发？（4）我们的法律、法规和规范如何确保这项技术对我们的生活产生积极影响，同时保护我们不受隐私问题和算法偏差问题的影响？（5）在人工智能和法律技术领域，企业如何与公民、律师、法官和决策者互动？（6）人工智能将如何影响法律业务？（7）随着自动化和法律技术的发展，司法机构将面临哪些新问题？（8）人工智能和技术是否加强了法院的管理？

6. AAAI /ACM 会议——人工智能：道德和社会

2019 年 1 月 27 日

美国，夏威夷檀香山

主办单位：人工智能发展协会、计算机协会、ACM 人工智能特别兴趣小组、DeepMind Ethics & Society 小组、谷歌、NSF、IBM 研究中心、FACEBOOK、亚马逊、普华永道、未来生命研究所、夏威夷大学、Partnership on AI 组织。

具体议题：（1）算法的公平性；（2）社会公益 AI；（3）人机交互；（4）人工智能的责任。

7. 法律与人工智能研究生会议

2019 年 2 月 25 日

加拿大蒙特利尔

主办单位：蒙特利尔大学网络实验室

具体议题：为了筹备国际人工智能和法律会议（ICAIL），蒙特利尔大学的网络司法实验室将主办一系列致力于人工智能的科学活动，其中一个活动是研究生法律和人工智能会议（GLAIC）。本次会议面向在职博士生、应届毕业生、初入职场的学者和法律与技术专业人士开放。会议旨在为与会者提供一个令人振奋的环境，讨论他们的工作，并在网络司法实验室及其他机构的主持下，促进未来年轻学者和从业者之间的研究和专业合作。

8. 未来法律 2019：法律科技革命的重新安排

2019 年 4 月 18 日

新西兰奥克兰

主办单位：斯坦福法律信息学中心

具体议题：（1）政府数据被用于构建法律应用；（2）法律数据共享；（3）如何培训下一代律师和相关专业人员，使他们能够使用数据和制作软件。

9. 人工智能：思考法律，法律实践和法律教育

2019 年 4 月 26—27 日

美国宾夕法尼亚州匹兹堡

主办单位：杜克大学法学院

具体议题：（1）OK Google，人工智能会取代人类律师行业吗？（2）千禧一代：高效沟通的技术培训；（3）关于我们所处的数据科学世界的思考；

（4）“Alexa，写一份备忘录”：人工智能与法律写作的承诺与挑战；（5）从人工智能到物联网：运用法律创新跨课程传授法律技术知识；（6）人工智能如何改变法律部门；（7）法律研究与技术能力的义务：法律规制算法；（8）人工智能时代的法学研究与写作教学；（9）律师技术技能；（10）人工智能是缩小司法差距的途径。

10. 法律服务人工智能峰会

2019年6月4日

美国广场会议中心

主办单位：City & Financial Global、英格兰和威尔士律师协会

具体议题：（1）人工智能的现状和未来潜力；（2）算法在司法系统中的应用现状、伦理与未来展望；（3）AI的社会影响及其未来；（4）法律、银行和会计专业的未来技能和工作要求；（5）法律实务及公司未来的发展。

11. 第17届国际人工智能与法律会议

2019年6月17—21日

加拿大蒙特利尔大学网络司法实验室

主办单位：蒙特利尔大学

具体议题：（1）从法律文本中挖掘论据；（2）从法律数据库和文本中自动提取信息；（3）自动法律文本分类和摘要；（4）谈判和合同订立的计算方法；（5）计算机辅助争议解决；（6）法律推理的道义逻辑；（7）电子发现和电子披露；（8）电子政务、电子民主和电子司法；（9）AI技术及其应用的伦理和法律问题；（10）证据推理的形式和计算模型；（11）法律推理的形式和计算模型（例如论证，基于案例的推理）；（12）智能法律辅导系统；（13）法律和法医学的智能支持系统；（14）法律信息学方法和系统的跨学科应用；（15）法律领域的知识获取技术，包括自然语言处理、论证和数据挖掘；（16）机器学习和数据分析应用于法律领域建模规范和规范管理系统；（17）本体论和法律知识表示；（18）在合法域中打开和链接数据；（19）智能合约和区块链在法律领域的应用。

附录六　人工智能法治应用典型事例概览

一、立法应用

例一：全国人大常委会：利用大数据修改个人所得税法

全国人大常委会利用大数据对个人所得税法进行修改，以提高立法科学性。2011年修改个人所得税法，全国人大常委会通过中国人大网公布法律草案时，在软件上进行设计，要提意见的社会公众，必须录入一些信息，比如：提意见的人所在省份是东部、中部还是西部；职业分布；收入水平处在哪个收入段等。共有8万多人次提出23万多条意见。其中，83%建议进一步提高工薪所得减除费用标准，从草案的3000元提高到5000元。对这些意见进行分析，发现来自北京、上海、广东的意见占43%，西藏、青海、宁夏的意见仅占0.4%；月收入在3000元至7500元的人群占49%，其中月收入在3000元至4500元的人群又占了53%。虽看起来意见不少，也是来自全国各地，但是并没有覆盖到各种社会阶层和收入阶层。反映的主要是发达地区中等工薪收入人群的利益诉求，还不能反映整体的、各个收入阶层、各个地区的诉求，仍需在相关方面进行改进。①

例二：上海市：建成政府立法信息平台

为增强立法回应需求的能力，提升法制引领和保障改革的能极，上海全力打

① 李飞：《充分运用大数据助力立法决策》，https://news.sina.com.cn/c/2018-11-26/doc-ihpevhck6880327.shtml，最后访问：2019年6月7日。

造智慧法制，于 2017 年 1 月 1 日开始筹建政府立法信息平台，2018 年 2 月 2 日建成并且投入使用。通过这一平台，立法的所有步骤和环节一览无余地呈现在平台界面上，经办人不会遗漏、也无法遗漏每一个环节，即前一环节未经过，则无法启动下一环节。这样，既实现了全程留痕，永久保存，又完成了过程控制，智能管理。平台实现了与办公厅公文系统的对接，通过电子数据“一键推送”，意见征询材料即可瞬间抵达相关政府部门，不仅彻底改变了以往草案征求意见时的繁冗状况，而且保证了相关部门在第一时间收到材料，避免了邮寄的迟滞。收到材料的政府部门也可以加盖电子签章，通过平台以电子方式反馈意见。此外，立法平台还优化了立法材料的归档方式，丰富了归档内容，规范了立法各个环节需要保留的材料，实现了立法从计划、起草到办理、出台的全过程信息留存，提升了立法档案管理的标准和要求。最后，立法平台还能够发挥智能立法的延伸功能。平台建成后，能够与 12345 市民热线、市场监管部门的举报投诉平台、事中事后监管平台等对接，深度挖掘和分析民众诉求大数据，精准发现制度供给的盲区和痛点，最终实现智能智慧立法。①

例三：天津市：备案审查智能平台

天津使用人工智能备案审查平台对规范性文件进行审查，以确保立法的规范性。2014 年 9 月起，天津市人大常委会法制工作委员会开始使用备案审查智能平台，希望让人工智能在备案审查、人大立法等工作中发挥大作用。这套智能平台包括提供立法项目管理、草案意见征集、法规文件公开、法规文件报备、法规文件审查、法规文件清理、立法资料管理、立法（后）评估、立法大数据分析等。2016 年起，天津市人大常委会开始应用同样的人工智能系统，对自身往年所有的规范性文件进行审查，在机器的辅助下自我清理。而且 2016 年清理后查出，有 23 件次地方性法规的条款不符合法律、行政法规的规定，当年又分 3 批进行了修改；2017 年又分 2 批修改了 8 件地方性法规，还发现了 2 件政府规章和 3 个基层常委会的 4 个文件存在问题，提示制定机关进行纠正。现在，天津市人大常委会也

① 《上海率先建成政府立法信息平台运用法制大数据》，http://sh.news.163.com/18/0207/13/DA1UQVGR04188CSJ.html，最后访问：2019 年 6 月 23 日。

利用这套功能，把地方性法规草案作为审查对象，提高地方性法规的合法性和准确性。①

例四：贵州省：大数据辅助制定精准扶贫标准

贵州省利用大数据制定扶贫标准，实现精准扶贫。2015 年，贵州省"扶贫云"上线，在这一平台的帮助下，在建立包括贫困的标准、贫困的原因、贫困带来的影响等在内的评判指标之后，就需要使用贵州大学大数据与信息工程学院曾经联合贵州一家公司做过的扶贫数据调研调查所获取的数据，搭建大数据平台，将每个贫困村镇提供的数据录入系统，在这些海量数据中，可以轻易辨识出哪些是符合各项指标的贫困户。确定扶贫对象之后，再根据相关的各种信息，比如生活环境、劳力状况、知识状况、家庭状况等，为其量身打造一套脱贫的方法，最终目的是让其彻底脱贫致富。②

例五：英国：议会邀请机器人参与立法

2018 年 10 月 17 日，英国议会邀请日本软银 3 年前开发的一个名叫 Pepper 的机器人作为特别委员会的证人，与议员们探讨人工智能的兴起对劳动力市场的影响和教育的未来等问题。据说，这是英国议会 700 来年历史上第一次邀请非人类参会。这场发生在古老庄严的威斯敏斯特宫里的，由保守古板的英国议会发起的法律与科技、历史与未来的碰撞自然引起了广泛的关注，特别是在社交媒体上掀起了讨论的热潮。之所以引起广泛的关注，主要是这个机器人背后所代表的人工智能技术，以及这一技术可能引发的直指人类本身的无限广阔的可能性。③

例六：伊朗：在立法中采用人工智能

伊朗将在立法中采用人工智能，以帮助接收数据并解决立法中所遇到的问题。德黑兰-伊朗议会研究中心官员尤内斯·阿迪尼说，伊朗将在立法中使用人工智

---

①《用人工智能辅助地方立法——访天津市人大法制委员会主任委员高绍林》，http://www.legaldaily.com.cn/index/content/2018-01/23/content_7454823.htm?node=20908，最后访问：2019 年 6 月 7 日。

②《用大数据地方立法推动国家层面立法》，http://www.xinhuanet.com//legal/2017-11/14/c_129740517.htm，最后访问：2019 年 6 月 7 日。

③《软银 Pepper 机器人出席英国下议院听证会》，Cnbeta.com/articles/tech/778079.htm，最后访问：2019 年 8 月 25 日。

能。伊朗于 2018 年 4 月即启动这个项目。这个项目关注以下议题：人类智能和立法以及世界上的人工智能和立法，以了解其他国家在应用人工智能方面使用了什么。阿迪尼说，“我们正在考虑可以接收数据并帮助我们解决问题的人工智能”。人工智能将作为人类智能的补充。“虽然许多国家还没有将人工智能用于立法，但这种情况仍在发生。”①

例七：美国特拉华州：以区块链来代替股票所有权记录系统

在特拉华州衡平法院副大法官的推动下，特拉华州的立法机构于 2017 年启用了区块链来代替本州 1970 年的股票所有权记录系统。截至 2018 年，特拉华州公司法总则允许以“一个或多个电子网络或数据库，包括一个或多个分布式电子网络或数据库”的形式保存诸如“股东分类账簿、重要的会议记录簿、不重要的会议记录摘要”等公司记录。在涉及商业所有权问题的各种案件中，从股东诉讼到“揭开公司面纱”，再到营利实体的解散等问题，州和地方法院都可以开始运用区块链证据。该州批准企业通过区块链技术维护股东信息，弃用了过时的中心化以及低效系统。用区块链来记录股票持有者信息能够帮助企业快速并轻松地识别所有股东，以及任一时间点的持股人信息。这对于红利分配等操作来说是相当有用的。②

二、司法应用

例一：最高法院建成的人民法院大数据管理和服务平台

最高法院建成的人民法院大数据管理和服务平台，能够实时收集全国法院收结案数据，每 5 分钟自动更新一次，每日大约汇聚 7 万至 8 万案件数据。截至 2018 年上半年，该平台已汇集全国法院 1.4 亿案件数据，成为全世界最大的审判

① Iran to use artificial intelligence in legislation，https://www.tehrantimes.com/news/428826/Iran-to-use-artificial-intelligence-in-legislation，最后访问：2019 年 6 月 7 日。

② ［美］迪・格拉茨基保罗・埃布里：《当区块链进入美国法院之后》，赵蕾、邓楚伊译，《人民法院报》2018 年 8 月 17 日第 8 版。

信息资源库。同时，全面实现司法统计与大数据管理和服务平台并轨，能够自动生成全国四级法院138张司法统计报表，这一成就标志着法院彻底告别人工司法统计时代。利用汇集的案件数据，最高法院定期开展专题分析，目前已经累计完成280余项专题分析报告。

例二：上海刑事案件智能辅助办案系统

2017年2月6日，时任中央政治局委员、中央政法委书记孟建柱同志到上海调研，明确将研发“推进以审判为中心的诉讼制度改革软件”的任务交由上海承担。上海公检法与研发单位科大讯飞公司合作，研发上海刑事案件智能辅助办案系统，因任务是2月6日部署，故简称“206系统”。系统定位为“智能辅助”：一是系统不取代公检法现有的办案软件，通过搭建公检法互联互通的“通道”，重点在证据审查上提供辅助功能。二是系统研发的目的不是让机器取代人办案，而是对刑事办案提供机器智能辅助。“206系统”的网络构建为“一中心四平台”，中心数据平台建设在政务外网，公检法司在各自办案网络内部署一套“206系统”，与中心平台进行数据交互。“206系统”由三个部分组成，一是上海刑事案件大数据资源库，该数据库汇聚了公检法三机关法律法规、裁判文书、办案文件、电子卷宗的数据资源，并会随着系统的应用及进一步建设不断增加新的内容。二是上海刑事案件智能辅助办案应用软件。三是上海刑事案件智能辅助办案系统网络平台。2018年年底，上海“206系统”3.0版本上线运行并在全市全面应用，上海刑事案件办理实现了从立案、侦查、批捕、审查、起诉、庭审、判决等均在“206系统”中运行，效果良好。

例三：杭州互联网法院

2017年8月18日，杭州互联网法院挂牌成立。杭州互联网法院是全国第一家集中审理涉网案件的试点法院，贯彻“网上案件网上审”的审理思维，将涉及网络的案件从现有审判体系中剥离出来，充分依托互联网技术，完成起诉、立案、举证、开庭、裁判、执行全流程在线化，实现便民诉讼，节约司法资源。该院融合机制创新与网络解纷，构建前置性指导化解、ODR、第三方调解、诉讼等多层次、多元化的涉网纠纷解决体系，专业、高效、便捷处理涉网纠纷。在功能定位上，杭州互联网法院担负着互联网空间依法治理的“孵化器”、互联网司法规则制定的“试验田”、互联网纠纷多元化解的“主导者”、互联网审判方式变革的“先行者”等多种角色。利用大数据分析技术对涉网案件数据进行多模块比对分析，梳理规律和特点，形成结构化、标准化的互联网司法裁判规则，为营造更安全、更干净、更具人性化的网络空间司法护航。

例四：检察系统“智能辅助办案系统”建设

2018年，北京、贵州、江苏、上海、山东、浙江等地检察机关已全面开展智能辅助办案系统建设应用。其中，北京检察机关已在全市试点开展类案参考、辅助量刑建议、简易速裁案件办理、出庭一体化示证等应用。其中，智库（类案）系统对最高法院裁判文书网上公开的裁判文书、北京地区检察机关的起诉书等数据进行了关联整合，支持基于案情的智能检索和法律条文的组合检索等方式。其中，量刑建议系统目前主要还是根据法院判决书数据提出量刑建议，后续将整合检察机关量刑建议书的数据，在此基础上提出量刑建议参考。简易速裁案件系统辅助检察官来完成文书自动生成和法律事实证据自动摘选等。出庭一体化示证平台采用实时投屏、思维导图、虚拟现实等科技手段，来解决检察机关在传统庭审示证中的诸多难点。

贵州已在全省范围内开展智能辅助办案系统应用，包括故意伤害、故意杀人、抢劫、盗窃等四个罪名，提供实体办案智能辅助。此外，贵州建立了信息化参与程度指数，鼓励引导基层加强信息化应用。启动检察智能辅助办案应用联合实验室建设，计划围绕电子卷宗实体识别、大数据办案辅助和音视频资料智能辅助审查等技术和应用难点，开展需求调研、软件开发、应用评估等具体工作。

江苏已在全省范围内开展案管机器人建设应用。案管机器人主要加强对检察机关案件办理的监督管理，具备“三全三化”特征，即全覆盖、全流程、全留痕和数字化、规范化、智能化，其核心实际上是刑事办案智能辅助系统，且侧重于危险驾驶罪、交通肇事罪的办理，已全面投入使用。

山东已建成全省统一的检察大数据平台，“检度”（智能大数据搜索平台）、证据分析、类案推送、量刑建议、文书纠错、视频证据分析、智能化公诉远程出庭智慧系统等已在全省投入使用。办案智能辅助机器人在济南的历下、历城区和泰安的岱岳区进行试点研发，力争将占全省案件数 30% 的危险驾驶类案件全部实现智能化办理。

例五：美国威斯康辛：法院运用 COMPAS 人工智能软件

COMPAS 是一种基于大数据识别罪犯风险程度的风险评估工具。该工具最初被设计用于在收监、管理囚犯和规划惩治手段的过程中为监狱管理部门提供决策支持。COMPAS 通常会根据被告犯罪档案和问卷调查中记载的信息对其再次犯罪的可能性进行风险评估，同时还可根据需要进行就业、住房和药物滥用等领域的专项风险评估。通常而言，COMPAS 会从审前风险、再犯风险和暴力风险三方面进行打分，区间均为一到十，数字越大风险程度越高。

在“Wisconsin v.Loomis”案中，卢姆斯三项内容的风险值均为高，被识别为对社会具有较高危险性。一审法院综合考虑其所犯罪行的严重性、个人经历和监视记录以及 COMPAS 风险评估工具等各种量刑因素，未支持卢姆斯的缓刑请求，判决其需要因驾车逃避警察执法和未经车主同意驾驶汽车入狱 8 年，出狱后还要接受 5 年的监视。卢姆斯对量刑结果提出异议并请求进行量刑听证，其认为：一审法院使用 COMPAS 进行风险评估违反其依据宪法享有的“正当程序（Due Process）”权利。COMPAS 的专有保密属性使其无法对风险评估的科学有效性提出质疑，调查报告中使用 COMPAS 进行风险评估剥夺了自己获取量刑报告全面信息的机会，因此无法确保自己基于准确信息而获得量刑的权利。

一审法院认为，其在量刑判决中引用 COMPAS 评分是为了证明判决内容，无论是否使用该工具都不会改变判决结果，继而驳回了卢姆斯的异议申请。卢姆斯不服提出上诉，二审法院将案件提请威斯康辛州最高法院处理。威斯康辛州最高法院认为，COMPAS 给出的风险评估可以在一般意义上判断具有类似前科的人被释放后再次实施犯罪的可能性，其评分基础是将该个人的信息与具有类似特征的群体信息进行比较，而非直接预测特定个人的再犯风险。评估的目的是识别出那些能够通过评估获益的罪犯，以及提示监管中需要注意的风险点。因此，该风险评估工具有助于法院衡量所有量刑因素。如果使用得当，并遵守其明确要求的限制和注意事项，法院在判决中考虑 COMPAS 工具的风险评分并未侵犯被告享有的正当程序宪法权利。威斯康辛州最高法院进而指出，尽管被告无法查看和质疑 COMPAS 算法如何计算风险评分，但他至少可以审查并质疑量刑调查报告所附 COMPAS 评估结果的风险分值。① 最终，威斯康辛州最高法院驳回了卢姆斯的异议。

三、执法应用

例一：雪亮工程

雪亮工程是中央政法委推出的一项以县、乡、村三级综治中心为平台，以综治信息化委支撑、以网格化管理为基础、以公共安全视频监控联网应用为重点的群众性综治工程。它通过三级综治中心建设把治安防范措施延伸到群众身边，发动社会力量，让广大群众共同监看视频监控，共同参与治安防范，从而真正实现治安防控“全覆盖、无死角”。经过多年的建设，雪亮工程已经成为促进我国社会治安视频监控系统建设和推动安防产业持续快速发展的新引擎。监控设备量猛增，设备主要分为三大部分：一是前端摄像设备和监控网络建设，这一部分在雪亮工程中占比较大，实施抓拍、预警、人脸识别等需求较多；二是后端图像视频资料的存储支撑平台，这一部分由云存储技术支撑，包括存储设备和网络传输设备两部分；三是视频应用端大屏综合监控管理中心，雪亮工程中此类设备的使用具有 7×24 小时无间断、室内近距离观看以及显示内容繁杂等特点。雪亮工程主要是针对农村地区治安防控的监控项目，然而，近几年雪亮工程实际建设仍停留在地级市、城区街道、社区等经济能力相对好的区域，经济基础薄弱、基础监控设备完全空白的大部分乡镇地区，还未开展建设。当然，企业积极性不高、施工整合难度加大、运维成本高等也是催生这一现象的重要因素。未来，随着云计算、大

① 《将人工智能在审判中限定为辅助工具》，news.ifeng.com/a/20180802/59571739_0.shtml，最后访问：2019 年 6 月 7 日。

数据、AI 等新技术不断应用，视频监控将为视频深度挖掘和应用提供支持，推动雪亮工程的持续有效发展。

例二：天网工程

天网工程是指为满足城市治安防控和城市管理需要，利用图像采集、传输、控制、显示等设备和控制软件组成，对固定区域进行实时监控和信息记录的视频监控系统。天网工程整体按照部级—省厅级—市县级平台架构部署实施，具有良好的拓展性与融合性。该工程的重要组成部分“实时行人检测识别系统”可以通过路上的摄像头，识别行人的年龄、性别、衣着等信息，同样的技术也适用于机动车。此外，监控镜头不仅可以实时捕捉监拍行人的相貌，还可以同时与数据库中的指定人物信息进行匹配，弹出匹配度的提醒。该技术可与行人跟踪、行人识别等技术结合，帮助警方确定在逃罪犯的行踪。一旦识别信息与数据库中的逃犯信息相吻合，系统就会向警方发出警报。据英国广播公司（BBC）当地时间 2017 年 12 月 10 日报道，BBC 记者约翰・苏德沃斯在我国贵阳体验了这项“天网工程”，在被手机拍下一张面部照片后，仅仅“潜逃”七分钟，就被当地警方“抓获”。

例三：美国：警察使用人工智能软件选择巡逻地点

为了在犯罪发生前预测犯罪，美国各地的警察部门都在试验人工智能程序，比如圣克鲁斯的 PredPol。这是警方数十年来用来指导巡逻的“热点”犯罪地图的演变。这些数据在警方地图上显示为 500 英尺的范围，代表某一特定时间段内可能发生犯罪的区域。这种预测使得警察可以在没有接到报警电话时，主动巡视这些区域。每小时在划定的范围里待 6 分钟是预防犯罪的“最佳时间”。据悉这一人工智能技术的使用使得一些城市的犯罪率大幅下降，大多数情况下，下降幅度达到两位数。PredPol 的软件已被美国约 50 个部门和加州约 10 个部门使用，其中包括加州大学伯克利分校（UC Berkeley）、山景城（Mountain View）、圣克鲁斯（Santa Cruz）、洛斯加托斯（Los Gatos）和坎贝尔（Campbell）。它试图预测抢劫、入室盗窃、汽车盗窃、严重攻击和杀人，但不包括强奸和性侵犯、家庭暴力或毒品犯罪。在警察不当行为和枪杀手无寸铁的嫌疑人引发高度紧张之际，预测性警务正日益受到隐私倡导者、监管机构甚至执法部门的密切关注。预测警务的软件依赖于数据，但是，批评者指出，如果这些数据来自糟糕的政策——例如，非洲裔或西班牙裔社区的过度执法，或者富裕地区的执法不力，这些偏见会影响算法。

例四：英国：警方准备使用 AI 抓捕犯罪

2018 年，英国警方正在试用一种能够识别图像、匹配人脸和分析通信模式的人工智能软件，以加快对犯罪调查中查获的手机进行检查。2018 年，英国国家警察局长即与皇家检察署合作，探索机器学习和人工智能解决方案。这一方案借用了日本 Cellebrite 公司的技术，该公司一直在与包括伦敦警察厅（Metropolitanpolice）在内的十多家英国部队合作测试复杂的软件，以帮助处理从手机和电脑上获取的数字证据。伦敦警察厅的一名发言人表示："过去两年，我们一直在积极探索更先进的人工智能系统，以提高我们的调查质量，帮助我们更好地保护社会上最弱势的群体，同时更快地将罪犯绳之以法。" Cellebrite 的系统配备了面部识别软件，这意味着警方可以将可疑人的照片输入，看看他们是否会出现在手机的照片中，整个图像数据库也可以通过该软件输入。到 2018 年为止，提取的数据通常以 PDF 文档的形式提供，有时会运行到数万页。相比之下，Cellebrite 销售的最新系统"企业分析"（Analytics Enterprise）则允许警员进行复杂的过滤可视化社交网络，并通过地理标签数据输入多部手机的数据，以突出人们同时在同一地点的信息。

例五：英国达勒姆：HART 系统确定嫌疑人是否应被关押

英国达勒姆警察计划将用人工智能系统来确定嫌疑人是否应被关押，这套系统被称为"危害评估风险工具"（Harm Assessment Risk Tool，HART）。设计该系统的目的是根据未来犯罪的低、中、高风险对个人进行分类。这套人工智能系统可被用于评估一些不同的决定，例如嫌疑犯是否应该被关押更长的时间等。Hart 作出的决策是基于 2008—2013 年期间达勒姆警方收集的数据，其涉及犯罪史，当前犯罪的严重程度等因素。在 2013 年的初步测试中，Hart 的低风险预测准确率为 98%，而高风险预测准确率为 88%。达勒姆警方表示，Hart 作出的决策在初步和实验期间将只是作为一种"咨询"。由于该系统将考虑到性别和邮政编码等因素，执法人员和学术顾问表示，这仍将是不完整的，不应该完全信任其作出的决策。Hart 只是全球执法官员、法院和监狱系统使用的诸多算法和预测软件工具之一。虽然它们可以提高警察的效率，但其可能也存在一些缺陷。2018 年 ProPublica 发表的一项调查中，发现这些风险评估工具有很大的缺陷，其带有的人类偏见使得其更多地将黑人被告作为未来罪犯（人数为白人的两倍），并且更有可能将白人被告视为低风险罪犯。

例六：迪拜：警方用人工智能预测犯罪

借助大数据和机器学习，迪拜警方部署了“中东航天成像 SIME ”开发的基于 AI 的全新犯罪预测软件。SIME 的这套犯罪预测软件通过收集分析警方数据源，判断可能出现犯罪行为的人类，并进行追踪和提前预测犯罪将出现的时间和地点，让迪拜警方有效部署警力，等到犯罪行为真实出现即可在第一现场第一时间实施逮捕。SIME 的地理信息系统分部主管 Spandan Kar 称：“这套软件具有惊人的智能算法，能够精确地从错综复杂的数据，以及看似毫无关联的事件中辨别判断出犯罪行为模式，准确预测可能出现的犯罪行为。我们对其预测分析结果的准确率非常自信，结合资深和丰富经验警官的意见，我们将有效地侦测打击犯罪。”至于效果到底如何，SIME 和迪拜警方均未给出相关细节或实际成功案例。

例七：美国：人工智能辅助侦查破案

人工智能在美国司法活动的运用不局限于审判，还广泛运用于侦查过程。侦查中运用大数据分析，能够为警方破案提供重要线索。例如，美国多地警方正在部署大数据驱动的警务风险评估软件用于“预防性侦查”，将犯罪扼杀在萌芽状态。在纽约、洛杉矶、芝加哥和迈阿密等城市，智能软件根据过去保存的犯罪数据预测哪些犯罪高发区域出现新的犯罪苗头，警察便会提前做好布控巡逻。智能系统使犯罪分析实验室能在顷刻之间完成从前需要动用大量警力的工作。洛杉矶警察实时监控系统（RACR）如同打击国际恐怖分子网络一般，能分析执法部门收集的隐蔽线索，实现执法信息共享。这些数据分析主要根据社交网络中的海量数据进行加工，可以迅速地从海量数据中锁定破案的关键线索。例如，自动从驾驶证注册平台中识别匹配犯罪嫌疑人的车辆。

附录七　人工智能司法典型案例

案例一：高频交易操纵期货市场第一案（伊世顿公司操纵期货市场案）

2015年六七月间，我国证券期货市场出现异常巨幅波动，广大投资者蒙受巨大损失。公安机关经侦查后认为，伊世顿公司异常交易行为符合操纵股指期货市场的特征，涉嫌操纵期货市场犯罪。与传统的操纵证券市场犯罪不同，本次案件的涉案人员并未利用资金或信息优势控制市场交易，也没有通过散布虚假信息的方式干扰其他投资者的决策，而是通过滥用高频交易的方法，造成期货合约价格浮动的假象，误导投资者跟风投资，并从中渔利。

本案中，除了运用技术手段绕开期货公司的柜台监管、直接提高交易速度以外，伊士顿公司主要通过“幌骗（spoofing）”的方法实现犯罪目的，即通过频繁申报和撤销申报，制造出虚假的买卖信息，误导期货市场中其他投资者买入该期货合约，其间抬高或者降低该期货合约的价格，再反向交易以便从中直接或者间接获取利益。法院经审理查明：伊世顿公司于2012年9月成立，由俄罗斯人扎亚、安东（均另案处理）实际控制。2013年6月起，伊世顿公司为逃避证券期货监管，通过高燕、金文献介绍，以借用或者收购方式，实际控制了19名自然人和7个法人期货账户，与伊世顿公司自有账户组成账户组，进行中国金融期货交易所（以下简称中金所）股指期货合约交易。2015年年初，伊世顿公司将自行开发的报单交易系统非法接入中金所交易系统，直接进行交易。同年 6 月 1 日至 7 月 6 日，该公司以逃避期货公司资金和持仓验证等非法手段获取的交易速度优势，大量交易中证 500 股指期货主力合约、沪深 300 股指期货主力合约共 377.44 万余手，从中获取非法利益人民币 3.893 亿余元。法院认为，被告单位伊世顿公司、被告人高燕、梁泽中、金文献的行为均构成操纵期货市场罪，系共同犯罪，且系情节特别严重。金文献的行为又构成职务侵占罪，依法应当两罪并罚。伊世顿公司依法可以酌情从轻处罚；高燕、梁泽中均具有自首情节，能认罪、悔罪，依法可以减轻处罚，并适用缓刑；鉴于金文献两罪均具有自首情节，依法分别减轻处罚。

此案是我国高频交易操纵期货市场第一案。被告通过计算机算法自动进行交易决策，误导投资者跟风，从中渔利。个人投资者在我国证券市场所占比例较大，如何保障高频交易背景下的市场公平，如何用法律规制高频交易行为，该案裁判具有启发意义。

案例二：大数据不正当竞争第一案①
（新浪微博与脉脉案）

北京微梦创科网络技术有限公司（以下简称微梦公司）是新浪微博的经营人；北京淘友天下技术有限公司（以下简称淘友技术公司）、北京淘友天下科技发展有限公司（以下简称淘友科技公司）共同经营脉脉软件及脉脉网站。

一审中，原告微梦公司认为，新浪微博与脉脉软件同属于社交类软件，因而二被告（淘友技术公司与淘友科技公司）与其存在竞争关系。本案中，二被告通过脉脉软件，实施了包括“非法抓取、使用新浪微博平台用户信息”与“非法获取并使用脉脉注册用户手机通讯录联系人与新浪微博用户的对应关系”等在内的四项不正当竞争行为，遂请求法院判令二被告停止不正当竞争行为，刊登声明、消除影响，并赔偿经济损失 1000 万元及合理开支 30 万元。一审法院对于二者间

① 北京市海淀区人民法院（2015）海民（知）初字第 12602 号民事判决书；北京知识产权法院（2016）京 73 民终 588 号民事判决书。

的竞争关系给予了肯定，并分析了涉案信息来源、二被告获取并使用涉案合法性等问题，并通过信息匹配过高精准度，反驳了二被告“通过协同过滤算法实现用户信息匹配”的抗辩，认定二被告不正当竞争行为成立，判决其立即停止涉案不正当竞争行为，共同赔偿微梦创科公司经济损失 200 万元及合理费用 20 余万元。一审判决作出后，淘友公司不服，上诉至北京知识产权法院。

二审法院认为，上诉人淘友技术公司、淘友科技公司明知自己是基于《开发者协议》从而可以通过 OpenAPI 获取用户信息，但却无视《开发者协议》的具体内容约定，通过技术手段获得用户数据信息，其主观上具有一定的过错。此举不仅破坏了基于《开发者协议》建立起来的 OpenAPI 合作模式，还容易引发“技术霸权”的恶性竞争，即只要技术上能够获取的信息就可以任意取得，从而破坏了互联网的竞争秩序。被上诉人微梦公司基于其 OpenAPI 合作开发提供数据方的市场主体地位，可以就开发方未按照《开发者协议》约定内容、未取得用户同意、无正当理由使用其平台相关数据资源的行为主张自己的合法权益。故一审判决虽然存在部分技术事实认定不清的问题，但考虑到最终结论正确，因而驳回上诉，维持原判。

此案作为我国首例大数据不正当竞争案，涉及互联网环境下用户信息的获取和使用。法院认定脉脉软件运营公司获取、使用新浪微博平台用户信息等行为不具有合法性和正当性，但也同时指出，微梦公司在 OpenAPI 的接口权限设置中存在重大漏洞，为了保护新浪微博用户的个人信息，微梦公司应当积极履行网络运营者的管理义务。良好的互联网竞争环境需要网络运营者、第三方应用开发者等各方主体的积极参与和共同努力。

案例三：“区块链存证”第一案[①]
（华泰一媒与道同科技侵害作品信息网络传播权纠纷案）

2018 年 7 月，杭州华泰一媒公司发现深圳市道同科技公司未经授权在网站上

① 杭州互联网法院（2018）浙 0192 民初 81 号民事判决书。

转载了其作品，侵害了其信息网络传播权，因此向杭州互联网法院起诉。原告为了证明被告在其运营的网站上发表了原告享有著作权的相关作品，选择了区块链存证的方式，通过第三方平台保全网进行了侵权网页的自动抓取及侵权页面的源码识别，并将该两项内容和调用日志等的压缩包计算成哈希值上传至 Factom（公证通）区块链和比特币区块链中。

法院从存证平台资质、侵权网页取证技术手段可信度和区块链电子证据保存完整性三个方面，审查了区块链存证方式是否符合电子数据相关规定及证明力的大小，又从电子证据是否真实上传、是否为诉争电子证据两个方面审查了电子证据是否已上传至区块链，最终认可了原告区块链存证的方式，认定了侵权事实。法院认为，保全网作为第三方电子存证平台具有中立性，对侵权网页进行取证的技术具有可信度，由此生成的电子数据具有真实性、完整性与不可篡改性。互联网法院基于保全网的取证，综合认定被告公司侵权。

本案是我国"区块链存证"第一案，其中特别具有标志性意义的是法院作出的"区块链电子证据保存完整性"审查部分。为了说明使用区块链保存电子证据完整性方法的可靠性，法院对区块链技术进行了阐释，认可了区块链具有难以篡改、删除的特点，在确认诉争电子证据已保存至区块链后，其作为一种保持内容完整性的方法具有可靠性。

案例四：全国首例人工智能生成内容著作权案[①]
（菲林律师事务所与北京百度网讯科技有限公司著作权侵权纠纷案）

菲林律师事务所（以下简称菲林律所）称其是涉案文章《影视娱乐行业司法大数据分析报告——电影卷·北京篇》的著作权人，该文于 2018 年 9 月 9 日首次在其微信公众号上发表，由文字作品和图形作品两部分构成，系法人作品；2018 年 9 月 10 日，百度网讯公司经营的百家号平台上发布了被诉侵权文章，删除了涉

① 北京互联网法院（2018）京 0491 民初 239 号民事判决书。

案文章的署名、引言等部分，侵害了菲林律所享有的信息网络传播权、署名权、保护作品完整权，并造成菲林律所的相关经济损失。据此，菲林律所请求法院判令百度网讯公司赔礼道歉、消除影响，并赔偿其经济损失1万元及合理费用560元。对此，百度网讯公司辩称，涉案文章含有图形和文字两部分内容，但均是采用法律统计数据分析软件获得的报告，报告中的数据并不是菲林律所经过调查、查找或收集获得，报告中的图表也不是由其绘制所得，而是由分析软件自动生成，因此涉案文章不是由菲林律所通过自己的智力劳动创造获得，不属于著作权法的保护范围。

北京互联网法院认为，虽然随着科学技术的发展，计算机软件智能生成的此类“作品”在内容、形态，甚至表达方式上日趋接近自然人，但根据现实的科技及产业发展水平，现行法律权利保护体系已经可以对此类软件的智力、经济投入给予充分保护，不宜再对民法主体的基本规范予以突破。因此自然人创作完成仍应是著作权法领域文字作品的必要条件。软件研发者和使用者均不应成为涉计算机软件智能生成内容的作者，该内容亦不能构成作品。但涉计算机软件智能生成内容凝结了软件研发者和软件使用者的投入，具备传播价值，应当赋予投入者一定的权益保护。软件研发者可通过收取软件使用费，使其投入获得回报，软件使用者可采用合理方式在涉计算机软件智能生成内容上表明其享有相关权益。本案中，百度网讯公司未经许可在其经营的相关平台上提供了被诉侵权文章内容，供公众在选定的时间、选定的地点获得，侵害了菲林律所享有的信息网络传播权，应承担相应的民事责任，故原告要求被告赔偿经济损失的主张，法院予以支持。

作为全国首例人工智能生成内容著作权案，本案为大数据环境下软件智能生成内容的著作权保护、利益分配问题提供了思路。虽然计算机软件智能生成内容不构成作品，但基于鼓励文化传播和价值发挥的考虑，应当将分析报告的有关权益赋予软件使用者，鼓励其对智能生成内容的使用和传播行为。

案件五：国内首例云服务器存储侵权案[①]
（乐动卓越公司诉阿里云服务侵权案）

乐动卓越公司是手机游戏软件《我叫 MT online》的著作权人。www.callmt.com 网站提供非法复制《我叫 MT online》游戏数据包的《我叫 MT 畅爽版》盗版游戏。经调查发现，涉案盗版游戏存储于阿里云服务器，并通过该服务器向玩家提供游戏下载与充值服务。乐动卓越公司遂诉至一审法院，请求判令阿里云公司断开链接并停止为《我叫 MT 畅爽版》游戏继续提供服务器租赁服务，并赔偿经济损失 100 万元及合理支出 11240 元。

本案涉及云服务器租赁服务提供者主体性质认定以及过错判定问题。一审法院认为《侵权责任法》第三十六条的规定并不仅仅针对信息存储空间服务的提供者，而是针对所有网络服务的提供者。尽管阿里公司提供的只是服务器租赁服务，不具有事先审查存储内容的义务，但其在收到该通知后长时间不采取任何必要措施，主观上未意识到损害后果存在过错，客观上导致损害结果扩大，因而应当对正版游戏运营商的损失承担部分法律责任。阿里公司不服，向北京知识产权法院提起上诉。

二审法院首先对阿里公司的主体性质进行确认。即虽然阿里公司在本案中提供的云服务器租赁服务，不属于《信息网络传播权保护条例》规制的四类网络服务之一。但阿里公司作为“网络服务提供者”，可以适用《侵权责任法》第三十六条第二、三款的规定。其次，就网络服务提供商所负义务的认定，根据《侵权责任法》第三十六条第二款规定的“通知加采取必要措施”规则，网络服务器提供商承担责任的前提，是接到权利人的“合格通知”。根据《最高人民法院关于审理利用信息网络侵害人身权益民事纠纷案件适用法律若干问题的规定》第五条，“合格通知”的法定要件主要包括：（1）通知人的姓名（名称）和联系方式；（2）要求采取必要措施的网络地址或者足以准确定位侵权内容的相关信息；（3）通知人

① 北京市石景山区人民法院（2017）京 73 民终 1194 号判决书（已被撤销）；北京知识产权法院（2017）京 73 民终 1194 号民事判决书。

要求删除相关信息的理由。由于乐动卓越公司向阿里公司先后发出的三份“通知”无法使阿里公司准确识别权利人、定位侵权内容、判断侵权行为，不属于合格通知。因而阿里公司未采取相应措施，并不存在过错。此外，考虑到云计算行业的发展现状，即便乐动卓越公司发出的系合格通知，阿里公司也无需采取“关停服务器”或“强行删除服务器内全部数据”的措施：此举对云计算服务提供者的免责条件要求过苛，徒增运营成本，不利于该行业的发展；动辄要求云计算服务提供者删除用户数据，也会威胁用户的数据安全。结合云计算的技术特征与相关行业的商业伦理，在面对合格通知时，“转通知”才是阿里公司应当采取的“必要措施”。

本案一方面明确了“合格通知”应具备的法律要件，为信息网络纠纷的裁判提供了指导；另一方面承认了云服务提供商作为“网络服务提供者”的法律地位，完善了“通知—删除”原则的适用条件，对我国云服务器租赁服务这一新兴行业的发展将产生重要影响。

案例六：互联网流量劫持第一案①
（付某某、黄某某“DNS 劫持”案）

“流量劫持”，是指犯罪分子通过特殊技术手段，截取用户的原始访问需求，将特定网页返回给用户，或破坏原有正常服务以达到牟利目的的行为。流量劫持包括以下两种情形：（1）域名劫持，主要表现是：用户在正常的上网状态下（如 3G、4G 和 Wi-Fi 等状态），目标域名会被恶意地错误解析到其他 IP 地址上，造成用户无法正常使用服务；（2）数据劫持，表现为：对于返回的内容，会在其中强行插入弹窗或嵌入式广告等其他内容，干扰用户的正常使用，并对用户体验构成极大伤害。

2013 年年底至 2014 年 10 月，付某某、黄某某等人租赁多台服务器，使用恶

① 上海市浦东新区人民法院（2015）浦刑初字第 1460 号刑事判决书。

意代码修改互联网用户路由器的 DNS 设置，进而使用户登录“2345.com”等导航网站时跳转至其设置的“5w.com”导航网站，被告人付某某、黄某某等人再将获取的互联网用户流量出售给杭州久尚科技有限公司（系“5w.com”导航网站所有者），违法所得合计人民币 754762.34 元。2015 年，上海市浦东新区人民法院对二被告进行宣判，法院认为，付某某、黄某某违反国家规定，对计算机信息系统中存储的数据进行修改，后果特别严重，依照《中华人民共和国刑法》第二百八十六条、第二十五条第一款的规定，均已构成破坏计算机信息系统罪。故分别判处二人有期徒刑三年，缓刑三年，扣押在案的作案工具以及退缴在案的违法所得予以没收。

本案为我国互联网流量劫持第一案。一般认为，流量劫持分成“软性”和“硬性”两种。“软性”的流量劫持一般构成不正当竞争，其不采取技术手段破坏他人计算机系统，而是采取其他手段，如带有误导性的广告、下拉框、菜单或者关键词等，诱导其他网站的潜在用户自行进入特定网站。“硬性”流量劫持，即如本案中的被告人那样，采用破坏他人计算机系统的方法实现劫持流量的目的。当前我国刑法并未规定“流量劫持”中的“流量”属于财产，用户流量流失以及各方遭受的经济损失也难以归入财产犯罪。但是，硬性的“流量劫持”行为客观上导致计算机信息系统被植入恶意软件并危害网络的正常运行，是对计算机信息系统的破坏，因而满足《刑法》第二百八十六条破坏计算机信息系统罪的客观要件。

案例七：“视频刷量”第一案[①]
（“爱奇艺”诉“飞益”等不正当竞争纠纷案）

视频行业，流量为王。流量带来的收益包括以下几个方面：平台奖励，即视频网站根据播放量给予视频作者一定金额的报酬；粉丝经济，吸引粉丝的自媒体人可心得到不菲的“打赏”，也可以向粉丝售卖产品；广告收益，关注度高的视频

① 上海市徐汇区人民法院（2017）沪 0104 民初 18960 号民事判决书；上海知识产权法院（2019）沪 73 民终 4 号民事判决书。

制作者可以得到更多承接广告的机会……为了获取更多利益分成，一些自媒体人倾向于购买流量，制造虚假的热度。“视频刷量产业”应运而生。

爱奇艺公司运营的爱奇艺网站是国内知名的视频网站，杭州飞益信息科技有限公司（以下简称飞益公司）专门提供针对爱奇艺网站、优酷土豆网站、腾讯视频网站等视频网站的刷量服务；吕某某系飞益公司股东及法定代表人，使用个人的 QQ 账号、淘宝账户对外招揽视频刷量业务，虚设商品并通过个人支付宝账户收取报酬；胡某某系飞益公司股东及监事，申请注册域名供飞益公司解析网站使用，申请注册域名用于刷量服务，使用个人手机、微信对外招揽视频刷量业务。爱奇艺在监控中发现，三被告分工合作，通过多个域名，不断更换访问 IP 地址等方式，连续访问爱奇艺网站视频，在短时间内迅速提高视频访问量。爱奇艺公司认为，三被告的“刷量”（即在短时间内迅速提高特定视频内容的访问量）行为侵犯了其合法权益，构成不正当竞争，要求对方赔偿其经济损失 500 万元并刊登声明消除影响。

徐汇区人民法院与上海知识产权法院作为一审、二审法院分别于 2018 年和 2019 年公开开庭审理了该案。两处法院在认定视频刷量行为构成不正当竞争的同时，对于该不正当行为的认定却有所不同。

一审法院认定，以技术手段增加视频点击量的涉案行为属于市场竞争行为，并从“涉案行为违反市场经济竞争原则”与“涉案行为损害了爱奇艺公司的合法权益”两方面判断该行为具有不正当性。由于“视频刷量”行为不在《反不正当竞争法》① 明确规定的不正当行为之中，因此法院根据《反不正当竞争法》第二条的原则性规定，认定三被告的视频刷量行为违反商业道德，损害爱奇艺公司及消费者的合法权益，构成不正当竞争。二审法院则认为，市场行为是否属于不正当竞争行为，需要根据《反不正当竞争法》的具体规定判断。虚构视频点击量的行为，实际上是在以虚假宣传的方式达到吸引消费者的目的。该行为属于反不正当竞争法第九条所规制的“虚假宣传”的不正当竞争行为。无需引用《反不正当竞

① 需要说明的是，本案的视频刷量行为发生在 2017 年修订《反不正当竞争法》之前，故判决适用的均为 1993 年颁布的《反不正当竞争法》。

争法》第二条另行评判。一审法院对于虚构视频点击量属于不正当竞争行为的认定本身并无不当，但在反不正当竞争法具体条款的适用上略有瑕疵。遂作出二审判决，驳回上诉，维持原判。

本案为“视频刷量”第一案。随着大数据时代的来临，数据成为认识和分析事物的标尺。在视频行业，视频的播放量是评价视频质量的重要指标，也是视频网站与制作方分成的重要依据。本案判决后，爱奇艺公司在其官网发布声明称，将关闭显示前台播放量，以综合用户讨论度、互动量、多维播放类指标的“内容热度”代替原有播放量显示。但是，没有了播放量，视频及视频网站又该如何进行横向对比，仍待后续司法裁判探索。

案例八：比特币分叉第一案[①]（冯某某与乐酷达案）

乐酷币行网系乐酷达公司备案经营的网站。2016 年 11 月以来，原告冯某某在被告北京乐酷达网络科技有限公司（以下简称乐酷达公司）经营的 OKCoin 币行平台注册，并于 2017 年 1 月 12 日购买了 38.748 个比特币。2017 年 8 月 1 日，OKCoin 币行发布了《OKCoin 币行关于 BCC 快照及领取公告》（下称比特币现金领取公告），承诺将进行比特币权益结算，要求投资者在 OKCoin 币行账户内领取比特币现金，并承诺所有领取的比特币现金将直接打入用户的 OKEx 现货账户（即投资者在 OKCoin 币行的虚拟账户）中。按照比特币现金领取公告的承诺，此次比特币分叉后，冯某某应获得 38.748 个比特币现金。然而，2017 年 12 月，在冯某某按照比特币现金领取公告进行比特币现金提取时发现该网页“领取”按钮已消失。冯某某遂向法院提起诉讼，要求乐酷达公司支付承诺给予的 38.748 个比特币现金，并赔偿其因比特币欲提取时间和今天的交易价差而受到的损失。

北京市海淀区人民法院认为，根据《民法总则》第一百二十七条：“法律对数

① 北京市海淀区人民法院（2018）京 0108 民初 24805 号民事判决书；北京市第一中级人民法院（2018）京 01 民终 9579 号民事判决书。

据、网络虚拟财产的保护有规定的，依照其规定。”我国现行法律没有将比特币等网络虚拟财产规定为物权法上的“物”，基于物权法定原则，原告无法按照所有权的法律规定（如孳息）要求被告交付比特币“分叉”所产生的比特币现金。但是，比特币属于合同法上的交易对象，具有应当受到法律保护的“民事利益”。乐酷币行网的站内通告，尽管系单方发布，亦可以确认为双方权利义务关系的具体依据。乐酷达公司应当履行承诺的义务。但是应当注意，冯某某领取比特币现金的权利，并非基于交易，而是基于乐酷达公司执行比特币分叉规则而作出的承诺，因而不存在产生“损失”的对价基础。其次，比特币等虚拟商品的国际市场价格波动巨大是公知的事实，特定区间的价格波动不构成合同法上“合同履行后可以获得的利益”。因此，法院对冯某某要求乐酷达公司给付比特币现金的诉讼请求给予支持；但对于冯亦然的赔偿损失诉讼请求，法院不予支持。

一审结束后，冯某某表示不服判决，向北京市第一中级人民法院提起上诉。二审期间，双方争议焦点是乐酷达公司未能及时为冯某某提供比特币现金提取服务，是否应赔偿冯某某因比特币现金市场价值波动而遭受的损失。二审法院认为，乐酷达公司作为第三方机构，并不直接参与具体的比特币或比特币现金交易；比特币本身市场价值波动较大，不符合合同法关于损失“可预见性”的规定；此外，在比特币现金尚未交付，更没有完成与实体货币兑换的情况下，所谓的交易差损失并没有现实发生，因而法院对冯某某的上诉请求不予采信。2018 年 12 月，北京市第一中级人民法院作出判决，驳回上诉，维持原判。

本案为比特币分叉第一案。比特币是基于区块链生成的虚拟货币，作为新生事物，比特币的法律性质仍不明晰。本案中法院否定了比特币是物或物权客体的观点，但确认了当事人可基于债法维护自身合法权益的路径。

案例九：美国第一巡回法院数据抓取案（EF 公司与 Zefer 公司案）

EF 公司是一家主打学生旅游市场的公司，EF 的网站允许网站访问者搜索其旅游数据库并查看旅游价格，出发城市，目的地城市和旅游持续时间。几名 EF 员工（由 Zefer 公司提供，2000 年 6 月在 EF 公司工作）签了保密协议，几名员工离职后，另起炉灶，然后利用之前在 EF 公司工作期间知晓的价格代码，加之开发的爬虫软件（scraper tool），对 EF 公司的网站进行爬虫（并不是全部信息，只是价格信息），找到公众访问者无法搜到的低价，然后依据该价格参与竞争，平均削弱了 EF 的价格的 5%。最后 EF 公司诉 Zefer 公司至法院。

根据 Computer Fraud and Abuse Act（美国计算机欺诈和滥用法案），如果 EF 公司想要禁止一切爬虫软件，则应该在官网上明确写出。通过网站发表“限制访问”的声明来确立“未经授权”。然而，在 Zefer 使用爬虫的时候，EF 没有明确的禁令（尽管它现在已有相关规定）。但地方法院认为，根据 Computer Fraud and Abuse Act 中普通用户的“合理期望”的规定，可以推断出其“未经授权”，从而对被告发出了初步禁令。理由是：如果 EF 公司想要禁止抓取器，那就让它在网页上或链接上明确标明包含限制。即 CFAA 规定中的“未经授权”可以通过网站发表“限制访问”的明确声明，予以确立。初步禁止令是在上述有限的基础上被确认，并由法院解释。

2003 年，Zefer 公司上诉至美国第一巡回法院，上诉法院认可了地方法院关于推定的未经授权的意见，但同时指出，公共网站提供商应尽可能明确说明什么是被禁止的，以防止出现一个非常不精确的诉讼产生标准，如“合理的期望”。

案例十：日本东京地方法院比特币案
（甲与 MTGOX 比特币取回纠纷案）

甲（原告）于运营比特币交易所的 MTGOX 公司处取得账户并进行了比特币交易。2014 年 2 月 25 日，MTGOX 公司停止了用户对交易所（以下简称本案交易所）的访问，该公司虽于同月 28 日向东京地方法院提出了开始民事再生程序的申请，但因其财务状况及所管理的比特币的特殊性而被认为无再生的可能性，同年 4 月 24 日，法院裁定该公司进入破产清算程序，并选任乙（被告）作为管理人。甲于法院裁定破产清算之日的账户余额约为458btc（btc为比特币单位，下称本案比特币）以及少量的日元和美元。甲提起诉讼，主张就其所有但并不构成MTGOX公司破产财产的涉案比特币为被告所占有，基于日本破产法第六十二条所规定的取回权要求被告向其交付上述比特币。在请求被告交付的同时，因被告未向原告返还上述比特币，妨害了原告对比特币的自由使用收益或处分，导致原告遭受到766.5580万日元的损失，诉请被告支付因其非法行为导致的与上述损失额度相等的金额的案件。另外，原告同时请求依据《日本破产法》第七十八条第二款第十三项得到破产法院对其权利的认可。法院不认可比特币具备必要的有体性及排他的支配可能性从而成为所有权的客体。因此，原告并不拥有比特币的所有权和MTGOX公司管理的比特币地址上的比特币的共有分配权。另外，也不认可以寄存物的所有权为前提的寄存合同之成立。因此，原告不能对本案比特币行使基于所有权的取回权。原告虽主张被告侵害了本案比特币的所有权，如前所述，既然不认可原告对本案比特币享有所有权，故而也不认可对此的侵害是侵权行为。最后判决驳回原告的全部诉讼请求。

附录八　人工智能法治月度大事记（2019年1—6月）

2019年以来，随着人工智能技术的飞速发展，司法改革和法律信息化的持续推动，“人工智能＋法治”成为创新创业的重要方向，人工智能在法治领域的各种应用和解决方案已逐步进入公众视野，并悄然改变着现行法律体系的运作机制。① 盘点2019年1—6月世界人工智能法治最新进展：

一月

1. 中国《区块链信息服务管理规定》发布

1月10日，国家互联网信息办公室发布《区块链信息服务管理规定》，《规定》共计24条，自2019年2月15日起施行。该项规定旨在明确区块链信息服务提供者的信息安全管理责任，规范和促进区块链技术及相关服务健康发展，规避区块链信息服务安全风险，为区块链信息服务的提供、使用、管理等提供有效的法律依据。

① 2018年，“人工智能＋法治”应用技术快速成熟，已经进入实用阶段。如在司法领域，当前人工智能在法院中的使用主要有信息数据化、多位一体的诉讼服务体系、在线纠纷解决平台、实体裁判结果的预测与监督等。在法院庭审、法律文书识别等典型法治应用场景中，以语音识别、机器视觉为代表的人工智能技术快速成熟，达到实用化水平，同时与之相关的企业数量和初创企业亦快速增长。

附录八 人工智能法治月度大事记（2019年1—6月）

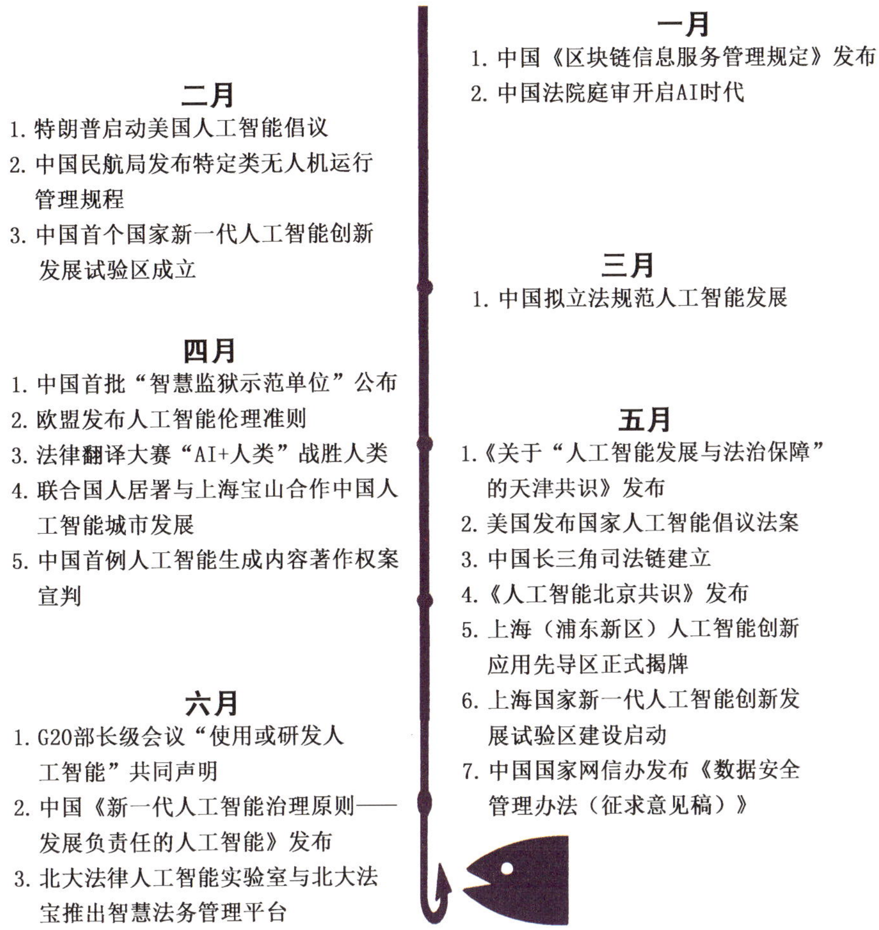

图1 2019年上半年世界人工智能法治进展大事记

2. 中国法院庭审开启AI时代

1月23日下午，上海市第二中级人民法院公开开庭审理一起抢劫案件，这是中国法院首次运用“推进以审判为中心诉讼制度改革——上海刑事案件智能辅助办案系统”（“206系统”）辅助庭审。这一版本的“206系统”设计有26项功能，88项子功能，其中系统的证据标准、证据规则指引功能，为办案人员提供了“看得见、摸得着、可操作”的标准化、数据化指引，减少了司法任意性，解决了公检法三机关证据标准适用不统一、办案行为不规范等突出问题。

二月

1. 特朗普启动美国人工智能倡议

2月11日，美国总统特朗普签署行政令，启动“美国人工智能倡议”，旨在从国家战略层面调动更多联邦资金和资源用于人工智能研发，以应对来自“战略竞争者和外国对手”的挑战，确保美国在该领域的领先地位。该倡议在提出应对“战略竞争者和外国对手”的同时，也呼吁与其他国家在该领域开展合作，但强调要符合所谓“美国的价值和利益”。该倡议没有列出具体的拨款计划，如何调配资金将由国会决定。这是美国政府首次推出国家层面的人工智能促进计划。

2. 中国民航局发布特定类无人机运行管理规程

2 月 11 日，中国民航局发布《特定类无人机试运行管理规程（暂行）》，逐步规范运行风险较高无人机的运行管理。该规程发布后，志愿申请人在某些典型运行场景下的无人机试运行，将得到批准实施。民航局将采用特定运行风险评估方法。审定流程将包括受理申请、安全评估、运行验证、试运行批准四个主要步骤。

3. 中国首个国家新一代人工智能创新发展试验区成立

2 月 18 日，北京国家新一代人工智能创新发展试验区正式成立，这是我国首个国家新一代人工智能创新发展试验区，标志着北京在大力发展人工智能产业上又迈出了新的步伐。北京国家新一代人工智能创新发展试验区将以体制机制创新为突破口，大力推进北京智源行动计划，培养和集聚创新人才，加强布局基础前沿研究，构建政产学研金用一体的协同创新体系，建设人工智能开放创新平台，构建一批人工智能应用场景，开展人工智能应用示范，完善和建立有利于人工智能健康发展的政策措施、安全伦理和法律法规，并率先开展先行先试，推动人工智能标准制订等，探索人工智能创新发展新模式、新思路，促进人工智能与经济社会发展深度融合发展。

三月

1. 中国拟立法规范人工智能发展

3 月 4 日，十三届全国人大二次会议在人民大会堂新闻发布厅举行新闻发布会，大会发言人张业遂就我国拟立法规范人工智能发展相关问题在答记者问中指出：人工智能是引领新一轮科技革命和产业变革的战略性技术，一些国家已将人工智能上升为国家重大发展战略。全国人大常委会已将一些与人工智能密切相关的立法项目，如数字安全法、个人信息保护法和修改科学技术进步法等，列入本届五年的立法规划。同时把人工智能方面立法列入抓紧研究项目，围绕相关法律问题进行深入的调查论证，努力使人工智能创新发展，努力为人工智能的创新发展提供有力的法治保障。

四月

1. 中国首批“智慧监狱示范单位”公布

4月2—3日，全国“智慧监狱”建设全面推进会在江苏宜兴召开，首批33个“智慧监狱示范单位”通过验收，并获得司法部颁发的相关证书。“智慧监狱”管理应用体系是司法部持续推进的“数字法治，智慧司法”信息化体系建设战略部署中的重要组成部分，需要实现安全防范、全流程业务、指挥调度等多方面应用落地，对人工智能技术、数据和应用等各方面也提出了更高的要求。

2. 欧盟发布人工智能伦理准则

4月8日，欧盟委员会发布《可信赖人工智能伦理准则》，以提升人们对人工智能产业的信任。欧盟委员会同时宣布启动人工智能伦理准则的试行阶段，邀请工商企业、研究机构和政府机构对该准则进行测试。该准则由欧盟人工智能高级别专家组起草，提出“值得信赖”的人工智能应当满足的七项准则。七项准则包括：人的监督与自主性、技术安全性、隐私与数据治理、透明性、多样性和公平性、社会与环境整体福祉、问责制。目前该准则不具有法律约束力，但可能对欧盟未来起草的法律造成影响。下一阶段，该准则将开始试行，各界将对该准则进行测试和补充。

3. 法律翻译大赛“AI+人类”战胜人类

4月12日，北京大学法律人工智能实验室和上海秘塔网络科技有限公司共同主办的“秘塔杯”法律翻译人机对抗赛在北京大学法学院举行。比赛的最后结果为“人机联队”战胜人类选拔赛前三甲组成的“精英联队”。

4. 联合国人居署与上海宝山合作中国人工智能城市发展

4月18日，联合国人居署和上海市宝山区人民政府共同举办以“人工智能城市和可持续发展社区”为主题的专家研讨会。本次研讨会作为联合国人居署《人工智能城市和可持续发展社区》研究项目的启动会，将为后续在全球范围内甄选未来城市、人工智能城市、可持续可发展社区等方向上具有示范效应的项目案例奠定基础，并向全球进行推介。与会专家们围绕人工智能城市的可持续发展、专家网络、普惠基金、模式创新、全球合作等主题展开充分讨论与交流，并对宝山重点打造的人工智能城市试点区域的方向、路径、政策等方面提出了建议。

5. 中国首例人工智能生成内容著作权案宣判

4 月 25 日，北京互联网法院一审公开宣判北京菲林律师事务所诉北京百度网讯科技有限公司侵害署名权、保护作品完整权、信息网络传播权纠纷一案，判决认定计算机软件智能生成的涉案文章内容不构成作品，但同时指出其相关内容亦不能自由使用。百度网讯公司未经许可使用涉案文章内容构成侵权，判令其向菲林律所赔偿经济损失及合理费用 1560 元。本案系我国首例人工智能生成内容著作权案。

五月

1.《关于“人工智能发展与法治保障”的天津共识》发布

5 月 16 日，第三届世界智能大会在天津开幕。习近平主席致信祝贺大会开幕。智能大会专门设立“人工智能发展与法治保障”高峰论坛，达成并发布了《关于“人工智能发展与法治保障”的天津共识》，从建立健全人工智能法治体系、增强行政执法的规范性公信力、营造公开公平公正的司法环境、制定行业准入安全标准、加强国际合作等 10 个方面提出了人工智能发展与法治保障的具体意见建议。

2. 美国发布国家人工智能倡议法案

5 月 21 日，美参议院人工智能核心小组发布国家人工智能倡议法案，协调和资助美国未来 10 年的人工智能发展。法案将制定人工智能的国家协调战略，在五年内提供 22 亿美元资金，建立人工智能人才队伍，加速政府机构、学术界和私营部门未来 10 年内在人工智能领域的发展。

3. 中国长三角司法链建立

5月22日，在安徽芜湖召开的第一届长三角一体化发展高层论坛上，杭州互联网法院、上海市第一中级人民法院、苏州市中级人民法院、合肥市中级人民法院、蚂蚁区块链科技（上海）有限公司共同签署《长三角司法链合作意向书》，宣布以杭州互联网法院司法区块链平台为依托，构建长三角司法链，打造“全流程记录、全链路可信、全节点见证”的司法级别信任机制，共促长三角区域司法一体化发展。长三角司法链的建设是深入贯彻落实习近平总书记关于长三角区域司法一体化重要部署，保持长三角地区司法改革集聚地先发优势的重要举措。

4.《人工智能北京共识》发布

5月25日，北京智源人工智能研究院联合北京大学、清华大学、中国科学院自动化研究所、中国科学院计算技术研究所、新一代人工智能产业技术创新战略联盟等高校、科研院所和产业联盟，共同发布《人工智能北京共识》。《人工智能北京共识》针对人工智能的研发、使用、治理三方面，提出了各个参与方应该遵循的，有益于人类命运共同体构建和社会发展的15条原则。

5. 上海（浦东新区）人工智能创新应用先导区正式揭牌

5月21日，中国首个人工智能创新应用先导区在上海启动建设。先导区的建设将主要围绕三大任务展开。一是打造人工智能核心产业集群。二是推动人工智能创新应用。三是建设人工智能创新支撑体系。建设上海（浦东新区）人工智能创新应用先导区有利于积极探索科技体制改革，实现人工智能创新成果转化落地，同时加大人工智能高端人才和专业人才的引进、培育力度，打造人才高地。

6. 上海国家新一代人工智能创新发展试验区建设启动

5月25日，科技部与上海市政府共同启动上海国家新一代人工智能创新发展试验区建设。上海国家新一代人工智能创新发展试验区建设将重点布局四方面的任务：一是提升人工智能原始创新策源能力；二是开展人工智能创新应用和产业赋能试验；三是建设开放联动的良好创新生态圈；四是建立健全政策法规、伦理规范和治理体系。根据规划，到2023年，上海国家新一代人工智能创新发展试验区将实现集“理论、技术、应用、人才和治理”为一体的目标，构筑综合性开放型战略优势，形成全国领先、世界先进的示范引领效应。

7. 中国国家网信办发布《数据安全管理办法（征求意见稿）》

5 月 28 日，国家互联网信息办公室正式发布《数据安全管理办法（征求意见稿）》，向社会公开征求意见。该稿分总则、数据收集、数据处理使用、数据安全监督管理、附则五章，共包含四十条规定。在个人信息收集、爬虫抓取、广告精准推送、App 过度索取权限、账户注销难等经常涉及隐私的问题上均作出了明确规定。

六月

1. G20 部长级会议“使用或研发人工智能”共同声明

6 月 8 日，二十国集团（G20）在日本筑波市举行的部长级会议上表决通过一份“关于贸易和数字经济的 G20 部长声明”，该声明指出创新性的数字经济发展带来了巨大的经济机会，但与此同时，挑战也不断浮现。各国部长在考虑国家需求、优先事项和具体情况的基础上，讨论了如何充分利用数字技术、贸易和投资以及借助技术转型和全球化来推动实现可持续、创新型的全球社会，并提出了“G20 人工智能原则”，原则包含两个部分，分别是“可信人工智能的负责任管理原则”和“实现可信人工智能的国家政策和国际合作的建议”。

2. 中国《新一代人工智能治理原则——发展负责任的人工智能》发布

6 月 17 日，国家新一代人工智能治理专业委员会发布《新一代人工智能治理原则——发展负责任的人工智能》，提出了人工智能治理的框架和行动指南。《治理原则》旨在更好协调人工智能发展与治理的关系，确保人工智能安全可控可靠，推动经济、社会及生态可持续发展，共建人类命运共同体。《治理原则》突出了发展负责任的人工智能这一主题，强调了和谐友好、公平公正、包容共享、尊重隐私、安全可控、共担责任、开放协作、敏捷治理等八条原则。

3. 北大法律人工智能实验室与北大法宝推出智慧法务管理平台

6 月 21 日，“2019 北京大学智慧法务论坛”召开。论坛承办方北京大学法律人工智能实验室、北京北大英华科技有限公司联合推出智慧法务管理平台，率先将大数据和人工智能运用到企业法务管理，提供解决方案。智慧法务管理平台包含合同管理过程、纠纷案件管理过程、授权、证照、知识产权、律师律所、法务宣传等等一系列标准功能，落地过程中还会根据用户所处行业领域做定制化的匹配。智慧法务管理平台最核心的内容是智能分析，结合不同的业务场景可以提供不同的智能分析过程。

图书在版编目(CIP)数据

世界人工智能法治蓝皮书. 2019/上海市法学会,
浙江清华长三角研究院编;崔亚东主编. —上海:上
海人民出版社,2019
ISBN 978-7-208-16114-6

Ⅰ. ①世… Ⅱ. ①上… ②浙… ③崔… Ⅲ. ①人工智
能-科学技术管理法规-研究报告-2019 Ⅳ.
①D912.174

中国版本图书馆 CIP 数据核字(2019)第 219325 号

责任编辑 秦 堃
美术编辑 夏 芳
封面设计 北京高高国际文化传媒有限责任公司

世界人工智能法治蓝皮书(2019)
上海市法学会
浙江清华长三角研究院 编
崔亚东 主编
王 涛 施伟东 副主编

出 版 上海人民出版社
(200001 上海福建中路 193 号)
发 行 上海人民出版社发行中心
印 刷 上海盛通时代印刷有限公司
开 本 889×1194 1/16
印 张 18.25
字 数 260,000
版 次 2019 年 12 月第 1 版
印 次 2019 年 12 月第 1 次印刷
ISBN 978-7-208-16114-6/D·3497
定 价 138.00 元